本书得到2020年河北省高等教育教学改革研究与实践项目"商道文化融入经管类专业人才培养全过程研究与实践"（编号：2020GJJG250）、河北北方学院教学成果培育项目"地方商道文化融入经管类人才培养全过程研究与实践"（编号：GJPY202001）的支持

张库古商道

文化育人研究

秦树文　李耀炜　于　虹　／著

陈　晨　肖桂云

西南财经大学出版社

中国·成都

图书在版编目(CIP)数据

张库古商道文化育人研究/秦树文等著.--成都:
西南财经大学出版社,2024.11.--ISBN 978-7-5504-6505-3

Ⅰ.F729.2

中国国家版本馆 CIP 数据核字第 2024HL4767 号

张库古商道文化育人研究

秦树文 李耀炜 于 虹 陈 晨 肖桂云 著

责任编辑:肖 翀
助理编辑:徐文佳
责任校对:邓嘉玲
封面设计:墨创文化
责任印制:朱曼丽

出版发行	西南财经大学出版社(四川省成都市光华村街 55 号)
网 址	http://cbs.swufe.edu.cn
电子邮件	bookcj@ swufe.edu.cn
邮政编码	610074
电 话	028-87353785
照 排	四川胜翔数码印务设计有限公司
印 刷	四川煤田地质制图印务有限责任公司
成品尺寸	170 mm×240 mm
印 张	14.75
字 数	256 千字
版 次	2024 年 11 月第 1 版
印 次	2024 年 11 月第 1 次印刷
书 号	ISBN 978-7-5504-6505-3
定 价	88.00 元

前言

行正道，树诚信，明道理国，勇担社会责任；
立远志，弘正气，厚德济世，践行铸魂育人。

张库古商道（亦称张库大道），这条横跨欧亚的"草原丝绸之路"，见证了中华商业文明的辉煌历程。自汉唐肇始，经明清鼎盛，这条商道不仅承载着茶叶、皮毛与白银的流通，更孕育了以"诚信、创新、群体、敬业、自律"为核心的"口商精神"。作为中华商道文化的重要支脉，"口商精神"既是张家口地域文化的精髓，亦是中华优秀传统文化在商业领域的生动实践。在新时代背景下，如何将这一文化瑰宝转化为育人资源，如何以历史智慧赋能当代经管人才培养，既是高等教育改革的时代命题，更是文化传承创新的使命担当。

河北北方学院经济管理学院（以下简称"学院"）扎根张家口这片文化沃土，以"传承'口商精神'、培育时代新人"为宗旨，历经数年探索与实践，构建了独具特色的文化育人体系。本书正是这一探索的阶段性总结，旨在系统梳理"口商精神"的历史脉络、文化内涵与当代价值，并以之重构经管类人才培养模式，为新时代高校文化育人提供理论参考与实践范例。

张库古商道的兴衰史，本质上是一部跨文化商业文明的演进史。鼎盛时期，这条商道年贸易额达 1.5 亿两白银（据《清代中俄贸易史》），其创造的票号制度、驼队物流、跨境信用体系，至今仍具启示意义。然而，随着时代变迁，商道实体虽渐埋没，其精神内核却在张家口这片土地上生生不息——从泥河湾遗址的文明曙光，到涿鹿合符的文化融合；从京张铁路的工业脉搏，到红色基因的精神传承，这片土地始终涌动着创新求变、兼容并蓄的文化基因。面对全球化与数字化的双重冲击，地方高校如何立足地域文化资源优势，破解"文化育人特色不足""专业教育与价值观培养脱节"等现实困境？我们选择以"口商精神"为切入点，呈现了历史与现实的对话。张库古商道沉淀的商业智慧，为经管专业育人提供鲜活案例；"口商精神"特质与社会主义核心价值观深度契合；张库古商道上的风险管理、跨文化协作等经验，直指当代商业人才核心素养需求。

经过多年的育人实践，学院系统呈现了"口商精神"融入人才培养全过程的创新路径：通过实地走访调查、文献考据与口述史整理，首次系统提出"口商精神"的"五维体系"。价值维度：诚实守信、崇德尚义、公平竞争的商业道德；创新维度：开拓进取、自强不息、不畏艰险的开拓精神；实践维度：合作共赢、互利互信、开放包容的组织智慧；职业维度：重商敬业、忠于职守、锲而不舍的敬业精神；文化维度：家国情怀、敢于担当、遵纪守法的商业情操。坚持"以特色求发展"的理念，开设了"张库古商道上的思政课"，致力于打造以文化育人为导向的大课堂体系：构建"四位一体"的育人制度，健全"四个老师"育人机制，完善"三创融合"教学体系，探索将"三张文化名片"育人与张库古商道文化育人相结合的文化育人模式。

本书分为三大篇章，形成"历史溯源—理论阐释—实践路径"的完整逻辑链。在系统梳理张库商道的文化特色及嬗变的基础上，深入探讨张库古商道文化与社会主义核心价值观的契合与应用，并将研究成果纳入"河北省教育厅教改项目""河北北方学院教学成果培育项目"，将"口商精神"融入"四个课堂"之中，打造课内课外、校内校外、线上线下立体化育人生态圈。

本书的成稿得益于多方支持。感谢张家口历史文化研究院和地方政府相关部门提供珍贵的地方志文献，感谢口商后裔与非遗传承人的口述资料贡献，感谢"河北省教育厅教改项目""河北北方学院教学成果培育项目"的立项支持。特别致谢学院师生团队，正是他们的创新实践让"口商精神"在当代校园焕发生机。

我们深知，文化育人的探索永无止境。期待本书能成为引玉之砖，激发更多高校教育工作者关注地方文化资源的育人价值，共同书写中华优秀传统文化创造性转化、创新性发展的新篇章。

著者

2024 年 8 月

目 录

第三篇　张库古商道文化融入高校
经管类专业人才培养过程研究

第一篇

张库古商道
文化特色及嬗变

第一章 中国古代商路起源与演变

中国古代商路是指中国古代通过国内贸易、国际贸易与外界进行物资交流的道路，是一种跨区域、多层次的商品运输网络。中国古商路历史源远流长，不仅是连接各地的交通要道，更是一个庞大的商业网络。这些道路穿梭于山川大河之间，跨越了国内的大部分省份与城市。从繁华的大都市到偏远的乡村，每一条商路都承载着货物流通、文化传播和经济往来的重任。它们如同血脉般贯穿整个中华大地，将中原的丝织品、江南的茶叶、岭南的香料等特产源源不断地运往国内各地及国外，又将从四面八方汇集而来的商品带回中国，促进了国家间的经济交流与文化融合。

▶ 第一节 中国古代商路的起源与发展

在早期人类的迁徙、渔猎和采集活动中，不可避免地留下了许多古老的遗迹和形成的古道路，这些道路都是当时人们赖以生存的遗迹。有些古路是短暂的，如古人迁徙的古路，在迁徙结束之后，就会沉寂下来；有些古路是被人们反复使用的，在日积月累的过程中逐渐成为物质、文化传递的通道，由此便形成古代商路。

一、盐运古道

盐运古道的发现标志着古商道发生了重大转变，食盐由此作为生活必需品在这条漫长的道路上得以延续，其也首次作为货物出现。众多的考古学研究表明，自公元前 6000 年开始，人们就能从海水中提炼出盐。盐业在中国很早就出现了，到汉朝时已经很发达，可以说，当各民族进入农耕时代，求盐、运盐已成为他们生存的必要手段，从而使他们开辟了一条"盐路"。这条盐路促进了各地区之间的贸易往来和文化交流，也推动了经济的繁荣和社会的发展。盐在古代被称为"白金"，其重要性不言而喻。随着盐运道路的不断开拓和完善，盐运古道也逐渐形成，并成为连接各地的重要通道。这标志着古代交通运输体系的形成，为之后古商路的发展奠定了基础。

在历史长河中，盐运古道远早于丝绸之路和茶马古道。盐运古道的发现标志着古代交通的重大变革，同时也见证了食盐作为货物首次出现的历史时刻。食盐作为日常必需品，沿着这条漫长的道路传播，周边商业活动即使尚未兴盛，也必然扩展至附近村庄和牧场，形成了一张复杂的运输网络。盐运古道之所以重要，是因为它的存在使得丝绸之路更加繁荣，促进了商贸和文明的繁荣。在古老的盐运古道上，商人们穿越崎岖山脉和广袤平原，将珍贵的盐品运往遥远的地方。他们的商队在沿途的驿站休整，与当地居民交流文化和商品。这条盐路见证了无数商人的辛勤劳作和贸易往来，成为连接东西方的重要纽带。在这条道路上，不仅有物质的交换，更有文明的交融和历史的延续。

盐运古道虽然是一条非常重要的道路，但与丝绸之路、玉石之路、茶马古道、陶瓷之路等相比，它并不是一条横跨欧亚的古路。早期有诸多盐池遍布欧亚，这也造就在不同的区域，都会有不同的盐运网络。后期由于制盐工艺的发展，全球范围内的食盐源越来越多。早在中国唐朝《新唐书》卷五十四《食货四》中就记载："唐有盐池十八，井六百四十。"[①] 表明盐运古道是以盐源为点，形成多点式分布。在全球范围内，只有很少的长途盐运古道，中国贵州的贵系盐运古道就是其中一条。在这些盐业网络中，贵系盐运古道在中国历史上扮演着重要的角色。贵系盐运古道连接了全国各地的盐业产地和需求地，促进了盐的生产和流通，也推动了经济的发展和交流。贵系盐运古道的建设和运营，使得盐业在中国的发展更加繁荣和多样化。

---

① 《新唐书》卷五十四《食货四》，中华书局，1975 年，第 1377 页。

尽管贵系盐运古道属于远距离运输古道，但其距离远不及丝绸之路和茶马古道。全球范围内，盐运古道对人类生存至关重要，但它们仅限于特定地区。由于盐运古道主要是地方性古道，各族群之间关于食盐运输基本上是独立的，缺乏联系。正因为有着多源性质，盐运古道一直保持着局部运作的状态。因此，尽管盐运古道在特定地区发挥着重要作用，但在全球范围内却没有形成统一的交流网络。与丝绸之路和茶马古道相比，盐运古道的影响力和知名度要低很多。然而，这些古道在当时的经济和文化交流中扮演着不可或缺的角色，为人类社会的发展做出了重要贡献。

二、丝绸之路

丝绸之路的形成时间次于盐运古道，早于茶马古道，是欧亚大陆上的重要通道，在世界文明发展史上占有举足轻重的地位。与古代的盐运古道不同，丝绸之路是一条长途运输路线。众多的考古资料证实了丝绸之路的出现，早在春秋时期，就已开通了丝绸之路，但具体的路线并无文献记录。根据历史学家的研究，有记录证明丝绸之路这条古老的贸易路线由中国境内逐渐扩展至中亚、南亚、西亚和欧洲。丝绸之路不仅是商品贸易的古道，还促进了不同文明之间的交流和互动。

《汉书》是最早详细记载西域交通路线的文献，其中《汉书·西域传》描述了两条主要的西域通道，即丝绸之路的早期形态。这两条路线分别是：南道，从玉门关和阳关出发，经过鄯善（今若羌地区），沿着南山（昆仑山）的北边向西行进，直至莎车地区；北道，同样从玉门关出发，向西越过葱岭（帕米尔高原），经过大月氏和安息，从车师（交河）的前王庭沿着北山（天山）向西行进，直至疏勒（喀什）。在《魏略·西戎传》中，裴松之注引《三国志》时提到，从西域出发有三条主要道路：一是南道，从敦煌的玉门关出发，向西经过若羌，越过葱岭，经过县度，进入大月氏；二是中道，从玉门关出发，经过都护井，绕过三陇沙北头，经过居卢仓，向西北方向行进，越过龙堆，到达古楼兰，然后向西至龟兹，最终到达葱岭；三是新道，从玉门关向西北出发，经过横坑，绕过三陇沙和龙堆，到达五船北，进入车师界的戊己校尉所治理的高昌，然后向西与中道汇合于龟兹。历史文献的参照系不同，对于这些西域通道的命名和路线的描述存在差异，导致了历史上对丝绸之路各条路线的理解和命名上的混乱。

中国有文字记载和历史记录表明，中国和中亚及其他周边地区的交流，从张骞出使西域开始，就有了"大宛之迹，见自张骞"的记载。汉、晋两代，由于丝绸之路的开通，大量中原大族及文化人士纷纷迁往河西，随着中原文化、异域文化与地方文化相互交融，形成了活跃思想、繁荣文化、繁荣艺术的新格局，使中华文化的瑰宝焕发出奇异的光彩。到隋唐时期，国家统一，经济发达，对外开放，更加促进了中西之间的经济、文化交往，丝绸之路出现了前所未有的繁荣。

中国唐朝的主要对外贸易渠道是陆地丝绸之路，但随着战争的爆发和社会中心的变迁，海上丝绸之路逐渐替代了陆地丝绸之路，海上丝绸之路逐渐成了中国与世界之间的主要交往渠道。唐朝时，中国东南部有一条海路，名为"广州通海夷道"，这就是我们通常所说的海上丝绸之路。该航路总长 14 000 千米，是当时全球最长的海上航路，途经 100 多个国家和地区。在宋元时期，它是整个世界上最广泛的一种社会交流方式，也是中西方文化、经济交往的主要媒介。隋唐时期，海运的大宗商品仍然是丝绸，故后人称此为"海上丝绸之路"。至宋、元两代，商品以外销为主，故其被称为"海路"。再加上大部分货物都是香料、陶瓷，所以其又被称为"海上陶瓷之路""海上香料之路"。后世将它们统称为"海上丝绸之路"，于是，"海上丝绸之路"便成为一种习惯用语。

学术界普遍认为丝绸之路包括三条主要的陆上路线和两条海上航路，它们构成了连接欧亚大陆的重要贸易通道。以下是对这些路线的描述。

西域丝绸之路：这条线路穿越了阿尔泰山脉和青藏高原，最初由西汉时期的张骞开辟。德国地理学家李希霍芬后来将其命名为"丝绸之路"，以区别于其他路线。

南方丝绸之路：这条路线从中国的云南永昌出发，经过德宏，一直延伸到青藏高原的南部。其同样是张骞发现的，故也被称作"蜀身毒道"。

草原丝绸之路：这是一条从阿尔泰山脉北部开始，自东向西延伸的草原之路。在两宋时期，这条路线是拜占庭人、突厥人以及粟特人常用的交通要道。

这三条陆上路线构成了古代丝绸之路的主要部分，促进了东西方之间的贸易和文化交流。

海上丝绸之路作为古代重要的海上贸易通道，主要包含两条航线，起点分别位于沿海城市广州和泉州。以下是对这段历史的叙述。

海上丝绸之路的起源：早在前秦时期，岭南地区的先民们就已经在南海及南太平洋沿海地区和岛屿上，通过陶器贸易建立了一个广泛的贸易网络。

唐朝时期的海上丝绸之路：到了唐朝，这条航线被正式称为"广州通海夷道"，这是中国古代海上丝绸之路的早期命名。这一时期的海上丝绸之路，不仅是中国最早的海上贸易路线，也是当时世界上最长的海洋航线之一。

这两条海上航线不仅促进了中国与海外的贸易往来，也加深了文化和技术的交流，对当时的世界贸易格局产生了深远的影响。此外，郑和在明朝的航海活动，更是达到了海上丝绸之路的巅峰。海上丝绸之路起自中国，经过中南半岛、南海，跨越印度洋、红海，到达东非、欧洲等100余个国家和地区，是中国对外经贸、人文交往的重要通道，也是促进周边国家经济发展的重要纽带。

海上丝绸之路除了前述的两条航线外，还有一条被称为"东海航线"或"东方海上丝路"的航线。以下是对这段历史的重新表述。

春秋战国时期的海上贸易：齐国利用其在胶东半岛的地理优势，开辟了一条沿着海岸线直通辽东半岛、朝鲜半岛、日本列岛，甚至远至东南亚的海上贸易路线。这条航线成为当时连接东亚各国的黄金水道。

唐朝的海上贸易：到了唐朝，山东半岛和江浙沿海地区的中韩日海上贸易逐渐繁荣起来。

宋朝的海上贸易：宋朝时期，宁波成为中韩日海上贸易的主要港口，进一步推动了这一区域的海上贸易发展。

海上丝绸之路不仅是商品交易的重要通道，还是文化、宗教和科技交流的重要平台，其促进了不同文明之间的相互影响和融合。随着商业活动的蓬勃发展，各种思想、艺术、宗教信仰在东西方之间传播。佛教、伊斯兰教等宗教随着丝绸之路的延伸传入中国，同时中国的丝绸、瓷器、茶叶等商品也被输送到西方国家。这种跨文化的交流促进了各国之间的相互理解与合作，为人类文明的发展做出了重要贡献。

其实在北方丝绸之路（古西域道）、南方丝绸之路（蜀身毒道）和草原丝绸之路（草原之路）这些著名的贸易路线出现之前，在"丝绸之路"这一概念被广泛接受之前，欧亚大陆之间就已经有远征通道连接着各个文明。在贸易商品方面，除了丝绸，还有玉石、陶瓷、漆器、香料、香水、药材、皮制品、棉织品、麻织品等大量商品通过这些通道进行交易。随着这些商品的流通，形成了以商品命名的贸易路线，如玉石之路、陶瓷之路等。从广义上讲，这些以商品命名的远征古道，如玉石之路、陶瓷之路、佛教之路、香料之路、香水之路等，都可以被视为丝绸之路的一部分，或者说它们在历史的长河中逐渐转型并融入了丝绸之路的体系。这些古道不仅是商品交易的通道，也是文化交流的桥梁，促进了不同文明之间的相互影响和融合。

三、茶马古道

"茶马古道"这个词最早由现代学术界提出。从 20 世纪 90 年代初开始，这个概念已经传播了 30 多年。这期间，学者们逐渐意识到"茶马古道"这一历史概念的重要性，并开始对其进行深入研究。他们通过考古发掘、史料梳理和田野调查，逐渐揭示出这条古道在古代经济、文化和政治交流中的重要作用。这些研究成果不仅丰富了人们对古代交通运输体系的认识，也为中国西南地区、西北地区历史文化的研究提供了重要线索。

研究学者木霁弘和王可在 1988 年为云南省迪庆藏族自治州中甸县（现香格里拉市）地方志办公室编撰的《中甸汉文历史资料汇编》，第一次将"茶马之道"这一称呼用在序言中。1990 年，木霁弘与李旭一行 6 人，以徒步、考察、人文调查和走访等方式，对相关的马帮线路进行了为期三个月的探访；第二年，他们以笔名出版了《超越——茶马古道考察记》，第一次将"茶马古道"这一术语用于历史上的考证；1992 年后，他们的足迹向四川盆地西部延伸，向西南延伸到桂林地区。在这些研究的基础上，茶马古道这一历史文化逐渐被揭示出其跨越山川、连接民族的重要意义。通过对茶马古道的考察和研究，人们更深刻地理解了古代贸易、文化传播以及民族融合的过程，也更加珍视这一历史遗产所承载的丰富内涵。

茶马古道与丝绸之路有所不同，其既是远征之路，又是求生之道。这是因为茶叶是当时人们生活必需之物，也是一种生活文化，需要很长时间才能传播，而丝绸、纺织品、玉石、瓷器、香料、香水等则不具备这种特性。茶马古道连接了汉族产茶区与少数民族饮茶区，虽晚于丝绸之路，但研究显示茶马古道最早可追溯至唐朝。在宋朝已有茶叶贸易，《宋史·职官志》记载："都大提举茶马司掌榷茶之利，以佐邦用，凡市马于四夷，率以茶易之。应产茶及市马之处，官属许自辟置，视其数之登耗，以诏赏罚。"

虽然茶马古道出现的时间较盐运古道和丝绸之路晚，但茶叶对商贸古道的影响令人惊讶。茶叶的特殊性和饮茶文化的传播，促使吐蕃、回纥等沿线民族率先出现"饮茶人"，从而孕育了欧亚地区的茶马古道。茶马古道由中国南部茶叶产区延伸至全球各地，贯通欧亚高原，是打通丝绸之路最艰难的部分。此后，这种依赖茶叶的现象逐渐扩展至三大丝绸之路，茶叶成为不可或缺的一环，使丝绸之路持续畅通，成为欧亚的生命线，激活各类古道在这一线路上的活力。因此，茶叶的重要性不仅体现在经济贸易上，还是连接不同文明的纽带。茶马古道的兴起，让东西方文化得以交流，知识得以传播。茶的独特魅力渗透到了各个角落，成为人们生活中不可或缺的一部分。这条古老的茶马古道，见证了无数商旅的往来，也承载着历史的沉淀和传承。在这条道路上，茶叶不仅是商品，更是文化的使者，传递着人们对生活的热爱和追求。

自唐宋以来，欧亚的贸易路线逐步演变成了茶马古道，作为必需的货物——茶的流通，带动了丝绸、瓷器、漆器、香料、香水、翡翠等大宗物品的流通。现代茶传入欧洲、非洲、美洲、大洋洲，遍布全球每一个角落，并在中国的茶园内，建立起一条遍布全球的"茶旅"网络。毫无疑问，茶马古道的形成与发展，与当时的盐运输、古丝绸之路有着密切的关系。茶马古道众多支系的崛起，都是因为川黔盐道与青藏高原的盐道相连，从而构成了贯穿全国的茶马古道，使得福建、贵州的茶得以顺利地传入。这些古道的兴起不仅促进了茶叶、马匹和其他商品的交流，也促进了不同民族之间的文化交流和融合。

茶马古道的形成和发展，是中国古代丝绸之路的延伸和衍生，展现了古代中国独特的贸易文化和商业活动。通过茶马古道，促进了中国东南、西南地区与西藏、内蒙古的联系，也促进了当时华夏文化与欧洲沟通，同时为地方经济的繁荣和文化的发展做出了巨大贡献。

▶ 第二节　中国万里茶路的发展与演变

前文对盐运古道、丝绸之路和茶马古道的更迭关系进行了阐述。物品对古道的重要性不应该根据物品的贸易金额来衡量，而应该考虑物品对古道的维系作用。从局域古道看，盐运古道的维系商品是盐。从远征古道看，18 世纪以前，丝绸是欧亚大陆通道的维系商品，但自唐宋以来维系商品已经不是丝绸而是茶。从 18 世纪初开始，由于全世界嗜茶民族和饮茶民族的增加，茶叶的贸易金额已经超过了丝绸或其他物品。

正因如此，万里茶路已经成为历史学、民族学等多个学科领域学者研究的热点，引起了广泛关注。2006 年，邹全荣首次在其发表的两篇文章中提出了"万里茶路"的概念。随后，地方学研究者、媒体、学术界以及政府相关部门逐渐接受并使用这一概念。在 2012 年 6 月，湖北赤壁市举办的"万里茶路文化遗产保护研讨会"上，学者们提出《赤壁倡议》。据此，万里茶路是指在 17 世纪至 20 世纪前半叶，以茶叶贸易为纽带，连接亚欧大陆的国际商路，它是继丝绸之路之后的又一重要贸易通道。这条贸易路线主要经过福建、江西、湖南、湖北、河南、山西、河北、内蒙古等地，进入蒙古国，通过恰克图（今特洛伊茨科萨夫斯克）进入俄罗斯，最终到达莫斯科、圣彼得堡等城市。在茶叶贸易的推动下，沿线的八个中国省份，以及中国、蒙古国、俄罗斯三国之间的经济交流、文化交流、民族融合和文明互鉴都得到了快速发展。这不仅对国家的经济和产业发展产生了深远影响，也促进了区域合作、民族互动，加强了中华民族共同体意识的形成，并推动了不同文明之间的对话。因此，万里茶路的研究不仅有助于我们理解历史上的贸易和文化交流，也对今天的区域合作和文明交流提供了宝贵的历史经验。

一、茶路之源

万里茶路代表了中国茶业和贸易发展史上的一个新阶段，它在历史上是"茶马贸易"和"茶马古道"的延伸和升级。在唐宋时期，饮茶的习惯开始从中原扩散到草原和青藏高原，茶逐渐从一种奢侈品转变为人们日常生活中的必需品。由于西北和青藏高原地区缺乏茶叶，从唐朝末期到北宋时期，官府主导的茶马贸易开始兴起，并在明朝达到顶峰，一直持续到清朝初期。为了方便交易，茶叶的主要产地集中在今天的陕西汉中和四川地区。到了 16 世纪，长江中游的安化地区生产的"湖茶"开始流入西北市场。清朝前期，随着中央政府加强对边疆地区的控制，官营的茶马贸易在雍正年间逐渐退出了历史舞台。官营茶马贸易的结束为晋商打开了大门，他们开始大规模地将茶叶等商品从内地运往边疆地区，并交换回特产。为了寻找茶叶和其他边销商品的产地，晋商南下，这促成了汉水航道的复兴和汉口的兴起。这是历史上首次在北方少数民族地区与长江中下游地区之间建立起的大规模且持久的贸易联系，这一成就标志着清朝统一多民族国家的巩固和发展。因此，万里茶路不仅促进了茶叶贸易的繁荣，也加深了不同民族和地区之间的经济和文化交流，对中国的统一和多元文化的融合产生了深远的影响。当时在中国内陆及沿海地区形成五大茶源地，分别是湖南安化茶区、湖北蒲圻茶区、湖北宜红茶区、福建武夷山茶区和江西修水茶区。

1. 湖南安化茶区

安化，历史上被称为梅山，现在隶属于湖南省益阳市，位于湖南省中部的雪峰山区，地形以山地和丘陵为主，其中山地占据了该地区总面积的90%以上。该地区气候属于亚热带季风气候，非常适合茶树的生长，因此成为中国著名的茶叶产地之一。在唐朝，安化地区生产的茗茶——渠江薄片，已经远销至江陵、襄阳等地。北宋熙宁五年（1072年），章淳开辟梅山地区，设立了安化县。到了元代，安化开始人工培育种植茶树。明洪武二十四年（1391年），朝廷规定安化每年需要进贡茶叶，这使得安化茶叶成为朝廷贡茶的一部分，提升了其知名度。明万历二十三年（1595年），安化茶叶被定为官茶，纳入了官方的贸易体系，允许以官茶的身份进入西北茶叶市场，这极大地推动了安化茶业的发展。清朝继承了明朝的制度，安化茶业进一步发展，逐渐取代了四川茶叶，垄断了西北边销茶的供应，并通过万里茶路进入了俄罗斯等地的市场。1840年之后，安化开始生产红茶。晋商长裕川茶庄的商业文书《行商遗要》记录了在安化收茶的情况。一批晋商由行商转变为坐贾，在安化开设茶庄，进行收购和加工，如著名的"三和茶号"与"兴隆茂"。19世纪末到20世纪初，安化茶业处于极盛时期，年产黑茶近15万担，红茶70万箱，成为湖南最主要的茶区，也是万里茶路上的重要节点。安化茶业的发展不仅反映了中国茶叶生产和贸易的历史变迁，也体现了地方经济与文化的发展，以及中国与外界交流的深化。

2. 湖北蒲圻茶区

蒲圻县即今之赤壁市，地处湖北省东南部，长江中游南岸，缘起于三国东吴蒲圻县，因湖多盛产蒲草（古时编织蒲团的材料）形成集市而得名。羊楼洞古镇地处蒲圻县（赤壁市）与湖南省临湘市交界处，其在蒲圻县西南六十里（一里＝500米），是湘鄂交界的要冲之地。据蒲圻县志载："其上，则滇、黔、粤、蜀有事于二京，各省凡从岳阳出者，则以之为武昌之户而入；下则二京以至秦、晋、梁、江、浙、闽、两广、黔、蜀，凡从武昌入者，则以之为武昌之户而出。"羊楼洞古镇附近的山不高，山上低矮成片的茶园随处可见。

　　唐太和年间，皇帝诏令天下普种山茶。从那时起羊楼洞便开始了茶叶的培植和加工。虽经宋元明的发展，但一直没有形成较大的规模。直到咸丰末年，大批山西茶商的到来，才使得羊楼洞的茶叶通过种植加工，发展到了一个鼎盛时期，并且带动了整个鄂南以及湘北地区茶叶种植加工的发展。东至通山，南至通城，西至临湘，北至咸宁，遍布茶山、茶庄。

　　早期山西茶商在赴湖南安化购茶的途中，路过湖北湖南交界的羊楼洞一带，发现这里的地质气候非常适宜茶树的种植。于是从咸丰末年开始，便在这一地区进行了大规模的茶叶种植和加工。山西茶商从汉口赴安化的线路为：从汉口过长江，经江夏县、咸宁县、蒲圻县官塘驿、中伙铺、蒲圻城、港口驿、羊楼洞、湖南临湘县、巴陵县、湘阴县、益阳至安化。羊楼洞是汉口去安化的必经之地。

　　山西茶商在羊楼洞设庄收制砖茶，据说可追溯到康熙年间。清叶瑞廷在《莼蒲随笔》中记曰："闻自康熙年间，有山西估客购茶邑西乡芙蓉山，峒人迎之，代收茶，取行佣。估客初来颇倨傲，所买皆老茶，最粗者，踩作茶砖。"虽说山西茶商很早就去过羊楼洞，但是，万里茶路形成之初，山西茶商买茶的主要地方还是在福建的崇安地区。真正大批量地种植、生产、加工，还是要到咸丰年以后，同治年间达到鼎盛。羊楼洞最盛时有茶庄近百家。另外，通山的杨芳林、咸宁的柏墩、崇阳的大沙坪和通城的茶市，都有山西茶商设的茶庄。

　　山西茶商在鄂南和湘北地区，进行茶叶收购加工，涉及地域非常广泛。湖北蒲圻羊楼洞的茶叶，先经陆路，运至新店；装船沿新店河，入黄盖湖，经石头水，于石头口入长江航道。由于茶叶采买地的又一次转移，万里茶路再次缩短了六百余里。在19世纪上半叶，以羊楼洞地区为核心的砖茶产区已经成为万里茶路上一个关键的茶叶来源地。晋商们在这一地区长期经营茶叶生意，并开设了三玉川、巨盛川、长裕川等一系列以"川"字命名的茶行。这些茶行所生产的带有"川"字标识的砖茶，在蒙古国地区和俄罗斯西伯利亚地区非常受欢迎，成了这些地区重要的日常饮品。晋商的这些茶行不仅促进了茶叶贸易的繁荣，也加深了中国与这些地区之间的文化交流和经济往来。

3. 湖北宜红茶区

宜红茶区为鄂西湘北武陵山茶区，核心为五峰和鹤峰，产区还包括长阳、宜都和湖南的石门，主要涉及今湖北宜昌。宜昌是万里茶路重要节点城市，也是宜红茶主要原产地。

鄂西山区自古以来就是茶叶的重要产地。在清道光年间（1821—1850年），随着红茶加工技术的传入，这一地区开始生产优质的红茶。广东的茶商们，如林子成和卢次伦，于1876年在武陵山茶区创立了宜红茶，林子成因此被誉为"宜红茶之父"。这些红茶经过精制后，通过渔洋关运往汉口出口，使得渔洋关成了鄂西著名的红茶市场。最初，鄂西的红茶是将毛红茶运至汉口进行精制后再销售给外商。为了满足出口贸易中对品牌的需求，便有了"宜红茶"的名称，并在汉口、上海的茶叶市场上获得了认可。1892年，广东茶商卢次伦在湖南石门县宜市松柏坪建立了"泰和合茶号"制茶工厂，首次使用了"宜红茶"这个品牌。到了1933年，湖北省银行带领江浙等地的茶商和制茶技工来到五峰渔洋关开设茶号，将红茶正式定名为"宜红茶"，并使其成为鄂西湘北交界处的五峰、鹤峰、长阳、石门四县茶区的区域公用茶品牌。宜红古茶道作为万里茶路的重要组成部分，拥有丰富的茶文化遗产。

4. 福建武夷山茶区

福建武夷山是万里茶路一个重要的起点，茶市分为福建崇安下梅、星村、城防和赤石四处，其中下梅茶市是重要的集散地，主要源于其便利的水陆交通条件。晋商起初是采购武夷山的茶叶，并且他们在福建的下梅村设立了茶叶市场。然而，由于太平天国运动的影响，他们开始大规模地转向采购两湖（湖北和湖南）地区的茶叶。在清朝康熙年间，不仅晋商，江西的茶商也加入了这一行列，他们前往武夷山的下梅和赤石等地采购茶叶，并在那里建立了制茶的工厂。

雍正年间，中俄签订了《恰克图条约》，山西商人为了满足中俄茶叶贸易的需求，开始大量从福建购买茶叶，由最初的几十万斤（1斤=0.5千克），发展到后来的上千万斤。这些大宗的茶叶，就是从下梅的茶市启程运往万里之遥的中俄边境恰克图。

鸦片战争以后，因为实行了五口通商，没有了十三行的支持，又有太平天国起义，阻断了长江运输线路，所以山西茶商也不再到武夷山购买茶叶。到了光绪年间，崇安地区的茶市中心逐渐转移到了地理位置更优越、更合理的崇溪岸边的赤石。于是盛极一时的下梅茶市慢慢走向衰落。

下梅村的中央有一条人工开凿的运河，这便是当溪。汇集在下梅的茶叶，就是从这里的码头装货上船，然后经梅溪、崇溪运往外界的其他地方。这些茶叶需先经水路运往崇安城，然后再由陆路运抵铅由的河口。

去往崇安城的水路运输是靠小船或竹筏来完成的。明清时期航行的载货船，一般可载四千余斤；另有一种货筏，也是闽北城镇墟市水路货运的重要工具，每一船可载重一千斤左右，顺流可载重两千余斤。历史文献和考古发现均证实，在明朝末期到清朝初期，武夷山一带的茶叶交易已经形成了大规模的商业活动。到了清朝中叶，晋商将武夷山的茶叶通过贸易路线远销至俄罗斯，这一贸易盛况空前，使得武夷山成为当时万里茶路上极为关键的茶叶产地。

5. 江西修水茶区

江西修水茶区是著名的宁红茶主要生产区域，此外还包括铜鼓、武宁地区。这些宁红茶远销英、美、法、俄等国。修水古时称义宁州，所产红茶称宁州红茶。在清朝，修水、武宁、铜鼓三县均隶属于义宁直隶州，这些地区合称为宁州，位于江西省北部，是幕阜山与九宫山的交界处。这里山峦叠翠，降雨量充足，土壤肥沃，云雾缭绕，为茶叶种植提供了得天独厚的自然条件。因此，该地区种茶历史悠久，其中修水所产的红茶被誉为"宁红"。

在1840年之前的清朝中期，修水主要生产绿茶。唐朝至五代时期，著名学者毛文锡在公元935年撰写了《茶谱》，文中提到了修水的"双井茶"，并称赞其制作工艺精湛，这表明修水在唐朝已经种植并生产高质量的茶叶。

从清道光到光绪年间，修水的茶业达到了鼎盛时期，主要生产的是宁红茶。当时，修水有一百多家茶庄，包括广帮、徽帮、晋帮、本帮以及其他地区的茶庄。宁红茶不仅在国内广受欢迎，而且在清末民初时期达到了销售的顶峰。宁红茶主要通过汉口或九江进行中转，外销市场主要是俄罗斯，其次是东南亚。到了19世纪末，销往俄罗斯的宁红茶占据了江西省茶叶出口的大部分，比例高达80%。

二、万里茶路

万里茶路是一条历史悠久的贸易通道，它横跨了中国8个省份，穿过蒙古国和俄罗斯，一直延伸到欧洲，全长约 13 000 千米。随着贸易的兴盛，这条茶路的商业网络变得越来越发达，各地的茶叶纷纷汇集于此，形成了一股强大的商业潮流。汉口成为这条贸易路线上最大的转运中心，有"东方茶港"之称，茶叶从这里大量集散，然后一路北上，远销至蒙古国乃至欧洲各地。在"万里茶路"的贸易格局中，赊店是一个关键的枢纽，从这里开始，茶路分为"南船""北马"两大部分。南方由于水路交通发达，加之茶产区众多，因此从各茶区出发的贸易路线呈现出网状分布；而北方则主要依靠陆路运输，路线相对单一和稳定。

1. 万里茶路之线路分布

万里茶路的路线布局呈现出一种复杂的网络化特征，具有多个起点和多条分支线路。众多的茶农和茶商从不同的产地出发，加入这条贸易大动脉的商业流通中。到目前为止，学术界已经对这些主要的商业通道进行了较为详尽的探讨，能够大致勾勒出茶路的行进方向和经过的关键地区。从众多学者的描述和归纳的路线来看，可以将万里茶路分为三大路段，即茶源集散路段、北上水陆联运路段和草原分销路段。

（1）茶源集散路段

万里茶路的茶叶集散和运输主要通过两条重要的主线进行。第一条主线起始于福建下梅，终点是汉口。具体路线是从福建建宁府崇安县的下梅村开始，沿着梅溪向西进入崇阳溪，逆流而上到达崇安城，这段水路大约三十里；然后从崇安城沿着闽赣古驿道向西北行进，越过福建和江西的交界处分水关，到达信江南岸的江西广信府铅山河口镇，这段陆路大约一百八十里；在河口镇装上大船，顺着信江西行，经过广信府的弋阳、贵溪，饶州府的安仁（今余江）、余干进入鄱阳湖，这段水路大约四百六十里；然后向西北经过南康府的都昌、星子，在九江府湖口进入长江，这段水路大约二百八十五里；最后逆着长江西行，经过九江府的德化（今九江）、瑞昌，湖北黄州府的黄梅、广济（今武穴）、蕲州（今蕲春）、蕲水（今浠水）、黄冈，武昌府的兴国州（今阳新）、大冶、武昌（今鄂州）、江夏（今武汉武昌区），最终到达汉阳府汉阳县的汉口镇，这段水路大约六百一十里。

第二条主线从湖南安化出发，通过资江和洞庭湖，然后进入长江直达汉口。这条路线在咸丰晚期非常繁荣，从湖南长沙府的安化开始，顺着资水而下，经过益阳，水路行四百二十五里后进入湘江。接着经过湘阴，水路行一百二十里后进入洞庭湖，再经过岳阳府的巴陵进入长江，水路行一百三十里后，经过临湘，湖北的嘉鱼、江夏，水路行四百二十五里后到达汉阳府汉阳县的汉口镇。整个旅程大约一千一百里，比从福建崇安出发的路线短了四百六十多里。到了同治年间，起点进一步北移至湖北蒲圻。从湖北武昌府的蒲圻羊楼洞出发，经过嘉鱼、江夏，水路行三百九十五里后直达汉口镇。这比从湖南安化出发的路线短了近七百里，比从福建崇安出发的路线则短了一千一百七十余里。

（2）北上水陆联运路段

茶源集散主要集中于汉口，当时汉口是茶叶贸易的中枢，也是北上水陆、海陆联运的起点。茶叶从汉口开始，通过大型船只逆流而上，沿着汉江西行，途经汉阳府的蔡甸、汉川、沔阳州（今仙桃），安陆府的天门、潜江、钟祥，荆门的沙洋，襄阳府的宜城，最终到达樊城。在樊城，茶叶被转移到小船上，向西北方向进入唐白河，上行至两河口，再进入唐河，经过河南南阳府的唐县，到达水路的终点南阳府南阳县的赊店镇。从赊店镇开始，茶叶改由骡马驮运，沿着陆路向北行进，经过裕州（今方城）、叶县、宝丰、汝州，河南府的登封、偃师，到达黄河南岸的孟津渡口，这段陆路大约五百八十五里。之后渡过黄河，经过怀庆府的孟县（今孟州）、河内（今沁阳），沿着太行山的太行陉，到达山西泽州府的凤台县（今晋城）。

在凤台县进行休整后，继续向北行进，经过泽州府的高平，潞安府的长子、屯留、襄垣、沁州、武乡，太原府的祁县、徐沟（今清徐）、太原县、阳曲县、忻州、崞县（今原平），北出雁门关，经过大同府的山阴、怀仁、大同县、阳高、天镇，入直隶宣化府的怀安，最终到达张垣（张家口）。此外，另一条分支在出山西怀仁黄花梁后不再往天镇，改道西北过左云、右玉，出杀虎口经林格尔到达归化城。

（3）草原分销路段

张家口和归化城成为万里茶路的又一重要的分界点，与汉口的水陆、海陆国内集散地相比，张家口和归化城更是中国茶叶走向欧洲的重要贸易基地。

张家口，这个位于华北平原与内蒙古高原交界处的城市，自古以来就是连接中原与北方少数民族地区的重要交通枢纽。到了清末民初，随着国内外贸易的日益繁荣，张家口的商业地位愈发凸显。商号、银行如雨后春笋般涌现，茶庄、毛庄、货栈遍布城乡，张家口成为华北地区乃至全国的重要商埠。由张家口到库伦的商路称为张库商道，也是万里茶路重要的远销路线之一，俗称"走东口"，至此，张家口发展为北方茶都。

茶叶的运输从张家口开始，继续向北经过兴和城（今张北）、明爱（内蒙古商都）、内蒙古察哈尔、四子王旗，沿着阿尔泰军台的路线，经过乌里雅苏台土谢图汗部左翼中旗赛尔乌苏、左翼右末旗，到达中旗的库伦（今蒙古国乌兰巴托）；然后继续向北行进，经过右翼右末旗、右翼左末旗，最终到达中俄边境的恰克图。

归化城，即今天的呼和浩特，蒙古语称为"库库和屯"，在明朝万历初年被赐名为"归化"。在清朝，它属于山西省，雍正元年设立了归化城厅，成为北方各部族进行"互市"（贸易）的中心。一些专门从事对蒙古国和俄罗斯贸易的商人，通过不懈努力，逐渐在这片土地上建立了自己的商业帝国。

茶叶从归化城出发，通往漠北的主要商路有两条：一条是从归化城经过乌里雅苏台到达库伦的路线；另一条则是从归化城、可可力更（今武川）、锡拉木伦、召河、内蒙古茂明安百灵庙，于吉思洪呼尔接上阿尔泰军台的路线。其中，流量最大、最著名的是归化城到乌里雅苏台的通道，这条商道全长 5 320 千米，共分为 60 个站段。呼和浩特的老一辈人习惯将乌里雅苏台称为"前营"，而将科布多称为"后营"。如今的乌里雅苏台是蒙古国的一个重要城市，经济上具有重要地位，它是在万里茶路的贸易活动中逐渐发展起来的城市，在茶路贸易兴起之前，这里原本并没有这样一座城市。

2. 万里茶路之节点市镇

（1）河口镇。古称沙湾市，因地处信江和铅山河的交汇处，被命名河口。在明清时期，河口镇扮演了万里茶路以及海上茶路的关键节点，成为主要的茶叶集结和分销中心，同时也提供茶叶加工服务。这个镇被认为是万里茶路上首个具有较大规模的茶叶收集和运输的枢纽，因而享有"万里茶路第一镇"的美誉。

《铅山县志》载："河口镇，县北三十里，即古沙湾市也。"当时信江铅河二水交汇之冲在汭口九阳石之上。商贾往来，货物充牣。河口镇有着得天独厚条件的航运港口，信江流至河口，水面增宽，水流平缓，水深清澈，又有铅山河水南来合流，信江上往来的商货大多都在这里停靠换船，然后再转运到别处。清初，随着社会的稳定、经济的发展，河口进入一个新的繁盛时期。康乾盛世时，有"买不完的汉口，装不尽的河口"之称。茶叶是河口集散的最主要的商品之一。繁盛时河口有茶庄三百多家，各地茶商云集于此，到处是大客栈、茶行和仓库。茶行大多临江而建，以便装船发运，当时沿信江岸边有着十余座码头。

山西商人采买的茶叶，经陆路由福建崇安运到了江西铅山的河口镇。在河口，这些茶叶将被装船水运至下一个中转码头——湖北的汉口镇。河口水运茶叶至汉口，先经弋阳、贵溪、安仁、余干顺信江而下，入鄱阳湖，又经都昌、星子，于湖口入长江；然后溯江而上，经德化、瑞昌，湖北黄梅、广济、兴国州、蕲州、大冶、武昌、蕲水、黄冈等地，最后抵达汉阳汉口镇。

随着海运和陆上运输方式的进步和扩展，河口镇逐渐失去了作为南方八省水运中心的重要性。到了光绪末年，福建的商品已经可以直接通过海路运往上海等沿海城市，而浙江的货物也可以经由厦门、福州等港口转运至福建及其他地区，因此不再需要依赖河口镇这个"八省码头"来进行货物的集中和分散了。

（2）汉口。顾名思义即汉水之口，明清时期是与朱仙镇、景德镇、佛山镇齐名的中国四大名镇之一。汉水在隋朝以前也叫沧浪水、夏水，于是江、汉交汇之处也叫夏口。汉口还曾被称为河口。因为长江的缘故，人们常称汉水为小河。汉水入江处在鲁山，汉口也曾被称为鲁口。汉口又称汉皋、汉镇，皋是水边，汉皋，就是汉水之边。汉口之名，因水因山而得。

汉口原与汉阳连成一片，在明朝成化年间，汉水下游连年大水，堤防多次决口，最终在汉阳西排沙口和郭茨口之间决堤东下，形成合而为一的河道，流入长江，把汉阳一分为二。汉水的南边成为汉阳，汉水的北边则成了汉口。同治《续辑汉阳县志》载："汉口镇，在城北三里，分居仁、由义、循义、大智四坊。当江汉二水之冲，七省要道，五方杂处。由额公祠至艾家嘴长十五里，陆居则蜂房蚁垤，舟居则鱼鳞鹰阵……闻昔弦邑，汉皋最为殷阜，地当八达之衢，舟楫所萃，上自三巴、两粤、南楚，下迄江淮，西则密迩荆襄，商船连，几于遏云碍日。百货充轫，摩肩击毂。"民国《夏口县志》载："当江汉交汇之处，水道之便无他埠可拟。循大江而东，可通皖吴越诸名区，以直达上海。循大江而南，可越洞庭入沅湘，以通两广云贵。又西上荆宜而入三峡，可通巴蜀，以上溯金沙江……所谓九省之会也。"

汉口是山西商人茶叶贩运中最重要的转运站，无论是前期从福建的武夷山，还是后来从湖南的安化、湖北的羊楼洞等地贩运来的茶叶最终都要抵达汉口，汉口是茶叶转运的必经之地，在当时甚属盛望。届时则各地茶商云屯雾集，茶栈客栈俱属充盈，坐轿坐车络绎道路，极为热闹。在这里，山西商人将贩运的茶叶（来自福建的武夷山、湖南的安化、湖北的羊楼洞等）经水路运抵汉口，换装木帆船，开始逆水汉江北上行程。

（3）赊店。最早叫兴隆店。相传大禹的女儿在这里酿酒，于是形成了繁华的集市。在西汉末年，各路英雄争霸天下。刘秀，作为西汉的皇室后裔，立志恢复汉朝的辉煌，于是在宛城发动了起义。然而，由于敌军势大，刘秀不得不带领他的残部撤退。在逃亡途中，他们来到了一个小镇，并在一家酒馆中稍作休息，战士们畅饮之后，士气大振，共同商讨重振旗鼓的计划。计划已定，但缺少一面象征领袖的旗帜。刘秀走出酒馆，看到风中飘扬的酒旗，上面恰好绣着"刘"字，于是他便用这块酒旗作为自己的帅旗。后来刘秀登基成为皇帝，为了纪念这家酒馆的贡献，他将这家酒馆封为"赊旗店"，并将其酒命名为"赊店老酒"，而这个小镇也因此得名为"赊店镇"。赊店在唐朝被称为许封镇，当时的许封镇已发展成为船来车往、商贾云集、生意兴隆、人烟稠密的繁华集镇。南宋末年，元兵南下，曾经繁盛的许封镇战争频繁。明清时，赊店已经是四通八达的水陆过载码头，为湖南、湖北、江西、福建、安徽、河南、河北、山西、陕西九省通衢，有"拉不完的赊旗店，填不满的北舞渡"之说。

万里茶路之所以提及赊店，是因为该镇被称为水旱码头，南船北马，总集百货，为南北九省交通要道。茶叶由江西河口运至河南赊店，再改陆路，由马匹驮运北上，直到恰克图与俄蒙商进行贸易，赊店正是这条万里茶路上的重要水陆中转站。

（4）张家口与杀虎口。张家口与杀虎口被称为通往沙俄和漠北的重要关口，也是万里茶路的"东口"和"西口"。张家口，也称为东口，是中蒙俄三国贸易的关键节点，晋商在此主要出口茶叶、烟草和各类杂货，而主要进口商品包括毛皮和土碱等。杀虎口，也称为西口，是中原地区与漠北地区交通的咽喉要道，历史上不仅是游牧民族与汉族的战争前线，也是汉蒙民族文化交流和商贸活动的重要枢纽。在长期的相互影响和融合中，西口地区逐渐发展出了一种融合了中原文化、塞外文化以及晋文化的独特的西口文化。

万里茶路经由陆路到达山西后，出雁门关到达黄花梁，被分为两条路。一条是向西北，经杀虎口通往西口归化城的路；另一条则向东北，经大同、怀安去往东口张家口（张垣）。恰克图中俄贸易的茶叶，大部分是由张家口经库伦运往恰克图的；也有一部分是由归化经库伦运往恰克图的。途经张家口运输茶叶，其主要目的即恰克图中俄贸易，所以万里茶路的主干线应该是由张家口经库伦运往恰克图的运输线路；由于通过归化城转运茶叶的目的地是整个西北地区，而并非仅仅恰克图一地，所以途经归化的茶叶运输线路虽然也有一定数量，但不能构成万里茶路的主干。当然，其至少应该是万里茶路的一条重要支路。

（5）归化城。蒙古语称"库和屯"，也就是现在的呼和浩特旧城，是由蒙古默特部落的领袖阿勒坦汗（也称俺答汗）在明朝隆庆六年（公元1572年）开始建造，并在万历三年（公元1575年）完工。明朝朝廷赐给它"归化"的名字，意指归顺朝廷、接受教化。

归化城坐落在前套平原的东侧，位于肥沃的土默川平原的中心地带，北部有阴山作为天然屏障，西南方向可俯瞰黄河。地理位置优越，向西可以通往宁夏和甘肃，向南可通过和林格尔、清水河直达杀虎口而进入中国腹地，是交通网络的中心。这里也是农业和牧业经济的交会处，以及汉族和蒙古族文化交流的前沿地带。清朝时期，归化城因其重要的历史地理位置而日益凸显其重要性，迅速成为西北地区的关键城镇。

到了清朝康熙年间，清朝与西北准噶尔部的贸易往来以及双方的战争，为归化城的商业贸易带来了新的发展机遇，特别是茶叶贸易得到了迅速的增长。清咸丰和同治年间，为了满足长途运输茶叶的需求，晋商开始在湖北、湖南等地组织生产砖茶，并对茶叶进行深加工。砖茶因此逐渐成为远销至漠北蒙古、西北新疆地区以及沙俄的主要茶类产品。归化城作为清朝西北的重要关口，其茶叶贸易主要以砖茶为主。

（6）库伦。外蒙古首府，今蒙古国首都乌兰巴托的前身。乌兰巴托，最初名为"乌尔格"，这个名字在蒙古语中意味着"宫殿"，它在1639年建立，最初是作为喀尔喀蒙古"活佛"哲布尊巴一世的居住地。在接下来的一百五十年里，乌尔格并没有固定的位置，而是在周边地区迁移。直到1778年，它开始稳定下来，逐渐发展成为现在的乌兰巴托附近，并被命名为"库伦"或"大库伦"，后者在蒙古语中意为"大寺院"。1924年，随着蒙古人民共和国的成立，"库伦"被更名为乌兰巴托，并被定为国家的首都，其名字意为"红色英雄城"。

库伦是张库商道的终点，但更广泛地说，张库商道的终点实际上延伸得更远，直达俄罗斯的恰克图，总长度接近 1 500 千米。这条路线被誉为"北方丝绸之路"和"草原茶叶之路"。张库商道的历史可以追溯到明朝时期，它在清朝时期达到了鼎盛，但在民国时期逐渐衰落。在它存在的五六百年的历史中，张库商道一直是政治、经济和文化交流的重要通道。

库伦是汉蒙贸易和中俄互市之地。南北是起伏的群山，清澈的土拉河水从城西的博格多山脚下自东向西缓缓流过，库伦就坐落在河的北岸，分西库伦、二里半滩和东营子三个区域。东营子和西库伦最为繁华。西库伦商号林立，生意十分兴隆。经商的主要是以张家口为基地的晋商、京商和直隶商人。西库伦是库伦最早的居民聚集点，叫蒙古街。这里大部分是散落的蒙古包群。东营子又叫中国街，居住的是清朝官吏和中国商人，商号多半是与恰克买卖城有联系的商号，或是分庄做批发运销的业务，少有零售。

（7）恰克图与买卖城。恰克图（布里亚特语称 Хяагта），清朝俄中边境重镇，南通买卖城和库伦（今乌兰巴托），北达上乌丁斯克（今俄罗斯乌兰乌德）。恰克图位于俄蒙边界界河的北岸，和南岸的蒙古国的阿勒坦布拉格（买卖城）隔河相望。1728 年 6 月，中俄在此签订了《恰克图条约》，并划定两国以恰克图为界。旧城归俄，即恰克图，也称特洛伊茨科萨夫斯克。

恰克图在俄语中意为"有茶的地方"，位于俄罗斯和蒙古国边境的俄罗斯一侧。在距离三百米的蒙古国一侧，曾经有一个边境商贸城市叫作买卖城。

雍正八年（1730 年），清政府批准在恰克图中方边境建买卖城，然而朝廷一向认为经商做贾是属于民间的事情，建买卖城的事情朝廷不管。当时中国商人们掏钱向监管部门购买了地皮，在恰克图正南一百五十米的地方，自己动手营造店铺和库房，建起了一座贸易城，叫作"买卖城"。买卖城也是一座方形木城，有围墙、城楼和货摊，商店和仓库设在城内。

恰克图和买卖城这两座孪生城市，此后共同成为"万里茶路"上的贸易枢纽。而买卖城是清朝北方边境的海关，是大库伦的延伸，由政府批准后商民所建，由官方管理。在这里对俄的贸易额，一度占据了清朝对外贸易的半壁江山。

▶第三节　中国古代商路与"一带一路"发展的历史意义

　　中国古代商路在其形成和繁荣的历程中，是连接我国西南、东南、中原和西北地区的一条重要商贸通道，也是中华大地与欧洲地区之间联系的纽带。这些商路见证了历朝历代的商业发展，尤其是元、明、清时期，陕西、山西、甘肃、新疆、内蒙古等地，一条万里茶路与丝绸之路连接起来，把我国中原的丝绸、茶叶、瓷器和药材等与外界连接起来，并以此为纽带促进了中外贸易往来和文化交流。今天，"一带一路"建设所带来的历史机遇，就是在新时代下继续弘扬古商路的精神，把"丝绸之路经济带"建设得更加繁荣。

一、中国古代商路的贡献

1. 促进贸易全球化

　　在中国古代商路中具有突出作用的可谓丝绸之路和万里茶路。在汉武帝的时代，张骞两次前往中亚，带着和平与友好的使命，他的旅行不仅开启了中国与中亚国家友好交流的新篇章，还开辟了横贯东西方、连接欧亚大陆的丝绸之路。这条路上，使者和商队络绎不绝，商品交易成为丝绸之路的核心功能之一，体现在不同时期各国的贸易活动上。中亚的统治者将丝绸和瓷器视为权力和财富的象征，而阿富汗的宝石和金属工艺品也随着商队传遍欧亚大陆，西域的葡萄和波斯的菠菜等也丰富了东亚国家的饮食文化。随着贸易的兴盛，长安、洛阳等城市逐渐崛起，城市化进程促进了人口集中和基础设施建设。沿线的喀什、费尔干纳、亚历山大港等地成为贸易港口和中转站，进一步完善了贸易体系。丝绸之路上的人口流动性增强，沿线城市的军事和政治管理能力也得到了提升。同时，海上丝绸之路也在同步发展，随着时间的变迁，交易的商品也在不断变化。古代丝绸之路推动了经济、军事、政治等多领域的全面发展，极大地推动了贸易的全球化。

万里茶路作为连接东西方贸易的另一重要国际通道，通过茶叶贸易促进了中外文化的交流。据郭蕴深的研究，俄罗斯的茶文化深受中国的影响，俄罗斯种植和制作茶叶依赖于中国的茶籽和技术。中国不仅向俄罗斯传播了种植和制作茶叶的技术，也传递了中国的茶文化和人民的友谊。万里茶路是一条与丝绸之路不同的新国际商路，它在向欧洲输出中国农业文明的同时，也引入了西方的工业文明，机器制茶成为俄罗斯在茶叶市场上取得优势的关键。茶叶贸易的繁荣促进了中国商人集团的成长和商业资本的积累，加快了中国的近代化进程。

2. 促进文化交融

丝绸之路和万里茶路在历史上扮演了极其重要的角色，它们不仅是贸易和经济交流的通道，更是文化交流和创新的桥梁。这些古老的路线以物质商品为媒介，促进了精神文明的发展和进步。它们的重要性不仅体现在经济层面，更在于它们作为文化传播的纽带，对宗教、科技、艺术等领域产生了深远的影响。丝绸之路不仅是一条商贸通道，它还是宗教信仰、科学技术、音乐和舞蹈等精神文化的传播途径。例如，伊斯兰教和佛教等宗教通过这条路线传入中国，并与中国本土文化相融合。唐朝的《金刚经》就是通过丝绸之路传播到敦煌的佛教经典之一。佛教的传入催生了中国化的佛教流派——禅宗，以及深受佛教影响的宋明理学，这是儒学的新发展。在佛教思想的影响下，中国传统儒学吸收了佛教元素，形成了程朱理学，并最终发展为王阳明的心学，这些都是新儒家思想的重要组成部分。佛教文化的传播，特别是三国时期的僧侣，作为文化交流的先锋，推动了其他领域的交流。而万里茶路则见证了中国与其他国家之间的交流与合作，它不仅是茶的贸易路线，也是中西方思想、传统和文化的交流通道。万里茶路的申遗有助于深化文化信息的传播，推动共建"一带一路"倡议下的区域发展。作为连接欧亚大陆的古代交通要道，万里茶路促进了农耕文明、游牧文明和工业文明之间的交流与融合。它不仅带动了沿线城镇的发展，也加速了中国的近代化进程。这些历史路线不仅是物质交换的通道，更是文化和思想交流的平台，对人类文明的发展产生了不可磨灭的影响。

3. 促进民族融合

丝绸之路贯穿了整个欧亚大陆，穿越了匈奴、突厥、回纥、哈萨克等多个民族的居住区域，这些民族各自拥有独特的部落结构和成熟的文化体系。自张骞开启西域之旅以来，这些独立发展的民族文化开始了相互融合的进程。直到今天，中国西北地区的少数民族与历史上的这些民族在许多习俗上仍有着相似之处，这正是古代丝绸之路所促成的文化交流与影响的结果。

从文化的视角来看，中国的民族不仅保持了中华文化的独特性，还吸收了其他民族文化的元素。中华文化中"以人为本"的理念在丝绸之路上得到了广泛的传播，促进了世界各国之间的联系，缩短了地理和心理上的距离，增强了相互依存的关系，形成了人类命运共同体的早期形态。在不同的历史时期，中国作为区域大国，通过丝绸之路，提出了互利合作、和谐共处的理念，尊重并欣赏周边民族和地区的文化多样性。丝绸之路的兴盛不仅带动了物质文明的进步，也促进了精神文明的发展，实现了双重的繁荣。万里茶路是中外文明交流互鉴的重要文化线路，有力地促进了茶路沿线国家和各个民族经济的交流和社会文化的发展。尤其是以商号、商号建筑、商贸店铺、茶庄为代表的茶道文化，对文化交流做出了不可磨灭的贡献，对当地人民生产生活产生了重要影响，并在当地形成了一定的社会影响。特别是汉、蒙人民的友好关系，在张库商道形成、发展和衰落时期都起到了一定作用。万里茶路衰落后，当地人民曾在茶路沿线兴建过不少各个民族人民共同居住的历史建筑群。

万里茶路成为一条沟通欧亚的商贸通道，对当时沿路地区的经济、文化、社会等方面产生了积极影响，促进了民族之间的交流与融合，对今天中国的经济和社会发展有着深远影响。万里茶路是一条具有重要历史意义的文化大道，是民族融合和交流的文化纽带。丝绸之路和万里茶路不仅是商贸通道，更是民族融合之路、民族团结之路。

二、"一带一路"发展的时代意义

共建"一带一路"倡议的提出，不仅是对古商路和古丝绸之路这一历史遗产的继承与发扬，更是在新时代背景下的创新与发展。2013 年，国家主席习近平在"一带一路"国际合作高峰论坛上提出了至关重要的"五通"理念，即通过政策协调、基础设施建设、贸易交流、资金流动以及文化和信息的互通，共同推动"一带一路"合作伙伴的合作与发展。

"五通"不仅是古代丝绸之路发展的核心要素，也是当今时代全球化深入发展的关键所在。它们强调了政府间的紧密沟通、基础设施的互联互通、商品贸易的顺畅流通、金融市场的相互融合以及不同文明之间的心灵相通。正如习近平主席在论坛上所强调的那样,"五通"代表着古代商路上不可或缺的环节,也是新时代深化多边合作、促进互利共赢的重要基石。

1. "一带一路"建设是中国塑造世界经济格局的重要方式

在世界经济格局的演变过程中,中国的地位和作用不断上升,这主要得益于中国经济的持续发展。目前,中国已经成为世界第二大经济体,正在向第一大经济体迈进。中国的发展和进步不仅给世界带来了机遇,也给世界经济格局带来了深刻影响。在全球化深入发展的今天,任何国家都无法单独地制定和实施一项世界经济战略计划,这只有整个国际社会共同参与和合作才能实现。因此,"一带一路"建设就是中国要把自身经济发展和世界经济格局紧密联系起来的一种战略选择,它既是中国要为实现中华民族伟大复兴而团结奋斗的目标之一,也是中国要参与全球经济治理体系改革和完善过程中的一个重要途径。

在全球经济版图的不断变迁中,中国的影响力和地位正逐渐攀升,这一转变主要归功于中国的经济发展战略。随着时间的推移,中国已经成长为仅次于美国的世界第二大经济体,并且展现出强劲的发展势头。中国不仅为世界提供了大量的就业机会和投资机遇,其经济的稳健增长也对全球经济发展趋势产生了深刻而持久的影响。在全球化日益深化的当下,没有任何国家能够独立完成制定并实施全球性经济战略的目标。只有通过国际社会的集体智慧和合作,才能形成合力,共同推动世界经济向前发展。中国提出的共建"一带一路"倡议正是这样一个跨国界的合作平台,它旨在将中国的经济发展与世界各国紧密相连,通过互联互通促进"一带一路"合作伙伴的经济合作与贸易往来。这一宏大战略不仅是实现中华民族伟大复兴的重要组成部分,也是中国积极参与全球经济治理体系改革、完善和提升的关键举措。

通过"一带一路"建设,中国不仅希望进一步扩大对外开放,加强与"一带一路"合作伙伴的经济联系,还致力于通过国际合作解决区域和全球性问题。从基础设施建设到政策沟通,再到人文交流,该项目覆盖了广泛的领域,体现了中国作为负责任大国的形象。这不仅有助于推动"一带一路"合作伙伴的经济社会发展,也为全球经济治理注入了新的活力和动力。

总之，中国的崛起及其对世界经济格局的影响是复杂且多面的。它既展现了中国作为一个大国的自信和担当，也为全球经济带来新的希望和机遇。随着中国经济继续保持稳定增长，以及中国在国际舞台上发挥越来越大的作用，可以预见，中国将在全球经济治理体系中扮演更加重要的角色，引领着世界经济朝着更加开放、包容和可持续的方向前进。

2. "一带一路"建设是推动形成更加公平合理的全球和平合作的平台

在丝绸之路和其他古商路的发展历程中，和平合作始终是推动其发展的重要力量。丝绸之路是东西方文明的交流之路，万里茶路是东西方文化的碰撞与交融，它们均是繁荣发展的源泉。当今世界仍然面临着各种复杂严峻的挑战，恐怖主义、民族分裂、宗教冲突等问题依然突出，这些问题都严重威胁着人类文明和各国人民的和平与安全。面对各种挑战，必须加强对话，增进互信，寻求利益契合点和合作共赢点，努力把世界建设成为持久和平、普遍安全、共同繁荣、开放包容、清洁美丽的世界。

"一带一路"作为国际合作平台，也将坚持和平合作这一主线。当今世界，没有哪个国家能够独自应对人类面临的各种挑战，也没有哪个国家能够退回到自我封闭的孤岛。在和平与发展成为时代主题的今天，任何国家都不可能独善其身，各国必须加强合作。共建"一带一路"倡议作为世界各国共同参与、共同建设、共同受益的合作平台，也将坚持公平合理和和平合作这一主线，通过共商共建共享原则推动"一带一路"合作伙伴之间公平合理、和平共处、共同发展。

世界是一个有机整体，中国既是全球经济体系的参与者，也是受益者。在经济全球化深入发展的今天，任何国家都不可能独善其身，全球治理体系也不可能实现单极化的目标。而当下世界发展面临的问题有很多，如气候变化、地区冲突、恐怖主义、网络安全等，这些都需要通过全球治理体系来解决。中国作为世界第二大经济体，是推动全球治理体系变革的重要力量。但是，在全球治理体系中还存在着很多不公正、不合理的现象，这些现象和问题需要通过"一带一路"建设来推动全球治理体系变革。"一带一路"建设以开放包容的精神和合作共赢的理念为指引，以互联互通为基础，以互利共赢为目标，推动共建"一带一路"国家和地区在政策沟通、设施联通、贸易畅通、资金融通、民心相通上取得更多成果，形成更加公平合理的全球治理体系。

为了推动这一进程，中国提出并实施共建"一带一路"倡议。这一倡议以其开放包容的精神理念和合作共赢的核心价值观为指导原则，致力于实现共建"一带一路"国家和地区之间的互联互通。它以互利共赢为目标，旨在推动共建"一带一路"国家和地区在政策层面的交流与合作、设施建设的互通有无、贸易往来的畅通无阻、资金流通的便捷高效以及文化之间的相互理解与尊重。通过这样的努力，我们期望形成一个更加公平、合理且有效的全球治理体系，从而共同应对全球化时代带来的各种挑战。"一带一路"建设不仅是一项经济工程或地缘政治策略，它还承载着构建人类命运共同体的远大理想。通过这一倡议，中国展现出其作为负责任大国的担当，积极参与到全球事务的管理与决策中，力求使全球治理机制更加符合国际社会的期待和需求。中国希望通过"一带一路"的实践，为全球提供更多公共产品，为解决全球性问题贡献中国方案，为促进世界和平与繁荣做出更大的贡献。

在全球化日益深入的今天，没有任何一个国家能够孤立地应对人类面临的诸多挑战。每个国家都面临着来自外部的挑战，如气候变化、资源短缺、贫困加剧等。只有通过国际合作，才能够共同应对这些全球性问题。共建"一带一路"倡议正是在这一背景下提出的，它呼吁各国齐心协力，共同参与到这个宏伟的建设中来。共建"一带一路"倡议强调共商共建共享的原则，这意味着所有参与国将共同规划、建设并分享成果。这种合作模式鼓励各国根据自身优势，开展互利互惠的合作，从而实现共同繁荣。从长远来看，这有助于形成更加紧密的经济联系，减少地区冲突，促进文化交流，最终实现人类社会的和谐共处和可持续发展。

总之，丝绸之路的故事告诉我们，只有通过和平合作，才能够克服前进道路上的重重困难。在今天的世界里，这一古老的智慧仍然具有重要意义。共建"一带一路"倡议不仅延续了丝路精神，而且还赋予了它新的时代内涵——在全球范围内倡导合作共赢，共同构建一个更加美好的未来世界。

3. "一带一路"建设是中国增强民族凝聚力与向心力，实现人类命运共同体的重要方式

古商之路在很长的时间内，都是东西方政治、经济、文化交流的桥梁。中国古代的丝绸、瓷器、茶叶等商品，通过丝绸之路、万里茶路销往世界各地。当前，中国倡导的"一带一路"，也是为了促进民心相通。共建"一带一路"国家之间的经济合作只是基础，最终要通过民心相通才能

取得持久成果。中国人自古就有"以和为贵"的传统思想，"和"文化与中国传统文化中的"和合"思想有异曲同工之妙。"和合"思想在中国传统文化中占有重要地位，其中，"人和"与"和谐"是最核心的内容。这也与"一带一路"强调互利共赢的理念相契合。习近平主席指出，中国将继续秉持共商、共建、共享原则，积极参与全球治理体系改革和建设，不断贡献中国智慧和力量。这既是对古丝绸之路精神的传承，也是对古丝绸之路精神的创新发展，为推动构建人类命运共同体作出了新的贡献。

古丝绸之路，这条穿越了千年岁月的古老贸易之路，曾经见证了东西方文明的交融与碰撞。它不仅促进了商品的流动，更是东西方文化、技术、宗教和哲学思想交汇的纽带。中国的丝绸、瓷器和茶叶，这些精致而富有东方神韵的产品，从中原大地出发，沿着这条路线运往西方世界，成为那个时代最引人瞩目的商品之一。而今，当我们回顾那些辉煌的过往，不禁对古人的智慧肃然起敬。中国倡导的"一带一路"，不仅是一项经济战略，更是一种文化倡议。在这个框架下，共建"一带一路"国家不再仅仅着眼于物质层面的合作，而是更加注重民心的相通——通过文化的交流与理解，促进彼此间的相互尊重与信任。经济合作固然重要，但只有通过民心相通，才能实现真正意义上的共赢，让友谊的种子在不同民族之间生根发芽。

此外，"一带一路"建设也是为共建"一带一路"国家培养人才、开展人力资源开发合作以及促进共建"一带一路"国家就业和经济发展等的重要方式。"一带一路"建设，作为实现中华民族伟大复兴中国梦的宏伟蓝图中的关键一环，正日益展现其不可忽视的重要性。这一战略倡议不仅涉及基础设施的跨国联通和贸易合作，更是通过深化与世界各国之间的联系，促进了相互之间的交流与理解。在这样的框架下，中国致力于推动自身与共建"一带一路"国家间的优势互补，从而在全球舞台上提升自身的影响力与竞争力。这种相互补充不仅体现在经济层面，也深入到社会、文化以及政治等多个维度，共同绘制了一个互利共赢的发展图景。

在共建"一带一路"倡议的实施过程中，中国不断加强与"一带一路"合作伙伴的政治互信，深化民心相通，这些都为区域乃至全球的和平与繁荣贡献了积极力量。通过这种方式，中国不仅增强了自身的民族凝聚力和向心力，而且为中华民族伟大复兴奠定了坚实的物质和政治基础。同时，这一倡议也成了一种人才培养的新模式，通过国际合作交流，为"一带一路"合作伙伴提供了人力资源开发和就业机会，助力这些国家实现经济发展和社会进步。

总而言之，"一带一路"建设不只是一项宏大的政治决策，它是中国在全球化时代背景下，以实际行动践行人类命运共同体理念的生动体现。通过共建"一带一路"倡议，中国与世界各国携手并进，共同开创了更加美好的未来，这对于实现中华民族的全面发展与繁荣富强具有不可估量的重要意义。

4. 结语

通过对"一带一路"建设和古代商路沿革的深入研究，我们发现其对中国经济、文化、民族的发展都具有重大的历史意义和时代意义。通过对"一带一路"建设的研究，我们可以发现中国的发展在世界格局中不仅是一个经济概念，更是一个文化概念、政治概念，甚至是一个民族概念。

"一带一路"建设对中国而言不仅是一种经济行为，更是一种文化行为、政治行为，它不仅为中国带来了机遇和利益，更重要的是给世界带来了机遇和利益。通过对"一带一路"建设的研究，我们可以发现"一带一路"不仅让中国走向了世界舞台的中央，更为中国提供了一个展示国家形象、国家实力以及大国担当的平台；不仅有助于中国经济社会发展，同时也有利于促进共建国家经济发展和文化交流。"一带一路"建设不仅是中国经济社会发展和政治稳定的重要保障，更是中华民族伟大复兴不可或缺的重要支撑。

参考文献

[1] 傅梦孜. 对古代丝绸之路源起、演变的再考察 [J]. 太平洋学报，2017（1）：59-74.

[2] 陈保亚. 茶马古道与盐运古道、丝绸之路的关系：基于词与物的古道类型学研究 [J]. 思想战线，2016，42（6）：90-97.

[3] 陈保亚. 论茶马古道的起源 [J]. 思想战线，2004（4）：44-50.

[4] 陈保亚. 陆路佛教传播路线西南转向与茶马古道的兴起 [J]. 云南民族大学学报，2007（1）：66-70.

[5] 陈保亚. 茶马古道：世界屋脊的终极征服：纪念茶马古道徒步考察和命名 20 周年 [J]. 科学中国人，2010（6）：48-57.

[6] 万建辉. 万里茶路的中国北方节点 [J]. 武汉文史资料，2016

（12）：24-38.

　　［7］木霁弘. 茶马古道考察纪事［M］. 昆明：云南教育出版社，2001.

　　［8］王晓燕，李宝刚. 20世纪茶马贸易研究综述［J］. 兰州大学学报（社会科学版），2002（6）：20-26.

　　［9］宋时磊. 茶马古道的概念，研究瓶颈与开拓方向：历史学科的视角［J］. 农业考古，2021（5）：228-233.

　　［10］杨旭民. 茶马古道研究报告［J］. 新西部，2018（6）：1-12.

　　［11］黄柏权，曾育荣. 万里茶路茶业资料汇编·宜红茶区初编［M］. 武汉：湖北人民出版社，2019.

　　［12］黄柏权，张宁. 万里茶路茶业资料汇编·汉口卷初编［M］. 武汉：湖北人民出版社，2019.

　　［13］李亚隆. 宜都红茶厂史料选［M］. 北京：中国文史出版社，2018.

　　［14］石文娟. 论万里茶路与晋商文化［J］. 商业研究，2016（2）：18-19.

　　［15］万建辉. 汉口开埠前，晋商已将武夷山茶运往汉口［J］. 武汉文史资料，2016（7）：50-55.

　　［16］陈容凤. "万里茶道"福建段史迹调查及初步研究［J］. 福建文博，2017（1）：41-46.

　　［17］梁四宝，吴丽敏. 清代晋帮茶商与湖南安化茶产业发展［J］. 中国经济史研究，2005（2）：14-19.

　　［18］杜七红. 清代两湖茶叶研究［D］. 武汉：武汉大学，2006.

　　［19］卢璐. 明代至民国时期安化黑茶茶业史研究［D］. 长春：东北师范大学，2018.

　　［20］万建辉. 万里茶道在两湖地区的茶源地：安化和羊楼洞［J］. 武汉文史资料，2016（5）：43-47.

　　［21］陶德臣. 外销茶运输线路考略［J］. 中国农史，1994，13（2）：83-87.

　　［22］蒋太旭. "中俄万里茶道"的前世今生［J］. 武汉文史资料，2015（1）：55-59.

　　［23］蒋太旭. 从丝绸之路到万里茶道［J］. 决策与信息，2015

（11）：58-61.

[24] 张舒，正明. 清代晋商与万里茶路 [J]. 文史月刊，2016（6）：2-9.

[25] 陈赛赛. 线性文化遗产背景下的万里茶路空间结点分析 [D]. 南昌：江西师范大学，2016.

[26] 康永平. 万里茶路内蒙古段研究 [D]. 呼和浩特：内蒙古师范大学，2018.

[27] 宋时磊，刘再起. 晚清中俄茶叶贸易路线变迁考：以汉口为中心的考察 [J]. 农业考古，2019（2）：108-116.

[28] 舒曼. 古代张家口茶马互市与张库大道（茶叶之路）之刍议 [J]. 农业考古，2014（2）：215-222.

[29] 祁杭. 张库大道的产生和发展及历史作用 [D]. 石家庄：河北师范大学，2014.

[30] 牛国祯，梁学诚. 张库商道及旅蒙商述略 [J]. 河北大学学报，1988（2）：6-11.

[31] 刘振瑛. 品评张库大道 [M]. 北京：国家行政学院出版社，2012.

[32] 刘晓航. 东方茶叶港：汉口在万里茶路的地位与影响 [J]. 农业考古，2013（5）：217-276.

[33] 刘再起，钟晓. 论万里茶路与"一带一路"战略 [J]. 文化软实力研究，2016（2）：23-30.

[34] 武汉市国家历史文化名城保护委员会. 中俄万里茶路与汉口 [M]. 武汉：武汉出版社，2014.

[35] 赊店历史文化研究会. 赊店 [M]. 郑州：大象出版社，2005.

[36] 张春岭，凌寒. 万里茶路枢纽：赊店 [M]. 北京：中国地图出版社，2014.

[37] 巴志强，万清菊. 万里茶路与中国赊店 [M]. 郑州：中州古籍出版社，2014.

[38] 刘建生，张朋，张新龙. 浅析西口在北路贸易中的历史地位 [J]. 中国经济史研究，2007（4）：23-29.

[39] 张喜琴. "西口"考辨[J]. 中国经济史研究，2009（3）：130-138.

[40] 丰若非，刘建生. 清代杀虎口的实征关税与北路贸易 [J]. 中国

经济史研究，2009（2）：15-26.

　　[41] 冯君. 清代归化城商业贸易的兴衰及其影响［D］. 呼和浩特：内蒙古师范大学，2007.

　　[42] 史若男. 清代内蒙古军事城市商业化的转变：以归化城、绥远城、呼伦贝尔城为例［D］. 呼和浩特：内蒙古大学，2018.

　　[43] 郭蕴深. 论中俄恰克图茶叶贸易[J]. 历史档案，1989（2）：89-95.

　　[44] 黄鉴晖. 山西茶商与中俄恰克图贸易［J］. 中国经济史研究，1993（1）：125-140.

　　[45] 王少平. 买卖城［J］. 史学集刊，1986（2）：66-69.

　　[46] 祁美琴，王丹林. 清代蒙古地区的"买卖城"及其商业特点研究［J］. 民族研究，2008（2）：63-74，109.

　　[47] 邓九刚. 茶叶之路［M］. 北京：新华出版社，2008.

　　[48] 米镇波. 清代中俄恰克图边境贸易［M］. 天津：南开大学出版社，2003.

　　[49] 米镇波. 清代西北边境地区中俄贸易：从道光朝到宣统朝［M］. 天津：天津社会科学院出版社，2005.

　　[50] 赵荣达. 晋商万里古茶路［M］. 太原：山西古籍出版社. 2006.

　　[51] 韩小雄. 晋商万里茶路探寻［M］. 太原：山西人民出版社，2012.

　　[52] 刘锦萍. 榆次常家与中俄茶叶之路的兴衰［J］. 晋阳学刊，2001（6）：92-96.

　　[53] 常士宣，常崇娟. 万里茶路话常家［M］. 太原：山西经济出版社，2009.

　　[54] 刘晓航. 万里茶路研究专著（1999—2016）综合述评［J］. 农业考古，2017（2）：260-272.

　　[55] 刘再起，张瑾. 理论回顾与视角转向：21世纪以来万里茶路研究综述［J］. 广西职业技术学院学报，2021，14（1）：1-7.

　　[56] 平英志，黄柏权. 20世纪以来的万里茶路研究综述［J］. 农业考古，2020（5）：254-272.

　　[57] 刘锦增，张舒. 史实与史论：商路·商帮与经济社会发展：2018年中国经济史学会年会综述［J］. 中国经济史研究，2018（6）：170-174.

　　[58] 张文木. "一带一路"和亚投行的政治意义［J］. 政治经济学评

论，2015，6（4）：204-224.

［59］周谷平，罗弦.推进中国-东盟高等教育合作的意义与策略：基于"一带一路"的视角［J］.高等教育研究，2016（10）：41-45.

［60］金鑫."一带一路"建设十周年：意义，成就与优化［J］.智库理论与实践，2023（5）：7-10，25.

［61］蒋姮."一带一路"地缘政治风险的评估与管理［J］.国际贸易，2015（8）：21-24.

［62］张亚光."一带一路"：从历史到现实的逻辑［J］.东南学术，2016（3）：10-17.

［63］王国刚."一带一路"：基于中华传统文化的国际经济理念创新［J］.国际金融研究，2015（7）：3-10.

［64］张文木.千里难寻是朋友　朋友多了路好走：谈谈"一带一路"的政治意义［J］.太平洋学报，2015，23（5）：46-58.

［65］胡德坤，邢伟旌."一带一路"战略构想对世界历史发展的积极意义［J］.武汉大学学报（人文科学版），2017，70（1）：17-23.

［66］张慧玲.中拉高质量共建"一带一路"的时代意义与路径思考［J］.当代世界，2023（9）：33-39.

［67］郭庆宾，曾德源，彭艳清."一带一路"倡议对沿线国家的资源配置效应［J］.中国软科学，2023（11）：122-132.

［68］郝玉凤.中俄恰克图边境贸易述论［D］.长春：东北师范大学，2007.

第二章　张库古商道的发展与文化积淀

青，取之于蓝，而青于蓝；冰，水为之，而寒于水①。

——荀子

恻隐之心，仁之端也；羞恶之心，义之端也；辞让之心，礼之端也；是非之心，智之端也②。

——孟子

▷第一节　张库古商道——迈向诗和远方

张库古商道亦称张库大道、张库商道，是指从张家口通往库伦（今乌兰巴托）的商道。它是清朝华北地区最为重要的陆上贸易通道。乾隆四十三年（1778 年），清政府在张库商道上设置了张家口驿站，并派人管理。随着商道的开辟，张家口成为联系蒙古与内陆的商业枢纽，并迅速发展起来。张库古商道，一条连接张家口与库伦（今乌兰巴托）的商贸之路，曾

---

① 荀子用青与蓝、冰与水的关系来比喻学生如果能用功研究学问，坚持不懈地努力，就可以比他的老师更有成就。由于荀子这几句话形象深刻，便为后人所常用，比喻学生胜过老师、后人胜过前人。在这里隐喻张库精神文化，一代传承，一代硕果。

② 出自《孟子·公孙丑上》。人见孺子将入于井，都会有怵惕恻隐之心，这是人之常情，所以人人心中皆有仁的端倪，同理而言也都有礼、义、智的端倪。正因为人心有这样的端倪，所以人性都是善的。也正因为人性本善，所以修养工夫就是要寻求本心的善，只要挖掘出内心深处仁的端倪，仁德就会到来。孟子四端说是四德说（仁义礼智）的基础。

在清朝成为华北地区最具影响力的陆上贸易路线。

一、张库古商道的形成与发展

1. 张家口的历史与称谓

张库古商道是万里茶路中的重要路段。因此，提及万里茶路也就必然会涉及张库古商道，提及张库古商道就必然会涉及一个地方，那就是张家口。张家口自古就是我国北方重镇，在不同的历史时期承担和发挥了不同的作用，于商贸、军事、政治、外交等均能见证其历史地位。

（1）武城。这是张家口堡在明宣德四年（1429年）肇建后的第一个别称，它反映的是张家口堡建设初衷和建设初期的主要功能。也就是说，张家口堡是明朝统治者为防御北元势力的侵扰而建设的一个军堡，武装防御是其主要的功能，武城二字是对其初期功能的最恰当的概括。但是历史的发展是不以人们的意志为转移的，随着形势的发展，明朝和北元之间的关系逐步由战争转变为和平相处，张家口堡的社会功能也就因时而变，逐步由武城向商城转变。明朝万历年间在张家口堡东侧逐渐形成了一条繁华的商业街——武城街，就是张家口堡功能转变的有力证据。武城街的名字作为张家口堡的第一个别称，永远地铭刻在人们的心里。

（2）东口。这是清朝后期张家口的一个别称。那时，长城之内的农民为了寻求生计，纷纷越过长城到内蒙古草原开垦荒地或做买卖，这些到长城之外的移民活动，称为出口外。在山西和河北一带，人们出口外大多经由山西的杀虎口和河北的张家口两个长城关口。因为杀虎口位于张家口的西面，所以人们就将杀虎口称为西口，将张家口称为东口。目前，西口因为有一曲二人台《走西口》，在文化上驰名全国；而东口张家口则发展成为一座中等城市，在政治、经济、军事文化方面闻名中外。

（3）华北第二商埠。清朝，张家口在明朝的茶马互市的基础上，逐渐形成了闻名遐迩的张库古商道，这是一条起始于中国河北省张家口市大境门的国际贸易通道，它贯穿蒙古国首都乌兰巴托（古称库伦），并继续延伸至俄罗斯边境的恰克图市。1909年，京张铁路建成通车，使张家口的经济贸易有了更大的发展，1918年，张家口的贸易总额为1亿5 000万两白银，达到鼎盛。张家口成为华北地区除天津之外的第二大商业城市。这就是张家口别称"华北第二商埠"的来历。

（4）张垣。这是由于民国时期察哈尔省的省会就在张家口。张垣这个名称至今使用率还是很高，但需要注意的是，张垣指的仅仅是张家口主城区，而不包括其他所属县区。

（5）KALGAN。这是张家口在清朝末年的一个别称，也是一个用外文字母表达的名称。1909 年京张铁路开通后，在张家口火车站上既有用汉语书写的"张家口火车站"，其下方还有用外文书写的 KALGAN 字样。据说 KALGAN 的含义是大门的意思。当时张库古商道正处于繁荣时期，蒙古族人从草原不远千里来到张家口，首先看到的就是大境门。而大境门正是一座很大的大门，于是人们就将张家口称呼为 KALGAN 了。从中我们也可以了解到，大境门在清朝时期就已经是张家口的标志性建筑了。

2. 张库古商道的历史起源与发展过程

张家口是中原至塞外的通衢大道，其地理位置十分重要，不仅是古今兵家必争之地，也是中国与俄蒙贸易的码头，所谓"黄河百害富宁夏，草地千里富张垣"。《河北省公路史志资料》载："张库商道历史悠久，早在元代，便辟为驿路，明清两代又辟为官马大道。当时运送物资所走路线，多依驿第。这运输物资的驿站，官马大道就是后来的张库商道。"虽然当时驿站只限于"通达边情""布宣号令"，但是在塞外地区，茶马互市依然在进行，大量内地商品如茶叶、布匹和丝绸等通过张库古商道进入蒙古国，并最终被转运至中国。

明嘉靖三十年（1551 年），明王朝在今万金县新开口一带河滩，山谷开办了以布帛易马的"贡市"。明隆庆五年（1571 年），明朝政府为了加强与蒙古地区的和平关系，促进边境贸易，决定在宣府张家口堡，大同府的新平堡与德胜堡，太原府的水泉营堡等地设立"茶马互市"。到明万历年间，张家口的"茶马互市"贸易已形成规模。1697 年，清康熙开辟了一条从北京经张家口至阿尔泰的驿道，名叫"阿尔泰军台"，这条驿道后来逐渐扩展，其中，张家口至库伦路线为中俄商人贸易往来带来便利，便将该段路线称为"张库大道"或"张库商道"。雍正六年（1728 年），清政府与俄签订《恰克图条约》，中俄贸易往来日趋繁荣，民间通商也日繁一日。乾隆二年（1737 年），清政府下令以张家口、归绥（呼和浩特）为货物集散地。乾隆三十三年（1768 年）八月，理藩院设库伦办事大臣，凡中俄文牍皆经办事大臣上报或处理。这些规定简化了进出口呈报手续，节省了时间，促进了张库古商道工商业的发展。

张库古商道兴起的初期主要靠的是对蒙贸易，茶马互市，以物易物。

在此基础上随着中俄贸易的迅速发展，史称"万里茶路"的国际贸易大通道在张库古商道的基础上逐步形成，并且不断延伸与拓展。张库古商道成为万里茶路的核心路段，张家口也由此成为万里茶路上的陆路商埠、物资集散地和最重要的贸易节点。《茶叶之路》的作者艾梅霞也认为："在与俄国的茶叶贸易兴起之前，汉族与蒙古族的贸易活动已经十分活跃，蒙古族在随后的中俄茶叶贸易中扮演了至关重要的中介角色。"

《茶叶之路：康熙大帝与彼得大帝的商贸往事》一书描绘的就是从1689年开始，中国南方的茶叶被采购后，便开始了一段漫长的旅程，它们被装上骆驼，穿越张家口、库伦、恰克图、科布多等重镇，或者经过多伦、赤峰、二连等城市，最终抵达俄罗斯的贝加尔湖地区，甚至远至圣彼得堡。这条活跃了两个半世纪的国际商道，横跨亚欧大陆。万里茶路商品流转的一般路径是始于福建武夷山，然后北上，以张家口和归化城作为集散地做第一次交易，到库伦然后进入恰克图市场，在恰克图经过第二次交易，过秋明、奥伦堡、罗斯托夫，抵达莫斯科，然后再到圣彼得堡。反过来，俄罗斯亦借此向中国输送本地特产和工业品。这条连接中国南方与俄罗斯的万里茶路在促进东西方贸易方面发挥了举足轻重的作用，同时它也促进了亚欧大陆内部的广泛而深远的文化交流和融合，并在十八、十九世纪达到了发展的顶峰。

由此可见，从17世纪下半叶开始兴起的万里茶路，是从福建武夷山、两湖经汉口北上进入张家口后就逐渐形成的以蒙汉交易为主的张库古商道的路途。所以说，张库古商道与万里茶路一脉相承，张库古商道历史久远，是万里茶路的基础与源头，万里茶路则是张库古商道的延伸与拓展。数百年的兴盛也验证了张库古商道始终是万里茶路中重要的、不可或缺的核心大通道，张家口始终是张库古商道和万里茶路的重要贸易集散地。只不过在时间上张库古商道更加久远，万里茶路的兴盛与繁荣则主要集中在18世纪至20世纪初期。

二、张库古商道的繁荣与衰落

1. 张库古商道的鼎盛与繁荣

万里茶路的兴盛将张库古商道推向鼎盛与繁荣。在明隆庆五年（1571年），明朝政府与蒙古达成和平协议，并在宣府的张家口堡、大同府的新平堡与德胜堡、太原府的水泉营堡等地设立了官方的"茶马互市"，这些市场成为合法的边界贸易点。张家口因其独特的地理位置，逐渐发展成为中国与蒙古之间最重要的贸易关口，甚至一度成为两国间唯一的出入口。其中最主要的马市就在张家口。在 1578 年，张家口因其地理位置和开放的贸易政策，成为所有马市中最为重要的一个。当时的记录显示，大同和山西的市场上仅有一个蒙古部落参与交易，而张家口市场则吸引了至少两个大部落和两个小部落的蒙古人参加。起初，马匹交易的数量并不多，平均每个市场大约只有 2 000 匹马进行交易。然而到了 1578 年，沿着长城的张家口关口，大约有 4 万匹马穿过。四十年后，随着茶叶贸易的发展，被称为万里茶路的商路进一步推动了张家口贸易的繁荣。到了 17 世纪末，通过张家口的贸易路线不仅覆盖了蒙古，还扩展到了俄罗斯。从 18 世纪初至 19 世纪末，张家口一直是中国至俄罗斯的主要茶叶集散地，俄罗斯人、中国人和蒙古人将茶叶运往更北部和西部的地区进行销售。

据考证，到 1744 年，中俄在恰克图的双边贸易额约为 30 万卢布，到 1760 年上升到 110 万卢布，1830 年上升到 800 万卢布，到了 19 世纪中期已达 1 600 万卢布。张库古商道贸易的兴盛，也推进了张家口的发展和繁荣。万里茶路发展的需要，促使清政府下决心独立自主修建京张铁路。1909 年，北京至张家口的第一条铁路由中国人自己设计和修建完成。京张铁路自 1909 年通车后，其运输量逐年显著增长。1909 年的货运量为 42 万吨，客运量为 41 万人次。到了 1915 年，货运量增长至 180 万吨，客运量达到 91 万人次。在这短短的七年中，货运量增长了 3.3 倍，而客运量则增长了 1.2 倍。这条铁路不仅促进了沿线地区的经济发展，还加强了政治统一和国防巩固，成为连接北方地区的重要交通线路。

京张铁路货运量逐年迅猛增加，至 1918 年，我国第一条国有公路——张库公路也建成通车。据《察哈尔省通志》载："张库汽路修通后，市场更加繁荣，年贸易额达 15 000 万两白银，其中年销砖茶 30 万箱，输入羊毛 1 000 万斤，羊皮 1 500 万张之多，成为张家口商务的全盛时期。"当时，张家口的车行有 20 家，拥有汽车 120 辆之多，仅商用汽车就达 93 辆。从此，汽车队、骆驼队、老倌车队在张库商道上熙熙攘攘，车来车往，成为当时的一道靓景。

另外，京张铁路通车使人口迅速在沿线城镇集聚，沿线地区经济走向繁荣。据《张库通商》记载，1918 年张家口商业贸易鼎盛。张家口对蒙古贸易的商号增加至 1 600 多家，年贸易额达到 1.5 亿两白银。资料显示，当时张家口的经商人数达到了 35 000 多人，这一数字在当时的总人口中占据了一半的比例。正因为这样，张家口因其独特的地理位置和商业环境，吸引了众多国际资本的涌入。据历史记载，当时在张家口设立的外国商行数量众多，包括英国的德隆、仁记、商业、平和商行；德国的礼和、地亚士商行；美国的茂盛、德泰商行；日本的三井、三菱商行；荷兰的立兴、恒丰商行等，共计 44 家。这在当时是除天津口岸、上海洋场之外又一个中外商家聚集之地。这表明万里茶路与张库古商道不仅一脉相承，而且促成了张库古商道的鼎盛与繁华景象。

2. 张库古商道衰落学说

20 世纪 20 年代之后，张库古商道的贸易量逐步减少，综合文史界专家、学者的一些研究，目前主要有三种说法。

（1）断交学说

在特定的历史条件下，清王朝的覆灭使中俄两国在政治方面都发生了重大变革。1911 年辛亥革命爆发，1914 年第一次世界大战爆发，1917 年苏联十月革命胜利，政治的动荡致使张库古商道贸易持续衰落。1924 年蒙古"独立"后，中蒙贸易和张库古商道运输开始下降。1929 年国民政府与苏联断交。蒙古因此关闭了中国的所有商号，华商运输汽车百余辆被扣，连驰名中外、号称有 7 000 名员工的旅蒙商号"大盛魁"也被迫关闭，张库贸易由此中断，繁荣近四个世纪的张库古商道急剧衰落。虽有极少数华商仍寻机往来经商，但已微不足道。

（2）铁路和海运影响学说

有学者认为，在俄远东铁路修建前，张家口这里主要做的是转口贸易、过境贸易，最巅峰时期就是京张铁路修通之后。这条铁路开通后，塞外到北京的行程缩短为一天，彻底改变了明清以来形成的贯穿南北的传统商路，张库商道逐渐丧失原有的优势，而随着京张铁路延伸至绥远、包头，尤其是到西伯利亚铁路的修通，张家口贸易集散地的作用就减弱了。在这里经商的人转移到了其他地方，人分散之后，"陆路码头"和"物资集散地"的功能也就逐渐失去了。

另外，1896 年，李鸿章与沙俄财政大臣维特在彼得堡签订了一项秘密协议，允许沙俄建设一条从西伯利亚延伸至海参崴的铁路，这条铁路被称为东省铁路或中东铁路。中东铁路的开通对传统的张库陆路贸易产生了显著影响。1895 年，中国商品出口至沙俄主要依赖张库商道，但到了 1914

年，约50%的出口量已通过海路经中东铁路输往沙俄。这一变化标志着贸易路线的重大转变，影响了张库古商道的繁荣。

（3）茶叶移植学说

20世纪初，英国商人将福建武夷山茶叶移植到英国和印度并组织规模化种植，不再进口中国茶叶。同时，茶叶贸易的方向也发生了逆转，茶叶开始由西方输入东方。自中国起经蒙古至俄罗斯的万里茶路上，商人把在原俄罗斯格鲁吉亚地区生长及加工的茶叶反过来运到蒙古草原。时至今日，绝大多数蒙古人喝的砖茶来自高加索南部的格鲁吉亚。

总而言之，随着交通运输工具的进步、商贸交易目的地的改变，以及国际政治风云的变幻，昔日"张库古商道"上不惧风霜雨雪、旅途凶险的骆驼队、牛车队、汽车队，以及留在风中清脆的驼铃声，逐渐地消失了。但是，张库古商道作为中国北方的交通命脉，以及连接中—蒙—俄商贸大通道的重要作用丝毫没有变化。特别是新中国成立之后，20世纪50年代至"一带一路"的提出，中、蒙、俄联合修建的从北京出发，途经张家口、二连浩特，到乌兰巴托、莫斯科的北京—莫斯科国际列车，继续沿着张库古商道、京张铁路的路线，依然承载着数百年前"万里茶路""张库古商道"的历史重托，持续不断地运转着。

三、张库古商道对经济发展的作用与影响

1. 张库古商道带动张家口加速发展

张家口的城市发展与张库古商道密不可分。明朝初期，只有大清河西侧与东、西两座太平山关相连，而上、下两座堡（堡子里和来远堡）则是两座各自独立的城堡。当时大清河以东还是一处荒芜之地，由于受季节性河流的影响，大清河西岸两边都变成了农田和墓地。直至张库古商道逐步繁荣，以及大境门的开通，张家口的上堡和下堡才逐步开始发展。玉带桥的建成让附近的几条街都变得热闹起来，商铺越来越多，居民也越来越多，两座城堡也渐渐连接在了一起。后到清末，由于张库公路的货运需要，京张铁路的建设使桥东区的商贸逐渐发达，商店和住宅逐渐聚集在一起，促使张家口城市的发展。从这一点可以看出，张库古商道对张家口城市的发展起到了一定的促进作用。

另外，张家口与周边地区开设的互市、集市，在历史上因各朝政治、经济等方面的相互影响而频繁地被封闭。然而，由于地理环境和民众的需

要，互市仍时断时续，使得蒙古对中国资源的依赖性极大增强。张家口堡与来远堡、万全和宣化之间的连接，促使张家口成为一个完整的城市，对其经济发展起到了积极的作用，同时也通过与蒙古的商贸往来，提高了张家口的国际地位。17世纪，万里茶路过境张家口，此后张家口便作为中俄之间的通商口岸，这在其城市职能中占有相当大的比例，也是张家口近现代发展的一个关键依据。

随着时代的变迁，张家口城市的发展与张库古商道的联系更加紧密。随着交通的便利化和经济的发展，张库古商道逐渐成为连接张家口与周边地区的重要交通枢纽。随着城市规划的不断完善和基础设施的不断建设，张家口的经济实力和文化影响力也逐渐增强。张库古商道作为历史悠久的交通要道，见证了张家口城市的兴衰荣辱，而张家口城市的繁荣也离不开张库古商道的支持和帮助。在未来的发展中，张家口将继续发扬张库古商道的精神，不断创新发展，为实现经济繁荣和社会进步贡献力量。

2. 张库古商道推动相关产业兴起

张库商道的发展推动了当地的金融、工业和制造业。在金融领域，自明朝以来，张家口就有了"票号"，其中大部分是晋商开设的以兑换外币为目的的票号，随后以山西商人为主体的商业银行逐渐增多。历史资料显示，张家口曾经有过42家银行。根据记载："至1924年，张家口桥西已有23家钱庄，如裕源生、兴隆达、万隆昌、会丰号、长泰隆、玉通号、永利号、义聚德、兴泰广、恒北号、天兴昌、瑞通号、裕源永、义舜诚、永瑞号、复元号、世合德、兴记、慎义德、永义隆、郭义、义和源、宏盛号。"这表明张库商道对金融业，尤其是银行钱庄的繁荣起到了巨大的推动作用。张库商道还涉及一种商业产品，即银钱的生产。由于中国商人对俄罗斯产品有很大需求，而俄罗斯产品无法为他们带来足够利润，因此他们必须通过白银制币这种方式弥补不足。在明清两代，沙俄对银的消费严格管制，严禁向中国出口银。因此，沙俄商人为了从中国进口商品，用各种银饰与中国商人进行交易。这些银饰大多粗制滥造，后被送到张家口加工，制成银币，形成了"口瓶银"，"口瓶银"成为主要的贸易货币。银钱生产"口瓶银"促进了张库商道上商品的流通。

这种独特的商业模式不仅推动了张家口地域的经济繁荣，也促进了与俄罗斯的贸易往来。随着"口瓶银"在张库商道上的广泛流通，商业活动日益繁荣，使得这一地区成为当时重要的商贸中心之一。银钱的生产和流通不仅令当地商人受益，也为整个地区带来了繁荣与活力。张库商道的历史发展，无疑对张家口金融、工业和贸易产生了深远影响，为这一地区的繁荣奠定了坚实的基础。总之，张库商道带动了张家口许多产业的发展与兴盛，解决了周边地区许多百姓的就业与温饱问题。

3. 张库古商道促进交通业发展

为了便利张库商道上的贸易往来，京张铁路、张库公路陆续修建完成。京张铁路，作为中国自主设计并建造的第一条铁路干线，由杰出的中国工程师詹天佑主持设计和修建，于 1905 年动工，1909 年通车。这条铁路的起点位于张家口，终点为首都北京。1918 年，张库公路竣工启用，成为中国最早的国营道路之一。随着京张铁路、张库公路两条交通要道相继建成通车，货物运输时间大幅缩短，运输成本减少，对张库商道的发展产生了一定的推动作用。正是由于京张铁路、张库公路的开发，张家口成为两条交通线路的首选。110 年后，随着京张高速铁路投入使用，张家口与北京之间的距离进一步"缩短"，张家口也被划入一小时经济圈，可以预见，张家口将迎来更大的发展。

随着交通基础设施的不断完善，张家口将更好地融入周边地区，加快经济发展步伐。这些交通线路的建设不仅带来了便利，也为当地经济的繁荣注入了新的活力。未来，随着更多的投资和项目的落地，张家口有望成为一个重要的交通枢纽和经济中心，为周边地区乃至整个国家的发展做出更大的贡献。尽管铁路和公路的出现为张库商道提供了运输方式上的补充，缓解了恶劣道路条件带来的运输压力，但这些现代化交通工具也导致了人们逐渐减少使用传统的张库商道。随着时间的推移，通过张库商道的人流量显著下降，这条曾经以原始运输方式运作的古老商道最终走向了衰落。

▶第二节 口商精神——大道从心行天下

一、口商概念的界定

随着对张库商道历史和文化的深入研究，"口商"逐渐被人们所知晓。"商"是指相互之间交流看法和观点，后来引申为贸易，转而又指从事贸易的人。可见，"商"通常可被视为商户，也可指商人。在"口商"这个概念中，"口"为特定名词，特指张家口；"商"是通名，可指商户，亦可指商人。因此，"口商"就是张家口的商户和商人。在我国的贸易历史中，张家口市区先后出现大小商户数千家，商人占比很高。在1912年的一次人口普查中，张家口十人中七人是商人。由于张家口特殊的区域和发展历史，人们对"口商"概念的理解逐步加深。

近现代一些研究学者开始关注和挖掘口商存在的意义。学者陶宗冶提出研究张库商道史，不仅要注重晋商，也要注重对张库商道做出重要贡献的口商。此外，晋商和口商是经营张库商道的主要商人群体，同时，口商又是在张库商道开通之后，在晋商的引领和影响下逐渐壮大起来的一支商业群体。邵逸舒、耿磊在《近代张库商道对张家口城市发展的作用》一文中指出："大批的晋商来到张家口进行各种经济活动，张家口当地人也投入到其中，即'口商'，一同经营着张库商道。""口商"，主要指张家口本地参与到张库商道贸易的人，其中有资本的商人偏少，多数都是出于生计的下层民众"碎销"。也有学者把旅蒙商按地域分为"晋帮"和"京帮"两大集团。牛国祯等撰文指出："'晋帮'多由山西祁县、太谷、范县人组成。他们人数众多、资金雄厚、经营范围面广、营业数额甚巨。所谓'京帮'，实由宣化、怀来、怀安、阳原、蔚县、冀县等河北人组成。"他们把口商划为主要由张家口本土商人组成的京帮。还有的学者把旅蒙商分为"山西帮"和"直隶帮"两大体系。张家口商人隶属"直隶帮"。闫志弘按资金和实力标准进行分类，"山西帮"和"京帮"资金充足、实力雄厚，而本地商人和"直隶帮"则人数众多，但实力低下。他把"山西帮"、"京帮"、本地买卖人和

"直隶帮"一起划为"口帮"（即口商）。由此，我们可以进行简单的概括：一是口商源于茶马互市、张库商道的兴起；二是在地域层面上，人们对口商没有统一的定义，有的把口商和晋商并列，它可以是"京帮""直隶帮"的一部分，也可以是"山西帮"、"京帮"、本地商人和"直隶帮"的统称。学者王立功认为，张家口的特殊区域和发展历史使得对口商的理解并不简单，界定口商应考虑多个问题，如时间上的界定，是从张家口建堡、开办"贡市"、隆庆和议以来，还是指整个明清民时期。

总的来说，口商是张库商道上的重要商业群体，其属性和界定是当前学界研究的一个基本问题。第一，从地域上，口商仅指张家口一地或是张家口全域，即包括各县区的"商"历史上，张家口各县区，特别是靠近山西的阳原、蔚县、怀安，靠近张家口上下堡的万全以及宣府，靠近北京的涿鹿等地都出现过很多著名商号和商人，如蔚县德和隆的王朴、万全的霍家、赤城的任岐山等。第二，从空间上，口商是否包括在张家口范围长期从事商贸活动并发展起来的原山西籍商人、京籍商人，以及其他籍商人等旅蒙商。第三，如何平衡口商与其他在张商帮（特别是晋商），包括蒙俄商之间的关系。以往学者大多研究的是晋商在张家口，如左宝先生的《山西"皇商"在张家口》《晋商在张家口的发迹》《山西银号钱庄在张家口》等，明显地把晋商与口商割裂开来。第四，口商是否可以有狭义和广义的区分，狭义的口商仅指张家口本土商人商户，广义的口商是指从张家口成长发展起来的晋商、京商、冀商、本土商的集合体。

总之，对口商混乱的概念不利于口商文化的弘扬和发展，需要我们进一步做深入细致的研究。本书作者认为"口商"即张家口商人，其长期在张家口行商，并将自身文化融入张家口的发展过程中（如晋商、京商、冀商、本土商），以此形成具有张家口地域文化特点，以及被大部分行商人员共同承认、遵守和流传的价值观、文化、信仰。

二、口商的精神来源

晋商对口商文化的影响最为深远，他们是旅蒙商的主要组成部分，从张库商道输往库伦、恰克图的茶叶、丝绸等大宗货物多由他们经营包办。他们深入到浙、闽、两广等地的茶叶产区，垄断了一部分茶山、茶场、茶园，从茶叶的种植、采摘到加工、运输，都由茶庄经营。明清时期，晋商以诚信重义名扬天下，他们将仁、义、礼、智、信等儒家传统道德规范融入自己的经营实践之中，将其作为经商的基本价值观念，并形成了晋商独特的伦理思想。晋商始于秦，兴于 15 世纪末，16 世纪 70 年代进入鼎盛时期。19 世纪 20 年代，山西票号的诞生使晋商挺进金融这一新领域，他们资本厚、覆盖广，是全国金融业的佼佼者。其经营地域之广、项目之多、影响之大，唯有徽商能与之相比。19 世纪末是晋商最为辉煌的时期，晋商稳固地垄断了北方的贸易市场和资金调度，且涉足国外地区。因此，他们名震中外，汇通天下，显赫异常。

晋商在激烈的商业竞争中逐渐形成了进取精神、敬业精神、群体精神三大精神理念，我们把它归之为"晋商精神"，这也是对口商产生重大文化影响的主要方面。孔子曰："富而可求也，虽执鞭之士，吾亦为之。"所谓"天下熙熙皆为利来，天下攘攘皆为利往，夫千乘之王、万家之侯、百室之君，尚犹患贫，而况匹夫编户之民乎"。进取精神是明清晋商鏖战于商场的精神动力。除此以外，晋商的进取心还表现在开拓精神上，所谓"天行健，君子以自强不息"。晋商以自强不息的精神，白手起家成就大业。同时，晋商的进取精神还表现在不畏艰辛、敢于冒险。他们开拓进取、自强不息、不畏艰辛、敢于冒险，以此成就了宏图大志。晋商的敬业精神，也是他们的主要价值理念之一。他们摒弃旧俗，褒商扬贾，以经商为荣。榆次富商常氏，在清一代不绝于科举，却一直重视商业，把家族中最优秀的子弟投入商海。常氏一改"学而优则仕"为"学而优则商"，数代集中优秀人才经营商业，形成了一个具有相当文化的商人群体。他们把儒家教育的诚信、仁义、忠恕精神引入商界，以此形成了常氏商业的繁盛之势。可见，将商业作为自己的重要事业，是山西商人经商能够取得成功的重要因素。晋商在经营活动中非常重视发挥群体力量，用宗法社会的乡里之谊彼此团结在一起，用会馆的维系和精神上崇奉关圣的方式，增强相互间的了解，他们讲义气、讲相与、讲帮靠，不断协调商号间的关系，消除人际的不和，形成大大小小的商帮群体。

此外，儒家思想是晋商文化的重要引领。孔子以"仁"为本；孟子提出了"仁、义、礼、智"之说；汉代董仲舒吸收先秦各家之长，提出"五常"即"仁、义、礼、智、信"。历史的长河选择了儒家思想，奠定了中国传统文化的深厚根基。儒家思想在发展中不断汲取道家和佛家以及其他流派的思想。晋商以儒家文化和道德规范约束自己的行为方式，规范经营之道和价值取向，并汲取民间商业精神，在其鼎盛时期形成了一套自己的经商理念和价值观，具有明显的地域文化特征。晋商文化在其鼎盛时期将儒家思想作为自己的精神指导，组织经营活动。同时，晋商秉承了传统的儒家文化，以山西黄土文化为基础，形成了山西独特的"廉商，诚贾"的晋商文化。它们以德为基础，遵循敬事而信的原则。"诚信"是晋商文化的核心理念。"以义制利"是晋商经营的哲学基础，山西商人用儒家伦理作为经营活动准则，即"用儒意以通积著之理"（《陆文定公集》卷七），同时又把传统的儒家、道家、法家等诸多学说思想融合发展，形成了新的独具特色的儒商精神。

儒家思想，这一源远流长的哲学体系，两千多年来对中国社会产生了深远的影响。它不仅塑造了人们的行为习惯，还深刻地影响了人们的思维方式。晋商文化中，儒商精神与儒家教义的结合，为我们提供了一个独特的视角，以理解晋商的精神内核。《论语》中孔子曾说："富而可求也，虽执鞭之士，吾亦为之。"这表明儒家并不完全排斥对财富的追求。然而，孔子也强调"不义而富且贵，于我如浮云"，提倡在追求物质利益时，应以"义"为先导，区分"义"与"利"的界限。追求符合"义"的"利"，即是"取之有道"；反之，则是对财富的不正当追求，是"小人喻于利"的行为，为"君子"所不齿。这种思想进一步发展为儒家的"不苟取"理念，即在获取财富时，应有道德的约束，不应过度或无节制地追求利益。儒家对"苟取"与"不苟取"有着严格的道德评价标准，认为"苟取"是小人的行为，而"不苟取"则体现了儒商的风范。儒商精神本质上是反对为富不仁的行为，强调以"义"生利，以"利"取义。从儒家的"穷"与"达"的观点来看，真正的儒商不仅要在商业上成功，还要有益于社会，体现出"穷则独善其身，达则兼济天下"的社会责任感。即便是在不穷不达的情况下，儒商也应具备"利他"的精神，至少应遵循"己所不欲勿施于人"的原则。儒商从事的虽然是商业活动，但其行为始终带有浓厚的道德色彩。他们追求的不仅是功利，还有超越功利的道德价值。这种理念是儒商精神对世界商业文明的独特贡献。晋商将儒家思想融入商业实践，展现了一种"贾而好儒"的行为模式。通过这种模式，晋商不仅在商业上取得了成功，还在道德和社会责任方面树立了典范。

20世纪80年代，瑞典科学家汉内斯·阿尔文博士就指出："人类要生存下去，就必须回到25个世纪以前，去汲取孔子的智慧。"亚洲"四小龙"的快速发展让人们开始思考把东方哲学精髓融入企业管理的可能。东方的很多商人、经营者以儒家的伦理与文化为经营哲学，创造了经营的奇迹。日本资本主义之父涩泽荣一先生说："我的算盘打得精，是因为有《论语》；《论语》又因为借着算盘，替我攒下了不少财富。《论语》跟算盘看起来是八竿子打不到一块的两件事，实际上却可以以《论语》为体、算盘为用、相辅相成。"日本企业界较早借鉴中国儒家思想进行管理，松下幸之助主张"仁者爱人""产业报国""感恩社会"的思想。日本企业家吉田忠雄，被誉为"世界拉链大王"，他深谙商业经营之道，并形成了"善之循环"的观点。他常说："如果我们散布仁慈的种子，给予别人以仁慈，仁慈就在我们和别人之间不停地循环运转。"这是吉田忠雄对人生之道的认识，体现在经营中也是一种仁德。他早在 20 世纪 40 年代创建吉田兴业会社（后改为吉田工业公司）时，就从中国上海旧商人"和气生财"及《孙子兵法》中"欲取之，必先予之"中得到启示，并将中国道德哲学应用到经营中，创造了"利润三分法"：一是让利于消费者，争取更多的消费者；二是让利于批发商，使其乐意营销公司的产品；三是让利于企业员工（如员工持股），调动员工的积极性。这种做法结出了硕果，吉田忠雄从小小的作坊主逐步成为"世界拉链大王"。无独有偶，早在新中国成立前，民生公司创始人卢作孚先生提出的"服务社会、便利人群、开发产业、富强国家"，以及"个人为事业服务，事业为社会服务；个人的工作是超报酬的，事业的任务是超经济的"，也成为人们传颂的经营美德。海尔运用儒家思想获得了经营的成功，20 世纪 80 年代，张瑞敏带头砸毁了76 台问题冰箱，砸出了对消费者负责的态度，体现了他"信"的理念。

从《论语·颜渊》的"克己复礼为仁"，到儒家经典《大学》的"格物、致知、诚意、正心、修身、齐家、治国、平天下"（后人称"八条目"），儒学精神几乎渗透进国家与国民的脊髓。儒家思想作为一种博大精深的哲学体系，自古以来便对国家治理、个人发展、学术研究、财富管理及生活智慧产生了深远的影响。在儒家文化的熏陶下，"商"的概念逐渐与"儒"的修身、齐家、治国、平天下的理念相结合，形成了一种独特的商业智慧和道德准则。随着时间的推移，儒商这一概念已经从古代的广义演变为现代的狭义，即现代的儒商指的是那些以儒家思想为核心价值观念的企业经营管理者，他们不仅具备现代人文道德、社会责任感，还拥有现代管理能力和创新意识。儒商文化强调的是以人为本的管理理念，以德治企，追求的是义利统一，即在追求商业利益的同时，也不忘社会责任和道德规范。现代儒商不仅需要具备深厚的文化底蕴和高尚的道德情操，还需要在激烈的市场竞争中展现出卓越的管理能力和创新精神。他们以儒家的道德理想和道德追求为准则，将"仁、义、礼、智、信"等儒家核心价值观融入商业行为中，力求在商业成功与道德修养之间找到平衡。儒商文化的现代价值在于其对社会责任的强调和对和谐社会的构建。儒商通过自己的商业实践，推动了社会的进步和发展，同时也实现了个人的精神追求和道德完善。儒商文化是对传统儒家思想的现代诠释和应用，它鼓励企业家在追求经济效益的同时，不忘对社会的贡献和对环境的保护。在现代社会，儒商的角色和作用愈发重要。他们不仅是经济发展的推动者，也是社会道德和文化价值的传播者。通过将儒家思想融入商业实践中，儒商们为现代社会提供了一种全新的商业伦理和管理模式，这对于构建和谐社会、推动可持续发展具有重要意义。无论广义狭义，儒商们都深悟"仁、义、礼、智、信"和"以利统义"之精神，它们成为晋商发展过程中的精神导航，受其影响的口商也成为影响新中国新兴崛起的智慧型商人。

儒家思想对商业道德的影响是深远的。它倡导的"礼之用，和为贵"，与商业中的"和气生财"相呼应，强调在商业活动中追求和谐共赢的关系。同时，儒家的"己所不欲，勿施于人"和"己欲立而立人，己欲达而达人"的原则，也体现在商业道德中对顾客的尊重和对诚信交易的重视上。商业道德要求商家在追求利润的同时，确保商品的真实性和服务质量，保护消费者权益。儒家的义利观，即"义"与"利"的关系处理，对现代商业伦理的构建有着重要的启示。儒家认为，商业活动中应当"见利思义"，即在追求利润时不忘道德和社会责任，这与现代商业伦理中强调的可持续性和社会责任感是一致的。此外，儒家的"言必信，行必果"也是商业道德中的基石，诚实守信被视为商业成功的关键。儒家的"义"强调的是做应该做的事，符合社会公义，这在商业中体现为对社会的回馈和对公益事业的参与。儒家思想还强调"过犹不及"和"中庸之道"，这在商业道德中体现为适度追求利润，避免过度贪婪和不正当竞争，维护商业生态的平衡。晋商的商业道德秩序学，实际上是将儒家的道德观念融入商业实践中，通过道德的力量来维系商业秩序，强调合作与公平竞争，不损人利己。总之，儒家思想对商业道德的影响体现在对和谐、诚信、社会责任和适度利润的追求上，这些都是构建现代商业伦理的重要元素。

晋商，作为明清时期中国商业舞台上的重要力量，他们的经营哲学深受儒家文化的影响。晋商将"诚信"和"义利"作为其经营的核心价值观,这些理念根植于儒家的"仁者爱人"传统。他们强调的公正、忠诚、仁爱和中庸之道,体现了中国传统文化的精髓。晋商不仅在商业上追求卓越,更在个人品德上追求高尚,他们将儒家的教诲融入日常生活和商业实践中。晋商以进取、宽容、守信、重义、互助和节俭为行为准则,体现了他们对中华优秀传统文化的践行。勤俭是晋商文化中最为古老的训诫之一,"成由勤俭,败由奢"是他们坚信的信条。晋商从创业到成功,始终保持着勤俭的美德,这也为他们赢得了良好的声誉。在晋商的成功故事中,有许多是从贫困中起家,靠着自强不息的精神,不懈努力,最终成就一番事业。这种精神正是儒家文化中强调的"天行健,君子以自强不息"的体现。清康熙帝曾说:"晋商多俭,积累易饶。"晋商深刻认识到"不勤不得,不俭不丰"的道理,因此,晋商中有作为的人一生克勤克俭,并以此作为自己兴家立业的根本。

因此,当代将晋商文化与精神可以突出归纳为以下六个方面。

1. 创新精神

在山西,商人被视为"贱业",是不受人尊重的,也是被社会排斥的。在这样的大环境下,晋商为了生存,必须有创新。明清时期,晋商通过在商业领域进行不同程度的创新和突破,使商品经济不断发展壮大,并创造出辉煌的业绩。晋商首先在票号领域进行了一系列创新,主要包括票号业务经营体制和管理体制的创新、票号内部管理制度的创新和票号经营制度与信贷制度的创新等。比如,在票号业务经营体制上,他们建立了一套以"银两通"为核心、以"汇兑通"为基本内容的业务经营体制;在管理体制上,他们改变了传统的"官督商办"的方式,采用"官督商办"或"官督民助"的方式;在信用制度上,他们开创了中国金融史上一个崭新的信用体系。正是这种创新和突破精神,使得晋商在历史上创造了辉煌业绩。当今时期,中国经济发展进入新常态,面临着新的发展形势和任务。在新常态下要实现经济的持续健康发展、全面建成小康社会和中华民族伟大复兴,必须有创新精神。

2. 诚信精神

晋商之所以能够成为中国商业史上最成功的商帮,离不开他们诚实守信的优良品质。从商业活动的角度来看,诚信就是以最小的投入换取最大的回报。在经营活动中,诚信原则是晋商经营的准则。诚信是商业活动中的底线，不能为了获取利益而逾越道德和法律的红线。在商业领域，晋商以其独到的眼光洞察到了市场，在国内市场上率先实施了"货通天下""汇通天下"和"汇通天下商"的经营战略。"货通天下"就是以物易物，"汇通天下"就是以钱易物，把国内市场与国外市场连在一起，把国内的货币与国外货币连在一起，把国内货币和国外货币兑换成黄金白银。将国内货币与国外货币互换，在一定程度上解决了我国对外贸易中出现的金银外流问题。

3. 团队精神

在晋商群体中，无论是商界还是政界，都有一个不成文的规定："商政一体"。在晋商中，人们有一句话："不入商行当，不入政界谋。"在晋商看来，经商只是一种谋生手段，而从政则是一种生活方式。这种态度的背后，是晋商群体对"商政一体"的坚持和追求。他们认为，做生意只是为了谋生，但从政却是为了治国，这就是他们为官从政的根本理念。商人在经商过程中获得财富，但一旦进入从政领域就必须服务于国家利益，这也是商人与政府之间的根本区别。晋商的成功源于他们具有团队精神。晋商在经商过程中形成了独特的经营方式和管理模式，"日升昌""汇通天下"等晋商巨贾能够取得巨大的成功，其中最重要的原因就是他们具有高度的团队精神。山西商人在经商过程中不仅十分注重自己的言行举止、礼节礼貌、待人接物等方面的修养，而且还十分重视对员工进行团队精神的培养和教育。

在晋商团队精神中最为重要的就是"团结协作"精神。晋商之所以能够取得如此大的成功，与其所具有的团结协作精神有着直接关系。山西商人在经商过程中形成了以"财自为守"为核心理念的团结协作精神，这种团结协作精神在晋商群体中得到了普遍认同和推崇。"财自为守"体现了晋商"以义为利""以义取利"的理念。他们认为：商人是一种职业，是靠出卖劳动和智慧获取收入来源的职业；而官商不是一种职业，而是一种谋生手段。

4. 竞争精神

晋商在发展过程中，善于发现市场的商机，及时捕捉商机，适时把握商机，积极参与市场竞争。特别是在晋商兴盛时期，由于山西地区资源丰富、商路发达、交通便利，晋商之间经常进行贸易往来。在这样的环境下，竞争成为晋商发展壮大的重要途径。

由于历史条件的限制，晋商在商品交易中没有掌握市场主动权，主要是为了生存而进行交易活动。但是在市场经济条件下，竞争已经成为市场发展的必然要求和必然趋势。这种竞争就要求晋商必须不断增强自己的实力和竞争力。这种竞争意识和竞争精神已经融入了晋商的血脉之中。因此，无论是在清朝还是在当代社会，晋商都非常重视提升自己的竞争实力和竞争力。这种竞争意识和竞争精神对今天我们继续发展市场经济有着积极的启示意义：只有不断加强自身能力建设和竞争实力建设，才能赢得市场、赢得顾客、赢得财富、赢得发展。

5. 风险意识

晋商能够在全国商业舞台上长盛不衰，除了其历史的悠久、经营的成功外，最重要的就是其风险意识强，在市场竞争中能够居安思危，及时调整经营策略。特别是在北方地区，受自然环境和社会环境的影响，粮食、食盐、布匹等商品价格极不稳定，一旦遇到市场价格波动或自然灾害，就会给经营者带来很大的损失。因此，在北方地区经商，风险意识尤为重要。

晋商之所以能够在激烈的市场竞争中脱颖而出，其中一个很重要的原因就是其具有极强的风险意识。晋商为了应对市场风险、经营风险和政治风险等方面的不确定性因素，采取了许多措施。如"以货易货""以利为本"等。此外还建立了"分号""票号"等金融机构，将货币兑换业务从集中经营转为分散经营以分散风险。在这样的情况下，山西商人才能在激烈的市场竞争中始终立于不败之地。

6. 包容精神

山西商人的包容精神主要体现在两个方面：一是对不同地域的包容，二是对不同宗教信仰的包容。从地域上看，晋商最早发祥于山西境内的太谷、祁县，后来在山西各地发展起来。明清时期，晋商经营活动遍及全国各地，其中以山西境内最大的票号"日升昌"为代表，其逐渐走出了中国，走向了世界。从宗教信仰上看，晋商不排斥其他宗教。明清时期，佛教、伊斯兰教等宗教传入我国并受到官方支持，晋商从未排斥其他宗教。即使是在民间信仰盛行的清朝，晋商也不排斥其他宗教，并且积极融入道教、佛教等众多宗教中。随着近代科学文化的兴起，晋商将儒释道三教合一，逐渐形成了"儒商合一"的新思想。

三、口商精神的形成与积淀

谈及精神势必要先了解文化，前文我们对商道文化即张库商道文化进行了详尽的阐述，同时也对晋商文化和精神进行了挖掘和探讨。众所周知，文化作为人类精神活动及其产物的总和，涵盖了一个群体的历史、地理、风俗习惯、传统、工具、附属品、生活方式、宗教信仰、文学艺术等多个方面。其不仅包括了精神层面的内容，也包括了物质层面的内容。因此，我们之前提到的商贸文化，其内涵远比单纯的商贸精神要广泛得多、丰富得多。然而，文化的核心在于精神层面，这正是我们需要深入研究和挖掘的地方，也是传承的基础。这对于促进张家口的经济建设和社会发展具有重要意义。不过，目前对于商贸精神内涵的提炼和总结还处于一个相对分散和不全面的状态，需要进一步统一和完善。

从近年来一些学者或民间的记载或报道中，我们可以看到，不同专家学者对口商精神作出了不同的定义。蓝鲸控股集团董事长张文瑞认为"坚韧、执着、勤奋、诚信、担当、家国情怀，其实就是口商的精神品质"。全国政协外事委员会副主任、察哈尔学会会长韩方明表示"'尚武爱国、包容开放、重商敬业、崇文好艺'的人文精神，培树起天道载魂、人道载情、文道载韵的商道文化"。《塞上风云记》编剧刘雪飞曾写道，口商这一群体具有诚信、务实、包容、创新的美德。张家口市作家协会副主席白薇认为"朴实诚信、包容大度的美德和不畏艰难、心怀家国的民族气节是我们今天张家口精神的真实再现。我们相信，这种'口商'精神必将发扬光大"。张家口市民间文艺家协会副主席兼秘书长於全军表示《塞上风云记》精彩地再现了那年那月张家口人在商海中奋起拼搏、不忘国耻、不丢骨气的"口商"精神。张家口察哈尔文化研究会副会长马晓春认为，张商发扬晋商的勤奋、刻苦、精细与睿智，同张库商道沿线人们的朴实、诚信、包容和大度相融合，形成了独特的张家口商业文化和人文精神。张家口市文联冯海燕认为（张家口人拥有）包容开放、崇德尚"义"、诚信、具有家国情怀和民族大义的口商文化、口商精神。张家口市文物考古研究所顾问陶宗冶表示诚信、守规、勤奋是张库商道之魂。化德县县长崔雨认为重走张库商道旨在重温往来于张库商道上先人们百折不挠、互利互信、包容互鉴、贸易互赢的精神。张库商道历史文化研究会会长冀海认为，"勤劳智慧、勇敢执着、诚信守义、锲而不舍"是张库商道的精神，"不屈不挠、不畏艰险、勇于进取、诚实守信、合作共赢"是张库商道的文化。安俊杰先生在《从张库商道的历史贡献看现今张家口的机遇和镜鉴》一文中把商道精神概括为"开放包容、互学互鉴、互利共赢"，等等。

口商精神是先人们奔走在张库商道，从事商贸活动期间，用自己的言行和事迹所表现出来的共同道德观念、思想作风和崇高品质，亦是几代人乃至几十代人共同认可的价值观念和行为方式的概括和总结。这些在共同作用下逐渐形成一种精神上的契合，与当代社会主义核心价值观的基本要义，在形式上和整个中华传统文化的脉络保持一致，也能不断为中华地区传递正能量，它将在新的历史条件下不断被丰富、弘扬和传承。

我们经过多年积累与研究，将口商精神概念化为：一种长期在张家口地域经商的人所形成的具有地域独特的商业人格和行为规范。所谓口商精神，是指作为商人要具有张库商道般坚韧的精神、大好河山般雄壮的气度、炎黄文化般优秀的道德规范，并以其为准道德理想和行为准则去从商、经商，在商业行为中渗透口商精神所倡导和躬行的价值观念。

如今的口商精神已成为冀北区域商业的一面旗帜。我们将口商精神概括如下（见图2-1）。

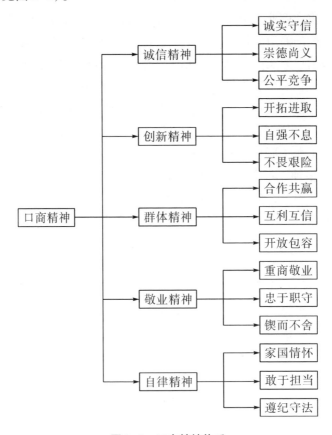

图 2-1　口商精神体系

1. 诚信精神

"诚信"一词，是我国古代道德规范中的重要内容，是中华民族的传统美德。诚信是一种责任，更是一种义务。古往今来，人与人之间都讲究一个"信"字。它表现在生活的各个方面。一句话，就是做人要诚实、讲信用、讲道义，不能耍小聪明。诚信是经商之本，是经商之魂，"诚信"二字对于商人来说永远不会过时。口商在长期的经营活动中，始终遵循诚信原则，信守承诺。他们恪守"诚实守信"的商训，"无诚无商"。在当时的商品市场上，口商以"以信取胜""崇德尚义""公平竞争"的经营原则在商海中不断发展壮大。这些张家口商人在长期的经营活动中形成了诚信经营、恪守信用的优良传统，树立了自己的商业品牌。这种诚信精神主要表现为以下三点。

（1）诚实守信，童叟无欺

诚实守信，童叟无欺，是口商的经营原则和经营理念。他们不仅对顾客承诺"童叟无欺"，而且对自己也是这样要求的。他们认为，要想赢得顾客，就必须做到诚实守信。有了诚实守信，才可以赢得顾客的信任。这种信任是一个商人最大的财富。诚实守信也是一种道德品质，是做生意的基础。口商把"诚实守信"作为自己的道德品质，并使其成为自己经营活动中的指导原则和行动准则。张之洞在《劝学篇》中提出要"重诚信而轻财物，贵义贱利，有道无术，术道不分，物不可为也"。他把诚信和道德联系起来，认为诚信和道德是紧密相连、不可分割的两个方面。有了诚信就会有道德，没有诚信就没有道德。商人如果只看重钱财，就会失去信誉和信用；商人如果只看重利益，就会失去道德和道义。同时他还强调"君子爱财，取之有道"，认为一个人在选择钱财时应该遵循的准则，可见张之洞对诚信和道德的重视。

（2）崇德尚义，先义后利

诚信精神是商业活动中不可或缺的道德准则，它涵盖了诚实不欺、以义取财、仗义疏财等商业伦理。这些原则与儒家倡导的诚、信、义、恕、让、勤、俭等伦理道德相互呼应，鼓励商人将这些价值观融入商业实践中，以提升商业道德标准，净化唯利是图的商业风气。在商业实践中，追求利润最大化是商人的天性，但这种追求不应以牺牲社会利益为代价。从社会整体利益出发，个体商人的不道德行为，如损人利己，最终会破坏商业生态，损害社会和谐。因此，提倡儒商精神，强调社会责任和道德自律，对于构建健康的商业环境至关重要。这不仅有助于提升商人自身的信誉，还能降低社会交易成本，促进经济的可持续发展。同时，儒商精神还强调以人为本的管理理念，认为企业应关注员工的成长和福利，通过培养人才和建立公正的激励机制，实现企业的长远发展。这种以道德和伦理为基础的管理方式，有助于形成积极的企业文化，提高整体的商业效率和社会责任感。口商重承诺、守合同，重义气，有契约精神。在日常经营中，他们重信用、守合同、讲信誉，从不随意更改或增减商品价格、质量，与客户签订合同后，从不反悔。在销售商品时，他们以最大的诚意把商品卖给客户。另外，他们还非常重视售后服务。例如，如果出现质量问题，他们会认真负责地为客户更换或修理商品；如果遇到产品损坏等意外事故时，他们也会按合同规定给予顾客一定的补偿。

（3）公平竞争，货真价实

公平是商业活动的基石，但在社会层面上，公平往往被忽视，失去了公平和公正的效率，对社会发展而言是一种灾难。儒商精神的精髓在于强调公平原则，这种公平并非来自外部强制，而是源自深受儒家思想影响的商人的内在道德自觉。儒家思想中关于人性本善或本恶的讨论，使儒商提倡在商业实践中保持人性之善，将诚实、信任、正义等美德转化为商业品质和商人的自觉行为，而非仅依赖于制度和法律的约束。儒商精神实质上是商人在商业行为中的道德自律，而非他律。从宏观角度来看，提倡儒商精神可以显著降低社会管理系统的运作成本。对于商人本身而言，频繁陷入投诉和商业纠纷也是不利的。我们有理由相信，随着儒商队伍的不断壮大，商业秩序将得到根本性的改善。口商精神受儒家思想影响，他们坚持"自律"，而非"他律"，这可以大大降低整个社会管理系统的运作成本。我们可以假设，如果商人经常性地陷入投诉、商业纠纷的旋涡中，这对他们的商业活动来说是不利的。想要商业秩序得到根本的改善，就需要儒商的发展壮大。

在商品市场上，张家口商人本着"公平"的原则，真诚地对待每一位顾客。当时张家口的商人在经营过程中，始终遵循"公平"的原则，对每一位顾客都诚实守信。他们以信为本，以质取胜。他们不是用华丽的包装来提高商品的身价，而是用诚实守信的精神来赢得顾客的信任。他们坚信"以诚为本""公平竞争"是经营成功的重要条件。他们以质量取胜，因为他们坚信：质量是信誉之本，信誉是发展之根。如果质量不好，顾客就会

"用脚投票"，生意就会越来越少；相反，如果商品质量好、信誉好，顾客就会不断增加。所以张家口商人始终坚持把质量放在第一位。

2. 创新精神

孔子曰："富而可求也，虽执鞭之士，吾亦为之。"商人逐利，利益是口商鏖战于商场并不断创新进取的精神动力。"天行健，君子以自强不息"，无数的口商以这种精神动力敦促自己自强不息，从而白手起家成大业。在我国近代商业发展史上，张家口商人以其勇于进取的开拓精神和百折不挠的坚韧毅力，在中国商业史上书写了浓墨重彩的一笔。他们敢为人先、自强不息、追求卓越的精神，不仅是张家口商人的光荣传统，也是张家口商人永远前进的不竭动力。张家口地处草原，气候寒冷干燥，农业生产受到严重制约，这就决定了张家口商人必须突破传统经营模式，发展商业贸易。在此过程中，张家口商人勇于创新、善于进取的精神值得我们学习和借鉴。由此可见，在开拓进取、自强不息、不畏艰辛、敢于冒险的精神支持下，口商不断成就自己的事业，这是他们能够成功的重要因素，这种创新精神主要表现为以下三点。

（1）开拓进取，敢于创新

张家口地域的商业贸易发展虽然受到了土地、人力资源以及自然环境的限制，但是张家口商人还是在不断地创新与变革，积极寻找新的商业模式，突破传统经营方式，这极大地推动了张家口地域商业贸易的发展。在近代张家口商人不断创新、不断进取的过程中，他们不断尝试新的经营方式，努力开拓新的市场。在清朝末年和民国初期，张家口地域商业贸易发展相对缓慢。张库商道建成后，张家口商业贸易有了很大发展。当时的"商贾云集、市肆繁盛"，各种经济成分和贸易公司出现了。一些外地商人也纷纷来到张家口经商和投资。他们在商业经营中不断推陈出新、开拓创新，使张家口地域的商业贸易有了更大发展，带动了张家口地域经济发展。在那个时期，张家口商人的勤劳和智慧为地区的商业贸易注入了新的活力。他们不断寻求创新，积极融入当时的商业环境，促进了商业贸易的繁荣。随着时间的推移，张家口地域商业贸易逐渐融入国际贸易体系，吸引了更多外部投资和商业机会，为当地经济的发展带来了新的动力。

（2）自强不息，敢为人先

在清朝末年，张家口的商业活动出现了新的发展趋势，传统经营模式受到严重挑战，张家口商人必须大胆创新，突破传统经营模式，率先进行改革。这一时期最突出的表现就是票号和钱庄的设立。清朝末年，张家口商人为了适应当时社会发展的需要，建立了自己的票号和钱庄。从清朝末年到民国初年，张家口商人在这一时期积极创办了许多票号、钱庄。这些票号和钱庄由于资本雄厚、经营灵活、信誉良好，为当地经济的发展作出了巨大贡献。它们不仅缓解了张家口地域商人资金短缺的困难，也促进了当地商业和金融业的发展。这种商业创新为张家口地域带来了繁荣，吸引了更多的商人和资本涌入。随着票号和钱庄的兴起，张家口的商业活动变得更加活跃，商业贸易也更加便利。这些变化不仅影响了当地的经济，还在一定程度上改变了整个社会的商业风气。随着时间的推移，这些商业模式的兴衰变化也成了当地商业史上的一个重要篇章。

（3）不畏艰险，敢于拼搏

在张家口，有一种"买卖不成仁义在"的说法，这就是张家口商人的经营哲学。他们认为，商业活动有风险，但也有机会。张家口商人之所以能在竞争激烈的商业竞争中生存下来，其根本原因就是敢于冒风险。他们认为，经商要有风险意识，才能把生意做大做强。如果生意失败了，或者遇到天灾、人祸等意外事件，也能通过另谋出路而获得新生。

在当时的社会背景下，张家口商人敢于冒风险、敢于拼搏的精神给了我们极大的启示。在市场经济条件下，我们要克服自身存在的不足，就必须具备这种敢于拼搏、勇于冒险的精神。张家口商人之所以能在激烈的市场竞争中立于不败之地，一个重要原因就是他们有一种敢冒风险、敢于拼搏的精神。我们要把这种精神融入自己的事业中去，在自己的工作岗位上积极开拓、勇于创新、敢于拼搏，以饱满的热情去创造更多的财富。这种敢于冒风险、敢于拼搏的精神不仅是张家口商人的特质，也是成功商人的共同特点。在竞争激烈的市场中，只有敢于冒险、勇于拼搏的人才能立于不败之地。因此，我们应该向张家口商人学习，不断培养自己的勇气和决心，勇敢地迎接挑战，创造属于自己的成功。只有这样，我们才能在市场经济的大潮中立于不败之地，创造属于自己的辉煌。

3. 群体精神

在中国商业史上，浙商、晋商、徽商、粤商等商帮以其独特的群体精神和商业智慧著称。他们强调家族和社会的凝聚力，利用地缘和血缘关系建立商业网络，通过会馆等形式加强联系和互助，共同应对商业竞争中的挑战。这种群体精神不仅源于家族的和睦与孝道文化，也是业务扩展和市场竞争的必然要求。现代商人继承和发扬了这种精神，通过团结协作，增强了商业竞争力和文化影响力。

（1）合作共赢，共担风险

张家口商人与其他商业群体相比，有许多特殊性。除了经济实力和经营特色，张家口商人还具有独特的文化品格。在长期的商业实践中，张家口商人逐渐形成了自己的群体精神，即"和合"文化。张家口地处我国北方边陲，受自然条件和地理环境的限制，历来是北方游牧民族活动的中心地带，与少数民族关系密切。作为一个"北向""北进"通道上的城市，张家口商人的活动范围遍及东北、西北、华北等地区。由于所处地域位置和自然环境的影响，张家口商人具有一定的局限性，但同时也表现出许多区别于其他商帮的独特之处，而这些特点都体现出张家口商人的群体精神。

与其他商帮不同，张家口商人以"和合"为文化内核，与同行进行团结合作或竞争，使张家口商人的商业群体获得了强大的生命力和竞争力。这种文化内核使得张家口商人在激烈的市场竞争中，不仅能以合作赢得人心，还能以竞争化解矛盾。这些特点使张家口商人能够在激烈的市场竞争中取得一席之地。张家口商人的这种"和合"文化内核也使他们在与外部商业群体进行合作时更加容易建立信任和共赢的关系。他们擅长在竞争中寻求合作的机会，以共同发展为目标，从而实现了与其他商业群体的良性互动。这种独特的商业文化不仅帮助张家口商人在市场上取得成功，也为当地经济的繁荣做出了重要贡献。

（2）互利互信，诚信经营

张家口商人深知诚信的重要性，所以他们重视做好口碑，以维护良好的商业形象。他们常常告诫自己和后代，要以诚待人，不能欺人。尤其是在资金和信息方面，他们通过各种方式和渠道，加强与各地商业网络的联系，不断扩大自己的商业影响力。他们深知，诚信是商业成功的基石，而口碑则是企业的生命线。因此，他们始终坚持诚实守信的原则，与客户、合作伙伴建立起了长期稳定的合作关系。他们相信，只有通过诚信经营，才能赢得更多客户的信任和支持，从而实现持续稳定的发展。因此，无论面对怎样的挑战和诱惑，他们始终不忘初心，坚守诚信原则，努力维护良好的商业形象。

在商品销售方面，张家口商人具有诚信的传统。他们信守承诺，按时交货，并不惜消耗时间、人力、物力和财力来维护自己的信誉。当他们把货物出售给客户时，他们会通过各种方式来信守自己的承诺。这些因素是张家口商人形成良好声誉的重要原因之一。张家口商人的这种诚信传统已经在当地根深蒂固，成为他们商业活动中的核心价值观。无论是在与客户的沟通中，还是在与供应商和合作伙伴的交往中，他们始终秉持着诚实守信的原则。这种信誉不仅仅是一种商业交易的手段，更是他们在社会中立身处世的基石。因此，张家口商人在商业社会中享有盛誉，他们的信誉也成了他们最宝贵的资产之一。

在市场竞争中，张家口商人始终以诚信为本，注重客户的需求和利益，这也是他们能够在竞争中取得优势的重要原因之一。张家口商人不仅关注短期利益，更注重长期合作和客户满意度。他们以诚信和负责任的态度对待每一位客户，努力为客户提供最优质的产品和服务。这种经营理念赢得了客户的信赖和支持，使得张家口商人在市场竞争中脱颖而出。他们深知诚信经营的重要性，因此始终坚持以客户利益为先，赢得了良好的口碑和业绩。

（3）开放包容，团结互助

晋商是张家口商人中的典型。明清时期，晋商的活动范围非常广泛。他们在山西、内蒙古、新疆、北京等地开设商号，从事贸易活动。在张家口商人中，晋商是最具代表性的。清朝张家口的商业活动主要集中在山西和内蒙古一带，但张家口商人也会从内蒙古进货。清末民初，晋商通过张家口进入内地进行商业活动，他们对张家口有较大的影响力。晋商以票号为主要经营方式，并在全国各地开办了许多票号。除晋商外，其他商业群体也会从事商业活动，如徽商。但是，张家口商人中的大多数都没有从事商业活动。

张家口地域地处中国北方，自然条件恶劣，交通闭塞，但在长期的商业活动中，张家口商人逐渐形成了开放包容的个性。在贸易活动中，张家口商人主要依靠水路运输。由于张家口地处内陆地区，其与北方游牧民族的贸易往来主要靠陆路运输。张家口商人在与北方游牧民族的贸易往来中，不断吸收外界的新鲜事物，丰富自己的商业经营活动。

此外，由于张家口地处偏远，在与蒙古等少数民族的交往中，张家口商人也能保持良好的心态。对蒙古人而言，草原是他们生活的主要场所，他们不会排斥其他民族。他们常常主动与其他民族交往，学习他们先进的文化和技术，为他们提供市场信息。他们也愿意接纳其他民族商人到本地经商，张家口商人在与蒙古人的交往中，也展现出了相似的开放心态。他们愿意倾听蒙古人的意见，尊重他们的传统和习俗，努力与他们建立互信和合作关系。这种互相尊重和合作的氛围使得张家口成为蒙古人经商的重要据点，也促进了双方经济文化的交流与发展。

4. 敬业精神

敬业精神自古以来就是中国商人重要的道德品行。"敬"是儒家思想中的一个核心概念，孔子强调人生在世应当持续地勤奋和刻苦，致力于自己的事业和道德修养。他提倡的"执事敬""事思敬"和"修己以敬"等观念，都是强调在日常生活中保持一种敬畏和认真的态度。北宋程颐进一步阐释了"敬"的含义，他认为"敬"是一种集中精神、心无旁骛的状态，"所谓敬者，主之一谓敬；所谓一者，无适（心不外向）之谓一"。可见，"敬"要求商人要持续保持思想专一、不涣散的精神状态。敬业是中华民族的传统美德，它在商业领域中体现得尤为明显。在历史上，尽管传统观念中存在着"重儒轻商"的倾向，将商人排在士、农、工、商四民阶层的最后，但现代的许多商人却持有不同的看法。他们认为商业与其他行业一样，都是重要的职业，都应当以敬业的态度对待。在中国，不同地区的商人群体，如徽商、晋商、甬商等，已经超越了旧时代的偏见，他们不仅以经商为荣，而且将"学而优则仕"与"学而优则商"视为同等重要的追求。这些商人群体认为，无论是学术成就还是商业成功，都值得尊重和追求。他们将儒家教育中的诚信、仁义、忠恕等价值观融入商业实践中，促进了商业的繁荣。这种将商业视为崇高事业的态度，是许多商人取得成功的重要因素。现代商人在敬业的基础上，还展现出勤奋、刻苦、谨慎等优秀品质。他们不畏艰难，不惧疲劳，谨慎行事，这使得他们在商业上更有可能取得成功。所谓"知己知彼，百战不殆"，他们敢于承担大业务，却不轻易冒险，不打无准备之仗，以避免不必要的损失。

（1）重商敬业，刻苦经营

张家口是一个移民城市，从明朝以来，来自全国各地的商人和移民在此聚居，形成了具有地域特色的张家口商业。这些来自不同地域、从事不同行业的商人在创业、经商的过程中，表现出了较高的职业道德和敬业精神，他们有一个共同的名字——张家口商人。据统计，在张家口商人中，有300多位获得国家和省级荣誉称号。其中，在明清两朝获得过"布政使"称号的就有 20 多位；有在清朝获得过"奉政大夫"称号的；还有多位获得过"提督""将军"等称号。可以说，张家口商人在全国乃至世界范围内都具有较高的社会地位。这些荣誉不仅是张家口商人在创业、经商过程中的荣耀和成果，也是他们的道德品质、精神风貌和人格魅力的集中体现。

"成功是勤奋的结晶""聪明在于勤奋""学问是辛苦的付出"，这些都是对勤劳敬业精神最形象的阐述。张家口商人中，有些人就是靠着勤劳刻苦和精益求精的精神，在创业、经商过程中取得了成功。如清朝著名的蔚州商人——王朴，他从清朝末年开始创业，到民国期间已经成为拥有几百家分号、几万人的茶庄大商帮。他一生在外奔波，在异地经营毛皮、茶叶生意。从他身上我们可以看到勤劳和敬业精神的巨大力量。

（2）忠于职守，诚实经营

在张家口商业的发展历程中，各商号在经营中始终强调"诚信为本，以诚待人"的基本原则，这种诚信的价值观为张家口商人赢得了社会的认可和尊重。由于张家口地处北方，冬季漫长而寒冷，因此在商业经营中，各商号十分注重产品的质量。他们将"产品质量是企业生命"作为自己的信条，并制定了严格的产品质量管理制度。比如，张家口著名商号"裕兴长"就制定了严格的产品质量管理制度："凡来店客户，必须先验货后付款，如有疑义必须当面查验。如不符合标准，一律拒收。"此外，各商号还非常注重与客户之间的诚信关系，他们经常通过召开客户会议、举行答谢宴会、赠送礼品等活动以维护与客户之间的关系。

商人无论是经商还是做官，都要谦恭礼让、诚实守信。在张家口经商的商人更是如此。他们普遍具有较高的文化素质，注重个人修养和自身道德的修炼，时刻保持谦恭礼让、诚实守信的良好品格。在张家口，无论是在经商还是做官，都不会因自己是商人或官员就目中无人、恃才傲物。即使在做生意时遇到困难和问题，他们也会虚心请教别人或寻求他人的帮助。诚实守信是张家口商人在社会上赢得口碑和信任的重要法宝。张家口商人经营的商品质量过硬，价格公道合理；他们对顾客信守承诺、童叟无欺。正是因为张家口商人对商品质量、价格等方面严格把关和诚信经营，才赢得了众多顾客的信赖和赞扬。正如明朝王象晋在《群贤居守》中所说："为人一世，以诚为主。"

忠于职守是中华民族的传统美德，是人类社会公认的基本道德准则。

在中国古代，诚信被称为"诚信子"，自古就有"人无信不立"的说法。在中国传统文化中，诚信与孝道、仁义、廉耻等观念密不可分，也被赋予了更深层次的含义。在商业经营活动中，诚实守信也被视为商人安身立命之本。对于张家口商人来说，无论做什么生意，都必须恪守"以诚为本"的经营理念，只要是承诺过的事，就一定竭尽全力去做。在张家口商业中，很多商人都有这样的经历：有的商家是先开店再赚钱；有的商家是先赚钱再开店。这些商人在经营中都会遵守约定、信守承诺，按时交房租、向顾客提供优质服务、把好产品质量关等。正是由于这些商人信守承诺，不失信于人，才会得到社会各界人士和消费者的广泛好评，生意越做越大。

（3）锲而不舍，不断进取

张家口商人不仅注重个人的道德修养，而且具有进取精神。他们在创业、经商过程中，善于抓住机遇，不断进取。在张家口商业中，竞争意识较强的主要有票号、盐号、当铺等。这些经营企业虽然规模不大，但勇于竞争、勇于创新，并且以诚信经营著称于世。比如，当铺在经营过程中，一般不会以低价作为竞争手段，而是以高于同行的价格出售货物。当铺在经营过程中还会推出一些服务项目来吸引顾客，比如，提供银包纸、银折本、银钱票等服务项目。在当时的社会环境下，张家口商人这样做不仅能够满足顾客的需求，而且还能增强自身竞争力。

在商业竞争中，张家口商人还非常注重合作、互惠。他们善于团结同行和顾客，与同行进行合作，共同发展；他们善于通过竞争与合作来促进行业发展和自身发展。在竞争过程中，张家口商人不仅能够获得更多的利润，而且还能为顾客提供更好的服务。比如，为顾客提供优质的金融服务、为顾客提供便利的交通条件、为顾客提供全面的生活服务、为顾客提供便利的信息咨询服务、为顾客提供良好的购物环境等。

5. 自律精神

口商精神，正如之前所讨论的，本质上是推崇自律而非外部约束，利用个人的道德自律来克制人们天生的贪欲，这在实际应用中是可行的。这种精神正是口商精神的核心观念所在。明清以来，张家口商业有了进一步的发展。随着商人活动范围的扩大和商业资本的不断增加，张家口的商业发展日趋繁荣。到了清末民初，张家口商人已经成为国内重要的商帮之一，其经济实力已超过了江南地区。由于张家口独特的地理位置，其不仅是通往京津地区和俄罗斯、蒙古的交通枢纽，而且是华北地区的重要商埠之一。张家口商人不仅在商业上取得了成功，而且在政治、文化、教育、科技等领域也都取得了巨大成就。他们在自律精神上有自己独特的思想和追求，不仅有积极进取和奋发有为的一面，也有家国情怀的一面。

（1）家国情怀，忠贞不渝

作为历史上第一个在全国范围内设立分号的商帮，张家口商人的家国情怀可以说是独树一帜。在当时的社会环境中，张家口商人能冲破各种限制，以高度的责任感和使命感，以及强烈的家国情怀投入到民族工商业的发展中，并取得了成功，不能不说是一种奇迹。他们的家国情怀不仅体现在他们在商业上的成功，更体现在他们对家乡的热爱和对民族的责任感。他们积极投身于当地的慈善事业，帮助贫困地区改善基础设施，支持教育事业的发展，为家乡的经济繁荣和社会进步贡献自己的一份力量。他们的家国情怀不仅停留在口头上，更是通过实际行动来体现，这使他们成为当地乃至全国范围内的榜样和典范。他们的精神和品质，不仅为张家口的商业发展注入了活力，更为整个民族的振兴注入了力量。

明末清初以来，随着张家口商人在商业上的成功，他们逐渐成为活跃在全国各地的一支重要商业力量。明清时期，张家口商人一直以"商帮"自居。"商帮"是指从事商品经营活动而建立起来的群体。他们不一定从事商业经营活动，但必须与其他行业有一定的联系。他们以"商"为中心，形成了一个庞大而紧密联系的群体。因此，在这个群体中有一些人逐渐产生了强烈的使命感和责任感，并形成了一种强烈而广泛的家国情怀。张家口商人在这方面表现得最为突出。他们是怎样产生这种情怀和责任感的呢？张家口商人产生这种情怀和责任感的原因有很多。首先，他们在商业上的成功使他们对家乡和国家的发展有着更深刻的体会和认识。其次，他们在全国各地的商业活动中不断接触到各种各样的人和事，深刻感受到了国家的强大和繁荣。最后，张家口商人在商业活动中积累了丰富的财富，使他们有能力去回报家乡和国家，为社会做出更多的贡献。因此，他们逐渐形成了一种强烈的家国情怀和责任感，成为社会的中坚力量。

（2）敢于担当，履行责任

在近代，商帮是最具活力和生命力的一种社会组织形式。它以广泛的影响和雄厚的实力，成为近代中国社会经济发展的重要推动力量。张家口商人之所以能取得这样大的成就，除了与其商业经营有密切关系外，与他们强烈的社会责任感也是分不开的。他们不仅在商业活动中追求利润，还积极参与地方公益事业，如修筑公路、修建学校、赈灾济困等。张家口商人以其社会责任感赢得了社会的尊重和信任，也为自己的事业打下了坚实的基础。他们的行为不仅体现了个体商人的担当精神，也展现了商帮集体的社会责任担当。在近代中国社会经济发展的历史进程中，商帮的作用不可忽视，他们的努力和贡献为中国社会经济发展注入了强大的活力和动力。

张家口商人具有强烈的社会责任感，他们在商业上取得成功后，便以"富而有德"来自勉，希望以自己的行动来为社会做出贡献。他们不仅在商业上取得了巨大成功，而且在政治上也表现出强烈的社会责任感。民国初期，张家口商人组织了张家口商会，并经常组织他们到外地进行考察学习，这对其自身的发展起到了促进作用。他们在政治上积极参政、议政，多次提出自己关于政治体制改革、经济发展和商业发展等方面的意见和建议。当时张家口商会还被称为"大商会"，可见其对张家口社会生活所产生的积极影响。张家口商人的社会责任感也体现在他们对当地教育和慈善事业的支持上。许多成功的商人都慷慨解囊，捐资助学、修建学校，为贫困地区的孩子们提供教育机会。同时，他们也积极参与各种慈善活动，帮助需要帮助的人，回馈社会。这些举动使得张家口商人在当地拥有很高的声誉和社会地位，成为当地社会发展的重要推动力量。他们的行为不仅影响了当地社会，也为其他地方树立了榜样。张家口商人以实际行动诠释了"富而有德"的理念，为社会做出了积极的贡献。

（3）遵纪守法，修身自律

张家口商人在经商活动中，遵守法律法规，维护社会秩序，这是他们一贯的行为准则。明中叶以来，张家口商人就开始了这种意识的觉醒和努力，他们逐渐认识到："惟以安民为要务，而官法亦不可废。"张家口商人在经商活动中，特别注意依法经营、照章纳税，以维护社会的稳定和发展。这种自律意识集中表现在商号的管理上。张家口商号的管理形式比较灵活。在票号、钱庄、当铺、典当等商业机构中，商号都有自己的内部规章和内部管理制度。张家口商号在内部管理方面虽各不相同，但一般都有自己的章程。例如，各商号的账册制度、出纳员制度、会计制度、保管人制度、出纳制度、保管物制度、钱账制度等。张家口商人注重培养员工的法律意识和诚信意识，加强内部管理，规范经营行为。他们深知只有依法经营，才能赢得社会的尊重和信任。因此，他们不断加强员工的法治教育，提高员工的法律素养和诚信意识，使他们自觉遵守法律法规、诚实守信，做一个合法经营、诚信经营的商人。这种自律意识的培养和强化，使张家口商人在经商活动中能够更好地维护社会秩序，促进社会的稳定和发展。

张家口商人很注重自身素质的提高，他们不仅自己勤奋努力，而且还积极地教育子孙要不断学习新知识。在教育方式上，他们不但重视书本知识的学习，而且还非常重视各种技能的培养。在张家口地区，除了官办学堂外，民间还有许多私人创办的学校。如宣化的柳川书院、上谷书院、景贤书院；蔚县的暖泉书院、玉泉书屋、蔚萝书院、文蔚书院；万全的养正书院等。这些学校基本为当地富商出资兴办，并聘请优秀教师任教。张家口商人不仅重视对子女的教育，而且还重视对子孙后代的教育。如在光绪年间，张家口商人就设立了专门管理教育事业的机构——义学。义学的建立是张家口商人重视教育的一个缩影。

从古至今，众多商人以崇高的商业道德和卓越的业绩向世人证明了商业道德与商业成功是可以相辅相成的。中国传统文化中的儒家和法家思想，分别强调了内在自律和他律的重要性。儒家思想提倡道德伦理，它通过唤醒人们的道德自觉来匡扶人心、匡正社会，已形成的伦理道德具有一定的强制性，如"理学"和"礼法"。法家则主张通过严格的法律制度来规范行为。儒家倡导的道德自律是引导人们向前追求，而法家的严格法制则是从后约束。儒家思想本质上是一种道德秩序学说，它强调利用道德的力量来维持社会秩序，鼓励人们追求精神上的自觉。儒家学说着重于人的社会属性，即人际关系的处理。只有当人际关系得到恰当的调整，社会的发展才能达到和谐与稳定。在商品经济时代背景下，儒家倡导的商业文明精神，包括人与自然协调发展、人与人之间和谐相处的商业生态文明，以及义与利、合作与竞争、自强与自律的和谐统一的商业伦理精神，具有深远的时代价值。

儒家思想孕育出了口商精神，这是一种进取的商业道德，这种道德是口商在儒家文化的熏陶中形成的。他们在生产经营和贸易活动中，发展出了一种独到的理解和实践。这种由儒家文化影响的商业精神，是商界人士在商业实践中所塑造的独特文化和思想体系，为全球商业文化的发展做出了特别的贡献。

　　口商精神，这一植根于张家口本土的商业文化精髓，正逐渐被塑造成为当地商人的标杆。它不仅是张家口文明的一部分，更是一种深植于这片土地上的商业道德和行为准则。这种精神深刻地塑造了张家口商人的思维方式和行为模式。口商精神和文化背后，是共同的文化思想基础，它们不仅推动了地区的经济繁荣，也正在全球经济中为中国赢得更加显著的地位。随着社会实践的不断深入，口商精神正日益成为推动区域经济稳定和繁荣发展的重要力量。

参考文献

　　[1] 毕奥南，刘德勇. 大成公司与张家口至库伦之现代交通变迁 [J]. 中国边疆史地研究，2014，24（3）：80-88，180.

　　[2] 周云，陶宗冶. 张库商道历史分期之管见 [J]. 张家口职业技术学院学报，2015，28（3）：1-3.

　　[3] 王永源. 张库商道研究综述 [J]. 内蒙古科技与经济，2016（15）：13-14，17.

　　[4] 李现云. 张库商道文物遗迹演变与其兴衰关系研究 [J]. 新丝路（下旬），2016（10）：155-156.

　　[5] 郑恩兵. 草原深处远逝的驼铃：世纪动脉之张库商道 [J]. 社会科学论坛，2019（2）：186-197.

　　[6] 李娟. 清代张库商道贸易兴衰[J]. 兰台世界，2013（3）：79-80.

　　[7] 高春平. 张库商道之兴衰 [J]. 中国名城，2009（5）：24-27.

　　[8] 牛国祯，梁学诚. 张库商道及旅蒙商述略 [J]. 河北大学学报（哲学社会科学版），1988（2）：6-11.

　　[9] 尚丹. 张库商道内蒙古段历史村落时空分布及空间形态特征研究 [D]. 包头：内蒙古科技大学，2022.

　　[10] 刘加男. 张库商道内蒙古段沿线历史城镇聚落空间形态与演变机制研究 [D]. 包头：内蒙古科技大学，2022.

　　[11] 董花. 明清时期张家口商贸兴衰研究 [D]. 桂林：广西师范大学，2014.

　　[12] 孙文. 清代张家口"张库大道"的商贸活动：以《恰克图条约》为起点 [J]. 黑龙江史志，2021（2）：26-31.

　　[13] 平英志，黄柏权. 20世纪以来的"万里茶道"研究综述 [J].

农业考古，2020（5）：254-272.

　　[14]巩家楠，黄柏权.北方茶都：清代张家口茶叶贸易的变迁［J］.中南民族大学学报（人文社会科学版），2022，42（1）：94-101，185.

　　[15]王立功.张库大道历史文化研究中需要厘清的几个概念［J］.张家口职业技术学院学报，2020，33（3）：51-54.

　　[16]耿海天."一带一路"视域下张家口与俄罗斯通商史［J］.山西档案，2017（3）：183-185.

　　[17]齐勇锋，张超."一带一路"战略与中蒙俄文化产业走廊研究［J］.东岳论丛，2016，37（5）：16-24.

　　[18]舒曼.古代张家口茶马互市与张库大道（茶叶之路）之刍议［J］.农业考古，2014（2）：215-222.

　　[19]王洪波，韩光辉.从军事城堡到塞北都会：1429—1929年张家口城市性质的嬗变［J］.经济地理，2013，33（5）：72-76.

　　[20]李娟.清代张库商道贸易兴衰[J].兰台世界，2013（3）：79-80.

　　[21]牛国祯，梁学诚.张库商道及旅蒙商述略［J］.河北大学学报（哲学社会科学版），1988（2）：6-11.

　　[22]陈国庆注释.论语［M］.西安：陕西人民出版社，1996.

　　[23]张格，高维国.诸子箴言［M］.石家庄：河北人民出版社，1998.

　　[24]余英时.中国近世宗教伦理与商人精神［M］.台北：联经出版事业公司，1987.

　　[25]唐凯麟，罗能生.契合与深化：传统儒商精神和现代中国市场理性的建构［M］长沙：湖南人民出版社，1998.

　　[26]刘路.先秦经济和中国经济思想史［M］，北京：新华出版社，2005.

　　[27]芮明杰.管理学：现代的观点［M］.上海：上海人民出版社，2006.

　　[28]张学法，朱鸿.军人本色儒商风范：访江苏口氏企业董事长颜飞［J］.中国民营科技与经济，2007（5）：8-12.

　　[29]郑群，张炎苏，论儒商的社会价值观［J］.苏州大学学报（哲学社会科学版），2009（6）：29-32.

　　[30]范源媛.儒商精神在现代企业文化中的价值［J］.山东纺织经

济，2009（2）：57-59.

　　[31] 张本顺. 谈儒家商业伦理法思想与现代企业家精神的树立 [J].
商业时代，2009（29）：124-125.

　　[32] 韩小雄. 晋商"万里茶路"探寻 [M]. 太原：山西人民出版
社，2012.

　　[33] 郭士腾. 晋商商业伦理及其现代价值 [D]. 太原：中北大
学，2015.

　　[34] 张丽. 清代民国晋商商业教育研究 [D]. 保定：河北大
学，2021.

第三章　口商的价值取向与精神凝练

天行健，君子以自强不息；地势坤，君子以厚德载物①。

——《易经》

要坚定文化自信，推动中华优秀传统文化创造性转化、创新性发展，继承革命文化，发展社会主义先进文化，不断铸就中华文化新辉煌，建设社会主义文化强国②。

——习近平

张家口商人（口商）是近代中国经济发展的一支生力军，他们在长期的商业活动中，积累了丰富的经验，形成了独具特色的经营理念和经营模式。他们勇于开拓创新、善于开拓创新，这是口商能够在竞争激烈的市场中站稳脚跟并取得成功的重要因素。然而，在我们研究口商的过程中，不能忽略他们所面临的商业环境和市场环境，以及他们自身所具有的文化因素和政治因素。口商作为一个时代的产物，其思想和行为受到时代环境、文化传统、政治制度等诸多因素的影响，因此，我们不能仅仅看到口商取得成功的一面，还要使其既适应当下经济全球化，又有独具地域特色的价值取向，这是一个值得深思与探索的问题。重塑和展现口商精神与价值取向是中国张家口再次走向世界的又一次机遇。

---

① 出自《易经》，其意思是："天（自然）的运转是刚健的，君子应该效仿上天刚健而不停息；地的外表是巨大广袤的，君子应该效仿大地用宽容大度的德行来对待万物。"民国时期，梁启超先生在清华大学任教时，曾给当时的清华学子作了《论君子》的演讲，他在演讲中希望清华学子们都能继承中华优秀传统美德，并引用了《易经》上的"自强不息""厚德载物"等话语来激励清华学子。此后，清华便把"自强不息，厚德载物"八个字写进了清华校规，后来又逐渐演变成为清华校训。笔者在这里引用这两句话，就是为了唤醒当代张家口地域经商者的君子德行，让其承担社会责任，做新时代的口商。

② 2020年9月22日，习近平在教育文化卫生体育领域专家代表座谈会上的讲话。

▶第一节　口商精神的时代背景与意义

一、口商精神的时代背景

在中国文化历史长河中，在先秦时代，"商"就已经存在，那些具有道德和智慧的商人被尊称为"诚贾"或"廉贾"。但是，从西汉时期开始，随着"重农抑商"政策的推广，社会逐渐形成了一种观念，即认为儒家学者是道德高尚、学识渊博的绅士，而商人则是只追求利益、道德水平较低的小人。这种"儒者商不得，商者儒不得"的观念在封建社会中持续了很长时间。到了明朝中叶，随着资本主义的萌芽和西方学问的东渐，许多商人开始在中国大地崛起，他们无论是从儒家转向商业还是从商业转向儒家，都开始将儒家的道德伦理与工商业活动结合起来。

进入近代，中国逐渐成为半殖民地半封建社会，一批工商实业家响应"实业救国"的号召而涌现。他们的经营理念深受中华传统道德和价值观的影响，致力于建立和谐的人际关系，并培养个人的廉洁自律。改革开放以来，社会主义市场经济的发展为知识分子"下海经商"提供了机遇，引发了社会变革的浪潮，吸引了大量人才投身市场经济。高科技企业的迅猛发展催生了一批企业家，他们不仅从中国传统文化，尤其是儒家文化中汲取了智慧和管理知识，而且在国际市场上取得了显著的经济和文化成就，他们的个人气质、魅力和思维模式在不同程度上反映了儒家思想的影响。

由于历史的变迁和时代的更替，现有商人具有得天独厚的条件，他们占尽天时（改革开放）、地利（中国地大物博，具有良好的通商基础）、人和（儒与商的完美结合），获得了物质和精神的累累硕果。当代儒商成为热点话题，从表面看是中国企业家在关注自身的形象，实际上它是中国企业家经过多年探索做出的一种理性选择，它具有深刻的社会、经济和文化背景。

首先，社会性和民族性两大特性，是中外管理界一致承认管理所具有的特性。基于社会制度、民族文化的不同，不同地方孕育出了具有不同特性的企业家。中国儒家文化具有千百年的历史，几经发展，已深深烙印于每一个中华儿女的灵魂深处。当代中国企业家也是儒家文化的传承者，中国的企业管理必然具有独特的管理文化，而不是盲目的"拿来主义"，照抄照搬西方企业的管理思想。

其次，东亚经济腾飞的"四小龙"与儒家思想有着密切的联系，儒家思想是其经济迅猛发展的重要基石，儒家文化为现代经济发展提供了重要的文化资源和精神动力。儒家文化不仅可以自然融入现代企业管理之中，而且以它独有的柔性比西方文化更适合中国企业的发展。

最后，"儒商热"是中国当代企业家对自身社会价值、对中国传统文化在社会经济发展中的重要作用关注的结果。经过企业长期的管理实践发现，儒商精神与中国企业家的社会价值需求相契合，能够在企业经营中通过个人企业的发展为社会经济的发展作出贡献，并向社会传达出中国优秀的文化观念。

张家口是一座具有 600 多年历史的古城，地处长城内外，自古以来就是北方丝绸之路的必经之地，也是我国北方著名的商埠。从明朝开始，张家口就已经成为中国北方重要的商埠，在这样的历史背景下，张家口商人不畏艰辛、不惧困苦、不怕压力、敢于创新的商道精神便应运而生，这既是他们对历史上张家口商人精神的继承，又是对张家口商人精神的发展。在当今市场经济高度发展的时代背景下，我们重新审视张家口商人的精神，既是对历史的尊重，也是对未来经济发展的精神指引。

张家口地理位置优越，这使得张家口成为连接华北和西北地区的重要交通枢纽。张家口四通八达的道路优势为其商业发展提供了便利的条件，也为张家口商人精神的传承和发展奠定了坚实的物质基础。随着中国经济的快速发展，张家口商人精神也在不断焕发出新的活力，逐渐成为推动当地经济繁荣发展的重要力量。张家口商人精神的传承和发展，将为当地乃至全国的经济建设作出积极贡献。

雍正六年（1728 年）《恰克图条约》签订后，张库商道被正式确认为一条商道，恰克图成为中俄边境贸易的互市，此后张家口成为商人们聚集的地方，"外管"（专门从事与外蒙古贸易的商人）的店铺鳞次栉比，商业活动日益繁荣。当时，张家口的商号数量达到了 7 000 多家，银行在市圈内的上堡有 6 家，下堡有 32 家，茶庄和毛庄各有二三十家。在大境门外的西沟，有 1 600 多家"外管"，每年的贸易额高达 1.5 亿两白银。张库商道，即从张家口到库仑（今乌兰巴托）的路线，其基本走向是从大境门外沿山路北上，经过约 50 里的跋涉，穿越旱淖坝，到达海拔约 1 600 米的高点，然后延伸至蒙古高原，经过一系列的站点，最终到达库仑。张库商道的历史可以追溯到汉唐时期，至少在宋元时代就已经有茶叶贸易。《宋史·张永德传》中提到了茶叶的贸易。早在七百多年前的元朝，为了加强对岭北地区的统治，开辟了这条官道，但当时仅限于传递边疆情报和宣布政令。明朝对茶叶贸易的控制非常严格，但通过塞外的茶马互市，仍有相当数量的茶叶、布匹、丝绸等内地商品通过张库商道流入蒙古，并最终转运到俄国。清朝在重修以北京为中心的驿路时，对这条路线进行了重点整修，将其列为官马北路的三大干线之一。民国七年（1918 年），张家口至库仑的汽车公路修建完成。同年七月，北洋政府交通部颁发了营业执照给泰通公司和大成公司，随后又批准了官办的西北汽车公司，在张库路上开展长途客运业务。此后，民间公司纷纷效仿，争相购买汽车前往库仑经商，汽车数量迅速增加到 90 多辆。张库公路的修建使得市场更加繁荣，年贸易额达到了 1.5 亿两白银，其中包括年销售砖茶 30 万箱，输入羊毛1 000 万斤，羊皮 1 500 万张，这标志着张家口商务的鼎盛时期。

在这样的历史背景下，张家口商人精神便应运而生。在当今这个市场经济高度发展的时代背景下，我们重新审视口商精神，既是对历史的尊重，也是对未来经济发展的指导。口商精神之所以能够继承和流传下来，必然是因为其具有一定的历史背景，我们将之归结如下。

1. 地理位置优越

张家口是当时中国北方地区贸易中心之一，是连接我国南方、北方、西域三大区域贸易交通枢纽，也是联系欧亚大陆的交通要冲。在历史上，张家口是历代兵家必争之地，更是商贾行旅的必经之地。在元、明、清三朝，张家口一直都是中原王朝与西北和蒙古地区游牧民族进行经济文化交流的重要通道。

张家口还被誉为"京畿之门户""三秦咽喉""万里边关"，它不仅是中原王朝和北方游牧民族进行经济文化交流的重要通道，更是中国历史上一条著名的商贸走廊。在这样一个重要的历史背景下，张家口商人精神应运而生，他们不畏艰辛、不怕困难、不怕压力、敢于创新的精神，就是对历史上张家口商人精神的继承与发展。

2. 商业传统的影响

张家口商人的商业传统，是从元代开始形成的，它的形成与张家口独特的地理位置、复杂的社会环境和长期的商业实践密不可分。张家口商人最初以农耕为生，到明朝随着农业经济的发展，商业贸易逐渐繁荣起来。清乾隆年间，张家口商号多达 700 余家，足迹遍及北京、天津、陕西、山东等地。这一时期，张家口商人逐渐由"以农为本"向"以商为本"转变，形成了以传统商业文化为核心的张家口商人精神。

张家口商人在长期的经营活动中，积累了丰富的商业经营经验。同时，张家口商人也形成了自己独特的商业传统和精神。在长期的经营活动中，这些商业传统和精神对张家口商人产生了深刻影响。这些商业传统和精神包括诚信经营、勇于创新、注重质量和服务等。张家口商人始终秉承诚信经营的理念，与客户建立起了长久稳固的合作关系。他们不断地进行市场调研，勇于创新，不断推出新产品，满足客户不断增长的需求。同时，他们注重产品质量和售后服务，始终坚持以客户为中心，努力为客户提供更好的产品和服务。这些商业传统和精神不仅帮助张家口商人在激烈的市场竞争中立于不败之地，也为他们赢得了良好的商誉和口碑。

3. 封建经济体制的影响

封建经济体制的影响是张家口商人精神产生的一个重要因素，主要包括以下三点：第一，封建经济体制的发展制约了商品交换的范围和规模。封建社会的商品生产和交换均受国家政策的限制，在商品交换的过程中，只有少数有经济实力的人才能从事商品生产和交换。这就决定了广大劳动人民必须依附于少数人才能进行商品生产和交换。第二，封建经济体制对商品生产和交换进行了严格的限制。随着封建社会的发展，统治者在进行社会改革的同时，对市场也进行了严格的限制，从而形成了一套严格、严密、完整、复杂的市场管理制度。第三，封建经济体制在一定程度上阻碍了生产力水平的提高。生产力水平低下是当时社会经济发展缓慢、社会矛盾激化等一系列问题产生的根本原因，而封建经济体制就是阻碍社会生产力水平提高、社会矛盾激化等问题产生的根本原因。

另外，清朝是中国封建专制中央集权最盛的时期，也是中国社会发生历史性变化的时期。这一时期，社会各方面都发生了巨大的变化，新思想、新事物层出不穷，传统观念遭到了前所未有的冲击。清朝统治者为了维护其统治，大力推行闭关锁国政策，禁止对外贸易和移民实边等活动。

在这样的背景下，张家口商人一方面受到了清朝政府的打压与排斥，另一方面也为适应新形势而进行了许多创新活动。清朝统治者对张家口商人的打压与排斥主要体现在两个方面：一是禁止张家口商人外出经商。二是禁止张家口商人与外埠做生意。而为了适应新形势，张家口商人在商业经营上进行了一系列创新活动，这些活动也都是在清政府的严厉打击和打压下进行的。

4. 军事环境的影响

明朝初期，张家口被纳入蒙古人的统治之下。到了明中后期，随着蒙古人内部的矛盾和分裂，明王朝无力控制蒙古人的游牧部落。蒙古帝国灭亡后，蒙古也四分五裂，最终经过长时间的兼并战争后，蒙古高原上鼎立着三大力量，他们以沙漠为界，分为漠南察哈尔部，漠北喀尔喀蒙古，漠西蒙古。明朝拉拢察哈尔部共同对付崛起的后金（1636 年改国号为大清）。随着时间推移，察哈尔部逐渐脱离明朝，被大清（皇太极）攻灭，并控制察哈尔旧部将其编入蒙古八旗战斗序列。之后察哈尔成为大清最忠实的盟友，察哈尔的骑兵后来成为大清入主中原的重要力量，至此漠南察哈尔蒙古也彻底融入了华夏大家庭。正是在这样的历史背景下，察哈尔部商人的贸易经营成为一种文化而延续下来，他们把自己在草原上形成的商业文化传播到蒙古地区和北方各地。这种商业文化不仅促进了区域间的经济交流，还推动了文化和思想的交融。张家口作为这一商业文化的中心地带，在明清时期成为重要的商贸城市。察哈尔部的商人们在这一时期不仅是贸易者，他们还承担起了文化传播者的角色，将商业活动与文化交流相结合，为当地乃至整个地区的发展注入了新的活力。

总之，张家口商人的精神是一笔宝贵的历史财富，也是现代企业家和职业经理人需要学习的宝贵精神财富。张家口商人的精神体现了中华民族勤劳、勇敢、诚信、吃苦耐劳的传统美德，具有鲜明的民族特色，是我们民族精神和传统文化的重要组成部分。在市场经济高度发展的今天，张家口商人的精神仍然具有重要意义。当今市场经济高度发展，竞争异常激烈，不具备创新能力、不注重学习和知识积累的企业，将会被市场淘汰。而具有创新精神，不断学习新知识、新技术，不断充实自己头脑、更新自己思想观念的企业将会立于不败之地。我们相信，张家口商人精神的传承和发展，将会对张家口乃至中国经济建设产生重大而深远的影响。

二、口商精神的时代意义

（一）口商精神在张库商道通商中的作用

张库商道是清朝北方的一条重要商贸通道，是张家口乃至整个北方地区与蒙古、俄罗斯之间的交通要道，也是清朝北方草原和蒙古草原文化交流的通道。作为这条商贸通道的主体，张家口商人在这条商贸通道中发挥了巨大作用。他们所具有的诚信精神、创新精神、群体精神、敬业精神和自律精神，对草原文化的传承和发展起到了很大作用，也成为张家口商业发展壮大的重要支撑，在近代中国商业史上留下了光辉而灿烂的一页。张库商道的重要性不仅在于它是一条商贸通道，更在于它促进了不同地区和文化之间的交流和融合。口商的精神和影响力超越了商业领域，对当地社会和文化的发展也产生了深远的影响。他们的故事和贡献将成为张家口商业发展史上的宝贵财富，继续激励着后人。

1. 诚信精神，赢得中、蒙、俄、东欧人民的信赖

口商以诚信为本，赢得了蒙俄人民的信赖。他们以诚信经营，不欺骗蒙人，不隐瞒实情，不虚报价格，不强买强卖。即使在经济困难时期也信守承诺，绝不违约毁约。他们的商业信誉很高，在整个清朝被蒙、俄商人誉为"无一处失信于人"的模范商人。口商的诚信不仅表现在经营过程中，更表现在经营结束后。他们与蒙、俄、东欧等国人民建立了长久稳固的合作关系，不仅赢得了经济利益，更赢得了信誉和尊重。他们的诚信之举成为商业道德的楷模，为当时的商业交往树立了良好的榜样。口商的诚信精神也在当地广为传颂，成为传统商业文化的一部分。他们的成功经验也给后人留下了宝贵的启示，证明诚信经营不仅可以取得商业成功，更可以赢得人心，成为永恒的商业智慧。

口商以诚信为本，坚持信誉第一、顾客至上的原则。他们绝不会偷工减料，也不会以次充好。在他们看来，没有信誉就没有生意。张家口商人也用实际行动实践着这一承诺。他们有很高的信誉度，在蒙俄经商多年，很少发生纠纷事件。他们的诚信和信誉为他们赢得了广泛的赞誉和信任。无论是在国内还是国际市场，口商都以其可靠性和诚实经营而闻名。他们的产品质量和服务水平也得到了客户的一致好评。张家口商人的信誉不仅是他们的宝贵财富，也是他们永恒的追求。

2. 创新精神，为张家口商业注入生机

张库商道开通之后，张家口和蒙古之间的商业交流日益频繁，口商顺应时代的发展，将西方的洋货、毛皮制品以及俄罗斯的食品、牲畜等带入了张家口。在与这些外商打交道的过程中，张家口商人不断开拓创新，他们不仅学会了蒙语、俄语、英语等语言，还掌握了其他国家的一些商业知识，这为口商以后更好地参与国际贸易打下了坚实基础。为了扩大贸易往来，口商又逐渐将商品销售到蒙古各部落和俄罗斯等地。他们不仅向当地牧民提供大量的畜产品，还向俄罗斯商人提供大量的毛皮、皮革制品等商品。这种由本地市场需求带动外地市场的商业活动方式不仅促进了草原经济的发展，也使口商在商业领域不断创新。口商的商业活动也为当地带来了新的商业模式和经济机遇。他们积极参与当地的市场，与当地商人合作，促进了当地商品的多样化和质量的提升。同时，他们还引进了先进的贸易理念和管理经验，为当地商业的发展注入了新的活力和动力。这种积极的商业合作不仅促进了当地经济的繁荣，也为口商在商业界树立了良好的声誉和形象。

3. 群体精神，促进张家口商业的发展

张家口商人在张库商道通商中表现出来的团结互助精神，是其精神风貌的重要体现。在贸易活动中，他们都以诚信为本，团结一致，互相帮助，互通有无。他们在贸易过程中，不会因为自身的利益而去损害他人的利益。这样的行为使得他们在草原上广结善缘，发展了自己的商业网络，扩大了商业经营范围，使张家口成为草原上有名的贸易中心。他们也通过这种方式使草原文化得以传承和发展。他们以团结互助的精神与其他地区的商人开展商贸活动。他们不仅在商业活动中展现出团结互助精神，也在日常生活中互相帮助，共同应对草原上的各种挑战。他们深知只有团结一致，才能在草原这片辽阔的土地上立足生存。因此，他们之间建立起了紧密的合作关系，共同面对着自然环境带来的种种挑战。张家口商人的团结互助精神，成为草原上一道亮丽的风景线，也为草原上的商业繁荣注入了强大的动力。

4. 敬业精神，为张家口商业奠定了基础

张库商道的商贸活动，是一项艰苦而繁重的工作。张家口商人在这条商道上，常常需要长途跋涉，日夜兼程。在这条漫长的道路上，常常要经历零下四五十度的严寒，还要面对荒无人烟、风沙漫天、野兽出没的环

境。即便是这样的恶劣环境，张家口商人也没有退缩。他们吃苦耐劳、坚忍不拔。在艰苦的环境下，他们用自己勤劳的双手创造财富，为张家口商业发展奠定了基础。他们的毅力和勤劳的精神使得张库商道成为商业繁荣的重要通道。这条商道不仅连接了张家口与其他地区，也促进了文化和物资的交流。张家口商人的奋斗精神激励着更多人投身商贸活动，使得这条古老的商道焕发出新的生机。在这个过程中，他们传承着一代又一代的商业智慧，将张家口的商业活动推向了新的高度。

据记载："大旅蒙商号有一百三十九家"，其中张库商道上从事贸易活动的有一百零四家。京张铁路开通之后，更促进了张家口贸易的发展，当时张家口的各类商号达到 7 000 余家，各类银行 38 家。这些商人在生意上既有竞争也有合作。他们在长期的共同经营中形成了一种团结互助、诚信经营、吃苦耐劳、开拓进取的精神品质，为张家口的商业发展奠定了坚实基础。

5. 自律精神，促进了张家口商业的繁荣与稳定

在张家口，商业活动之盛，不仅是商贸往来频繁、物资流通加快的具体表象，也是商业发展的必然结果。商人在社会上所起的作用巨大，他们不仅能够在社会上经商，而且还能对社会做出巨大贡献。在张库商道通商之前，张家口地域并没有形成相应的商业氛围。大量商人进入这一地区之后，为了争夺市场份额和更大的利润空间，他们以经商的形式存在并不断壮大起来，其中既有蒙商，也有汉商。在商业竞争中，张家口商人表现出了极高的智慧和能力。他们不仅善于经营商品、发展贸易，而且还会根据市场需求进行生产，改进工艺技术，以提高商品的质量和市场竞争力。张家口商人所表现出来的经营技巧和商业道德，为张家口地域的商业发展做出了巨大贡献。张家口商人的努力和贡献使得这一地区的商业活动日益繁荣。他们不仅带动了当地经济的发展，还促进了文化交流和社会稳定。张家口的商业活动也吸引了更多的人才和资金投入，进一步推动了地区的发展。可以说，张家口的商业活动不仅是经济增长的动力，也是社会进步的推动力。随着时间的推移，张家口的商业活动将继续蓬勃发展，为地区和社会做出更大的贡献。

此外，在张库商道上，张家口商人经营的商品种类繁多，经营形式多样，并且在不断地发展和变化。但是无论商品种类如何变化，都离不开张家口商人以人为本的经营理念。首先，张家口商人尊重和善待每一位顾

客。无论是本地居民还是外地人，他们都能够以平等的眼光看待每一个人。当遇到顾客不懂的问题时，他们总是耐心地向顾客讲解并尽量满足他们的需求。当顾客有需要时，他们也能够积极主动地帮助顾客解决问题，提供优质服务。其次，张家口商人重视对员工的培养和教育。无论是本地人还是外地人，无论是家庭贫困的学生还是身居要职的官员，他们都一视同仁地对待。他们不仅对员工进行培训教育，而且还经常组织员工一起到外地参观学习、交流经验，从而使张家口商人的整体素质得到了很大提高。最后，张家口商人还十分注重对员工的人文关怀。

张库商道的开通，主要促进了我国与蒙、俄两国经济的发展，促进了经济文化的交流，对草原地区的经济文化发展起到了很大作用，同时也推动了张家口商业的繁荣。在这一过程中，张家口商人以他们开拓创新、团结互助、诚信经营、吃苦耐劳的精神为张家口商业发展注入了新鲜血液。张库商道开通后，张家口商人将蒙古草原文化带到了内地，促进了内地文化和草原文化的交流。同时他们又把中原文化带到了蒙古地区，促进了蒙古文化和中原文化的交流，对草原文化的传承和发展起到了很大作用。这些都是张家口商人在张库商道开通后为推动近代中国商业发展做出的重要贡献。

（二）口商精神在市场经济建设中的作用

口商精神包含着许多有价值的东西，在新的世纪中，我国正在建设社会主义市场经济，口商精神在市场经济建设中将发挥其积极的作用。

1. 口商精神的诚信品质是促进规范我国市场经济的重要力量

改革开放以来，在经济发展的同时，也产生了许多负面的影响：利己主义和拜金主义的泛滥、道德理念的滑坡、人际关系的混乱、理想信念的危机。为此，必须通过有效的法律制度与伦理建设来实现市场经济的规范化、合理化。口商精神以"以义生利""以义取利""先义后利"为基本特点，"义"即正义与理性，这就注定了当代口商是市场经济中的理性主体。孔子所倡导的"以义取利"和"诚信为本"两种伦理规范，既保障了市场经济自身的良性稳定发展，又保障了经济的发展和社会的前进。倡导和弘扬口商的"以义取利"和"诚信为本"的道德观，可以促进我们对"利"与"义"，"私"与"利"，"利"与"利"的相互关系的理解与把握，对市场经济发展中出现的失范行为进行调节，对市场发展所产生的消极效应加以遏制，防止金融危机的发生和扩散，确保市场经济平稳、有序地发展。在这个过程中，我们需要重视伦理道德建设，培养人们的社会责任感和公民意识，强化诚信意识，推动社会文明进步。只有在伦理道德的引领下，市场经济才能够健康发展，社会才能够和谐稳定。因此，我们需要不断弘扬和传承中国传统思想中的伦理理念，让其成为我们行为的准则，引导我们在经济发展中注重道德规范，实现经济与道德的双赢。

2. 口商精神是构建冀北区域独特企业家精神的土壤，是中华民族伟大复兴的文化的又一源泉

21 世纪是中国实现现代化，实现全面振兴，实现中华民族伟大复兴的世纪。在实现民族复兴的宏伟计划中，中华优秀传统文化思想是市场经济的精髓，它一定会对中国经济的发展产生巨大的促进作用。第一，一些具有优秀品质的学者被称为"经济大使"，他们认为中国的经济应面向全球。第二，商业的发展处于经济前沿，一些企业家具有"明知不可为而为之"的拼搏之心、"自强不息"的创业之心、"与时俱进"的开拓之心，定能为广大市民群众创造高质量的商品，促进我国的经济发展，为我国的现代化建设做出切实的贡献。第三，在国外的优秀商人也会对国家的现代化建设起到积极作用。可以说，具有优秀品质的商人不仅是 21 世纪的自豪，更是中国经济复兴的先驱。因此，口商精神的传承和发展将成为中国北方区域经济持续增长的重要动力。在全球化的今天，口商所倡导的中庸之道、仁爱之心、诚信之德等核心价值观，将为冀北企业走向世界提供强大的文化软实力支持。同时，口商精神注重个人修养和社会责任，将有助于构建和谐稳定的社会环境，为经济发展提供良好的社会基础。因此，可以预见，在口商精神的引领下，张家口区域经济将迎来更加繁荣和稳健的发展。

3. 口商精神是促进张家口地域社会发展、实现共同富裕的精神动力

社会主义市场经济和资本主义市场经济最大的不同之处在于，它的目的不在于培养出几个巨富，而在于使整个社会达到普遍的繁荣。这就需要我们为国家、为民族乃至整个人类谋福利。在孔子"仁者爱人"的理念中，现代的口商应该具有以天下为己任，以振兴国家的经济为己任，以"杀身成仁"和"以身殉道"为己任的理想追求。从这个意义上讲，口商"家国情怀"的理念，可以帮助我们走出个人的狭窄的经济界限，从而树立为国家、民族乃至整个人类的幸福而奋斗的价值观。口商思想中的群体主义与社会主义的价值观具有内在的一致性。在 21 世纪，弘扬口商精神，促进张家口区域经济和文明实现共同繁荣，具有重要的现实意义。在这个信息时代，全球化的趋

势使得各国之间的联系更加紧密。在这样一个大背景下，社会主义市场经济的理念更加凸显出其重要性。通过合作和共赢，我们可以实现经济的可持续发展，实现全球范围的繁荣。口商精神所强调的诚信和共赢精神，也正符合当今世界所需要的合作与共享精神。因此，将口商精神与社会主义市场经济相结合，有助于推动经济的发展，实现张家口区域经济共同繁荣的目标。

4. 口商精神的合作共赢理念是张家口区域可持续发展战略的理论基础

21 世纪，和平与发展依然是国际社会的主题。在和平与平等背景下进行经济协作与竞争，谋求发展，已成为世界各国的共识。口商精神也带有明显的"和平主义"特征，口商精神倡导"开放包容""互利互信"，强调"公平竞争"，倡导进行公平、公正的经济合作与竞争。这与 21 世纪的和平发展趋势十分吻合，只有用儒家"和平主义"的思想来引导各国的经济活动，并将其管理好，确保各国人民的经济在公正、公平、公开的竞争中获得共同的利益，实现比较均衡的发展，才能让经济全球化在国际上实现优势的互补共荣，而非强大的国家对弱小的国家的统治与掠夺。在这样的背景下，口商精神的"合作共赢"理念也能走向国际，为国际社会和平与发展做出贡献。只有在相互尊重、互利共赢的基础上，国际社会才能实现持久的和平与稳定发展。因此，口商精神的"合作共赢"理念与"和平主义"特征将在 21 世纪国际社会的发展中发挥重要作用，为构建人类命运共同体贡献力量。2023 年4 月首列"张石欧"中欧班列从张家口万全西站出发，驶往俄罗斯首都莫斯科。这是张家口开行的首趟中欧班列，不仅开启了张家口与欧洲经贸往来的高效陆路新通道，也将"+石欧"线路扩展至 9 条，成为京津冀中欧班列集结中心和服务河北省外贸高质量发展的重要举措。

▶第二节　当代口商精神的价值取向

一、口商精神的价值取向

张家口作为中国历史上著名的商埠，以及塞外商业重镇，在中外历史上都占有重要的地位。商人们在这里经营大宗商品贸易，由此创造出了商业的辉煌。明清时期，张家口商人利用其商业优势，以商为本，以商兴商，形成了独具张家口特色的经营模式，并把自己的经营理念和经营思想传到了全国各地。在当代，口商在经营活动中同样践行了口商精神，并形成了一些共同的价值取向。

1. 坚守"诚信"的道德规范思想

"诚"是儒家伦理中的核心道德准则，它不仅是个人品德的基本要求，也是商业行为的道德标准之一。诚信不仅被视为中华民族的传统美德，更是中国文化的核心之一。孟子曾说："诚者，天之道也；思诚者，人之道也"，强调了诚实是符合自然规律的行为，而追求诚实则是人类行为的准则。《中庸》也提到，只有极致的诚实，才能成为治理天下的根本。宋朝的周敦颐认为，"诚"是五常（仁、义、礼、智、信）的基础，所有行为的源泉。从字形上来看，"诚"字由"言"和"成"组成，意味着言行一致，诚实无欺。笔者认为，"诚"不仅是说到做到，更重要的是以真诚、踏实和勤奋的态度去做事，并且把事情做好。至于"信"，孔子曾说："主忠信，徙义，崇德也"，强调了信任和忠诚的重要性。曾子的"吾日三省吾身"中也提到了"信"，要求自己每天反省是否做到了对朋友的信任。子夏和有子也分别提到了在与朋友交往中要守信用，以及信任与义的关系。在中国晋商中有这样的话，"宁叫赔折腰，不让客吃亏""生意无诀窍，信誉第一条"，这体现了信誉至上的原则。从字形上来看，"信"字由"人"和"言"组成，意味着人的言论应当是诚实的。"信"的本义是真心诚意。"诚信"是"诚实守信"的简称，是一个人最基本的品质。培养人的诚信品质，最重要的是唤醒人本性中的善良，从而培养出诚实守信的道德感。在现代市场经济中，"诚信"是经济活动的基础，没有诚信，市场中的假冒伪劣和非法行为就会泛滥，从而破坏经济的根本。在全球化的经济背景下，竞争更加激烈，商业企业要在复杂多变的环境中生存和发展，就必须建立在"诚信"的基础上。

"诚信为本"是张家口商人精神的第一要义，在他们的经商过程中，"诚信为本"的理念已深入他们的骨髓。他们在经营活动中，坚持"无信不立"的原则，讲信修睦，讲求信誉。他们认为"诚为商之本，信乃致富之源"。这不仅是对自身的要求，也是对客户的要求。相传有位老人家，丈夫年轻时在张家口做皮货生意，赚钱后办成汇票藏在身上，在回家途中染病身亡。几十年后老人家摸丈夫唯一的遗物夹袄，无意中摸到这张汇票。后来相关票号得知情况，经查验无误后，立即将本息全额兑付。张家口商人深知，只有建立起信誉，才能吸引更多的客户，扩大自己的生意。因此，他们在经营中始终秉持诚信为本的原则，从不作虚假宣传，也不以次充好。他们相信，只有真诚待人，才能赢得客户的信任，才能让自己的生意长久发展下去。这种精神不仅体现在他们的经营活动中，也融入他们的日常生活中，成为他们做人做事的准则。因此，张家口商人以诚信为本的精神赢得了人们的尊重和认可，也成为当地商业文化的重要组成部分。

2. 以"开拓进取"创造新的商业领域

在口商精神中，"智"是指导商业策略的关键要素，它在商业发展中扮演着重要的角色。"智"代表着智慧与才能的结合体。它包含三个层面的含义。一是认知，指的是对周围环境和客观事物的理解和洞察力。二是应用智慧，即将这些智慧应用于实际问题的解决中，展现为个人的才干和能力。三是个人修养，这涉及个人在智慧方面的自我提升和内在修炼。在现代商业企业中，无论是制定长远战略、设计策略组合、掌握经营技巧，还是开拓新的商业领域，智慧都是不可或缺的元素。面对全球化的挑战，中国商业企业要在国际市场上竞争，必须依托中华民族深厚的智慧来制定战略和战术，以智慧的力量推动企业的发展和成功。

张家口商人在经营过程中，充分认识到只有开拓创新才能实现利益最大化。所以，他们把开拓创新作为自己的一种精神追求。他们的经营理念中有一条就是"开拓创新，灵活应变"。他们在经营过程中，总是根据不同时期的市场变化，采取相应的对策，积极创新。如清中期，由于各地茶叶消费量急剧上升，蔚县商人就将经营重点转向了茶生意。他们把经营茶叶的重点放在了山西和陕西等地。到了清后期，由于市场上出现了大量的洋货，张家口商人又把经营重点转向了洋货。清中期以后，由于西北地区人口增多，商品需求量增大，张家口商人开始经营羊毛生意。到清晚期时，张家口商人又将经营重点转向了毛皮生意。他们的灵活应变和开拓创新的精神使他们在不同的经营领域都取得了成功。他们深知市场变化无常，因此始终保持敏锐的观察力和快速的反应能力。这种经营理念和策略使他们在商业竞争中始终处于领先地位，成为当地商业界的佼佼者。他们的成功经验也为其他商人树立了榜样，激励着更多的人去开拓创新，不断适应市场变化，实现自身利益最大化。

3. 弘扬"和"的理念，构筑"开放包容"的商业发展观

"和"是儒家文化的核心理念，《孟子》中就有"天时不如地利，地利不如人和"的说法，强调了和谐的重要性。《礼记》也提到："和也者，天下之达道也"，表明和谐是通行天下的普遍原则。中国人历来崇尚"和气生财"的原则，"和"的文化传统深远而悠久。在当今全球经济一体化的背景下，中国商业企业要在国内站稳脚跟，同时放眼全球，就必须继承并推广"和"的理念与文化。这种文化不仅体现在物质层面，也体现在精神层面。企业间的"和"应该基于共同的理想、目标和利益，并且要有全球视野，而非狭隘的视角。在商业实践中，这体现为一种"合作共赢、互利互信、开放包容"的经营哲学。西方的团队精神与我们的"和"文化有着相似之处，但"和"文化的内涵更为广泛和深刻。《孙子兵法》中提到"上下同欲者胜"，这表明了上下一心是实现"和"的途径之一。"和"文化不仅是一种生命力，也是商业企业成长和壮大的动力，它推动着企业实现开放包容和合作共赢的目标。

开放包容、团结协作是张家口商人群体的一个共同特征，他们都是团结互助的典范。"团结就是力量"，这句话在张家口商人群体中被演绎得淋漓尽致，也正是因为他们有这种团结协作精神，才使他们的商业活动取得了辉煌的成就。从总体上来看，张家口商人群体中都存在着这样一个特点：他们都是有共同目标的人，这些人在一起是为了共同的目标而努力，为实现这个目标他们可以不惜牺牲个人利益。正是由于这样一种价值取向，使张家口商人群体中的人们相互信任、相互帮助、相互支持。这种团结协作精神也是张家口商人群体能够克服种种困难，创造辉煌业绩的重要原因之一。张家口商人群体的团结互助精神也体现在他们的合作关系上。在商业活动中，他们经常会相互合作，共同承担风险，共同分享利润。这种合作关系不仅是利益上的交换，更多的是建立在信任和互助的基础上。他们愿意与他人分享资源和信息，相互支持，共同成长。这种合作关系不仅促进了各自业务的发展，也增强了整个商人群体的凝聚力和影响力。因此，团结协作精神不仅是张家口商人群体成功的关键，也是他们在竞争激烈的商业环境中立于不败之地的重要保障。

4. 营造"重商敬业"环境，展现"尊礼守法"精神

"礼"在儒家思想中占据着基础性的地位，它涵盖了广泛的规则和道德标准。与内在的伦理概念"仁"相较，"礼"更多体现为外在的行为规

范。它在社会中的作用是协调人际关系，促进社会的和谐与稳定。孔子曾强调，"不学礼，无以立"，意味着礼是个人立身处世的基础。在现代的市场经济体系中，"礼"的概念得到了进一步的扩展。它不仅是公共生活中必须遵循的基本准则，也是使社会秩序得以维系的法律和规章制度的基础。在现代市场营销的背景下，"礼"同样是商业活动中应当遵循的行为规范。在激烈的商业竞争中，企业必须遵守"礼"和"法"。只有坚守这些规范，企业才能够实现与其他企业的共存共荣，以及和谐发展的目标。简而言之，"礼"不仅是个人行为的指导，也是企业经营的道德基础，对于构建一个健康、有序的商业环境至关重要。

张家口商人以商为本，以商为业，勤劳致富。他们不满足于现状，不断开拓创新，力求改变商业经营中的落后状况。他们抓住历史机遇，以张家口为起点，把商业经营扩展到全国各地乃至国外。他们在发展自己事业的同时，也把先进的经营理念和经验带到全国各地。正是由于他们这种自强不息、艰苦奋斗、开拓进取的精神，才使他们在历史上创造出了辉煌的业绩，从而成为我国商业发展史上一支重要的力量。他们不断探索市场，寻找新的商机，不断创新产品和服务，满足消费者的需求。他们注重品质和信誉，建立起良好的商业口碑，赢得了广大客户的信赖和支持。他们也积极参与公益事业，回馈社会，树立了良好的企业形象。他们的成功不仅带动了当地经济的发展，也为整个商业行业树立了榜样。他们的精神和成就将激励更多的人投身商业，推动我国商业发展迈向新的高度。

5. 以"家国情怀"为使命，成为有担当的时代口商

张家口商人之所以能在商业发达的同时，还能保持其精神世界的纯净和高尚，主要原因就在于他们有一颗爱国爱民的赤诚之心，他们把自己的事业发展与国家民族的兴亡紧密相连，时刻牢记国家利益高于一切，并勇于承担社会责任。这是他们的家国情怀所决定的。张家口商人经常把爱国爱民之心注入经营活动中去，把爱国爱民之情倾注到自己的事业中去。他们常把"振兴国家民族"作为自己的理想和目标，把自己的事业发展与国家民族的兴亡紧密相连。他们经常把自己所得利润用于支援国家民族的事业，用来支援国家建设和保卫国家领土完整。他们积极参与各项公益活动，为社会贡献自己的一份力量。在商业竞争中，他们坚守诚信原则，以诚信经营树立了良好的商业信誉，赢得了社会各界的尊重和信赖。他们不仅关注自身利益，更关心国家民族的未来和发展，始终将国家利益置于首

位，以实际行动践行着爱国爱民的情怀。

此外，张家口商人以义取利，在儒家伦理中，"义"是一个核心的道德准则，它要求人的思想和行为遵循一定的道德标准。"义"意味着行为的适宜性和合理性，即在行动时要自觉地做出恰当的选择。儒家经典中提到，"君子何尝不言利，但不逐利"，强调了在追求利益时也要考虑"义"的重要性。儒家倡导的是一种"见利思义""见得思义""义然后取"以及"义利并举"的理念，这表明在追求物质利益的同时，也应将道德和正义放在首位。

在商业企业的经营活动中，追求利润是企业生存和发展的基本条件。然而，获利的方式不仅要符合市场规律，还必须基于对市场规则的深刻理解，并遵循一套既有利于他人也有利于自己的行为准则。企业在经营中必须避免"见利忘义"和"唯利是图"的行为，以免陷入物质主义的泥潭。简而言之，儒家的"义"提醒我们在商业活动中要平衡利益和道德，确保在追求经济效益的同时，也维护社会的正义和道德规范。

张家口商人以其高尚的品德和爱国情怀，成为社会的楷模和表率。他们的行为影响和感染着身边的人，激励着更多的人投身到爱国爱民的事业中。他们用自己的实际行动诠释着爱国爱民的真谛，为国家民族的繁荣昌盛贡献着自己的力量。他们的精神世界纯净高尚，为社会树立了崇高的道德风范，成为社会主义核心价值观的践行者和传播者。张家口商人以实际行动书写着爱国爱民的壮丽诗篇，展现出了中华优秀传统文化的精神风貌。

二、口商精神的价值取向在当代的影响

21世纪，我们国家要真正地完成一个百年强国的梦想，并完成一个民族的伟大复兴，就必须高质量发展经济，尤其是共建"一带一路"倡议提出后的十多年间，我们深入推进高质量建设，合作成果丰硕。为了推动我国经济的稳健与快速发展，我们需要培养一大批具有深厚人文关怀、管理能力、商业头脑和创新精神的优秀企业家。中华优秀传统文化的精神，与现代科技和时代精神相融合，便成为孕育新一代商业领袖的"催生者"，同时，也为这些新兴商人的成长提供了丰富的文化养料和精神支持。我们呼吁发扬人道主义，并期望大量的"战略家"式的道德高尚的新型企业家层出不穷。

口商文化倡导家国情怀、诚实守信，是一把"双刃剑"，一方面促使商人诚信经营，重义轻利，另一方面又提升了商家的信用度，减少了整个社会的贸易费用与风险，推动了商贸的兴旺与经济的发展。在社会主义市场经济制度初步建立，人类社会步入 21 世纪之际，大力发展社会主义核心价值观，对口商精神的继承与发扬，有着重大的现实意义。

首先，以社会主义核心价值观为核心，构建了以诚信为核心的社会伦理体系。江泽民同志的"以德治国"是继承了孔子"修齐治平"的精华而形成的一种政治哲学。《公民道德建设实施纲要》中"爱国守法，明礼诚信，团结友善，勤俭自强，敬业奉献"这二十个字，同孔子的理念一脉相承，也是对中国数千年来的优良品德的传承与弘扬。2006 年 10 月，党的十六届六中全会第一次明确提出了"建设社会主义核心价值体系"的重大命题和战略任务，明确提出了社会主义核心价值体系的内容，并指出社会主义核心价值观是社会主义核心价值体系的内核。2012 年 11 月，中国共产党在党的十八大上正式提出了社会主义核心价值观，即富强、民主、文明、和谐，自由、平等、公正、法治，爱国、敬业、诚信、友善。

其次，以口商为载体，对河北张家口区域经济进行了完善。在市场经济体系中，市场起着最基本的配置作用，但"无形的手"也会出现一些问题，比如，在处理垄断、收入分配不公等方面，存在着一定的盲目性和滞后性等问题。而以行政审批为中心的政府管制，却很难擦掉"腐败之手"。因此，在这种情况下，还需要一种使正义得以实现的伦理"良知"。可以说，市场经济中的道德伦理是市场经济火车的轨道，离开了这条轨道，这辆汽车将无法前进。我们倡导口商的精神和文化，是非常及时和必要的。

再次，以口商精神为载体，强化企业经营，构建当地企业文化。口商精神是由几代张家口商人在长期的历史发展过程中所积累起来的，也是一种商业运作和管理方式。口商精神中的许多内涵对当今企业的发展仍然具有非常重要的意义。例如，讲信用，意味着对产品的品质要求很高。重视"义"，即遵守法律法规，重视环境保护，为企业带来经济利益和更多的福利。"仁爱"，即关注员工的利益，实施人性化的管理。"以人为本"，即在内部塑造团队意识，团结合作，在外部形成"顾客至上"的理念，与顾客建立起和谐的合作关系。自我国改革开放以来，出现了一大批走出国门的优秀企业，它们在继承了中国传统文化精华的基础上，结合自身特点，不断进行创新，形成了优秀的企业文化。

同样，河北张家口的企业家们更为透彻地阐释了口商精神，以服务于地域。例如，蓝鲸控股集团有限公司董事长张文瑞，"感恩社会，知恩图报，做一个有良知的商人"是他的座右铭，从市级劳模到全国五一劳动奖章获得者，勾勒出的不仅是张文瑞品德卓越的轨迹，同时也是蓝鲸控股集团有限公司从量变到质变的发展历程。作为一家民营企业，蓝鲸控股集团的发展与张家口乃至河北省的改革发展紧紧联系在一起。在京张携手成功申办2022年冬奥会后，投资15亿元，与沽源县政府合作开发建设冰上运动旅游项目，填补了京津冀地区冰雪运动旅游项目的空白。

最后，以口商精神为载体，展现"一带一路"的新起点。张库商道是我国清朝历史上重要的边贸经济带，对中国与西方世界的文化交流起到了重要作用。共建"一带一路"倡议的提出，让张库商道再次进入人们的视野，成为研究中国经济和文化走向的重要视角。张库商道和丝绸之路，一个是中国古代北方民族在中亚地区开辟的商贸通道，一个是连接欧亚大陆的陆上丝绸之路，两者都是东西方文化交流的重要载体。在我国提出共建"一带一路"倡议之后，张库商道与丝绸之路成为社会各界关注的热点。作为中国古代北方民族在中亚地区开辟的商贸通道，张库商道与丝绸之路都具有深厚的文化渊源和历史渊源。在新时代共建"一带一路"倡议背景下，张库商道与丝绸之路的文化契合点成为研究共建"一带一路"倡议需要关注和探讨的话题。共建"一带一路"倡议的提出，让我们看到了"一带一路"沿线国家将经济合作作为优先方向，在文化上进行更深层次的融合。将两条文化线路作为重要内容纳入共建"一带一路"倡议之中，这就要求我们必须加强对张库商道与丝绸之路的研究，深入挖掘两条古道的历史文化价值，把两条古道作为统一整体进行联合保护。加强丝绸之路与张库商道的联合保护，可以从基础设施建设、历史文化遗产保护、旅游资源开发等方面入手，探索建立丝绸之路与张库商道联合保护机制，让两条古道的价值得到充分发挥。

在共建"一带一路"倡议下，我国对周边地区进行了更高层次的统筹规划和战略部署。重走张库古路，展现当代口商精神，让新一代的口商站在历史的新起点，将口商精神延续和传播下去。共建"一带一路"倡议从宏观上推动了口商文化的发展和丝绸之路文化的传播，从微观上推动了张家口历史文化资源的开发和利用。同时，共建"一带一路"倡议的实施，为张家口的发展带来了新机遇和新空间，也为口商精神与新丝绸之路的发展带来了新路径。

▶第三节　口商精神的认知与传承

一、口商精神传承中的理论基础

认知是心理学中考察如何获得、存储、转换和使用信息的一个领域。人类思维的加工在 2 000 多年的时间里一直吸引理论家们的好奇心。20 世纪初期，行为主义者强调可观察的行为而不是心理加工过程。但是，记忆和语言等领域的一些新的研究结果使人们意识到行为主义的局限，认知心理学在 20 世纪 60 年代逐渐盛行。

在超过 2 300 年的时间里，众多哲学家和理论家们持续探索着人类心智的运作机制。例如，古希腊的智者亚里士多德，在他生活的公元前 384 年至公元前 322 年之间，深入研究了感知、记忆和心理意象等领域，并且探讨了人类是如何通过体验和观察来积累知识的。亚里士多德强调了经验证据的重要性，或者说通过仔细观察和实验得到的科学证据的重要性。他对经验的注重和他所研究的很多问题都与 21 世纪的认知是一致的。实际上，亚里士多德应该被称为第一个认知心理学家。但是，心理学直到 19 世纪后期才作为独立的学科。

心理学史的大多数学者都认为威廉·冯特是心理学的创始人。冯特（1832—1920 年）生活在德国的莱比锡，他提出心理学应该使用内省的方法研究心理过程，内省指的是经过细心训练的观察者能够在标准的条件下有规律地分析自己的感觉，并尽可能客观地报告出来。在 20 世纪的前 50 年，行为主义是美国最突出的理论观点。根据行为主义的原则，心理学必须关注客观可见的对环境刺激的反应，而不是关注内省。最著名的早期行为主义者是美国心理学家约翰·华生。华生以及其他行为主义者强调可观察的行为。行为主义者认为，人们不能客观地研究如表象、观点或者思维的心理表征。行为主义者不研究认知心理学，但他们却对现代研究方法做出了卓越的贡献。例如，行为主义者强调操作定义的重要性，操作定义是具体准确描述一个概念如何测量的精确定义。21 世纪的心理学家们需要具体准确地描述记忆、知觉和其他的认知加工过程在实验中是怎么被测量的。行为主义者们也看重仔细控制的研究，这也是当代认知研究一直保持的一个传统。

为了促进认知心理学发展，心理学家开始关注人类记忆，并将研究从动物学习转移到人类记忆。通过使用行为主义的概念，如可观察到的刺激、反应和强化很难解释复杂的人类行为。直到 20 世纪 60 年代后期，心理学家们提出了人类记忆新的理论——信息加工论，其认为人类的心理加工类似于计算机的操作；认知系统中的信息加工要通过一系列的阶段，每次通过一个阶段。在 1968 年，心理学家 Richard Atkinson 和 Richard Shiffrin 提出 Atkinson-Shiffrin 记忆模型，认为记忆包括一系列的独立步骤，在每个步骤中，信息从一个存储区域转移到另一个存储区域，Atkinson-Shiffrin 记忆模型见图 3-1。

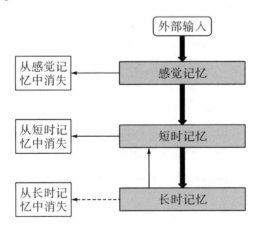

图 3-1　Atkinson-Shiffrin **记忆模型**

Atkinson-Shiffrin 记忆模型提出，一些材料会从感觉记忆中传递到短时记忆（也称为工作记忆）中。短时记忆中能容纳正在使用的少量的信息，短时记忆中的记忆是脆弱的，虽然不像感觉记忆中那么脆弱，但这些记忆在短期内就会丢失，除非经过某种重复。依据信息的加工模型，只有短时记忆中的一小部分信息被传递到长期记忆中。长期记忆具有非常大的容量，因为一个人的记忆既包括了几十年前发生的事情的记忆，也包括了几分钟前发生的事情的记忆。Atkinson-Shiffrin 记忆模型的提出，相比短时记忆中存储的信息，长期记忆中存储的信息是相对持久的。

华夏文明发展到现阶段，很多的历史才会形成一点传统，很多的传统才会形成一点文化。一些流传下来的优秀传统文化是我国的瑰宝，如儒家文化、道家文化等。然而，儒家文化也构成了一种超越性的理论体系，它不像某些宗教理论那样寻求超自然神灵的赐予。在儒家看来，万物都具有共通性，人类也不例外。无论人的主观努力如何，人的意志如何追求超越，人的行为终究受限于其本性，是先天的本性决定了他的责任和生命目标。那些取得成就的人，是因为他们洞察了自己的天性，并且充分发挥了自身的潜力；而那些庸庸碌碌的人，则是因为他们与自己的本性背道而驰，最终成为宇宙中一粒微不足道的尘埃。儒家文化着重于挖掘和培养人的天性，旨在提升人的尊严和伟大。口商文化作为近代形成的一个独特的地域文化，也继受了一定程度的儒家文化的影响，再经过几代甚至几十代人的传承，逐渐形成张家口地域文化特色，或称之为张家口商人的一种经商哲学。

一个人或者说一个商人在一个地域文化深入心灵并成为一个新口商文化的过程中，同样通于心理学的认知过程。口商精神中的认知活动可以被划分为四个关键阶段：首先是知识的积累与检索，其次是信息的处理，再次是信息的接收与表达，最后是知识的运用。这些心理活动构成了对知识领域的操作和处理。具体来说，积累与检索阶段为学习者提供了一种途径，使他们能够访问存储在长期记忆中的知识，并为将来的使用存储新知识。信息处理阶段涉及对已存储知识的操作，以便能够将其应用于具体的任务中。接收与表达阶段则是使用知识来理解沟通信息，并产生沟通的过程。最后，知识运用阶段是指将知识应用于完成具体任务的过程。简而言之，这些认知过程共同构成了一个动态的循环，从知识的获取到应用，不断地在商业精神的认知活动中循环往复。

二、口商精神内涵的存储与提取

顾名思义，储存与提取的功能就是把信息嵌入（储存）到永久记忆，和把信息从永久记忆中抽出（提取）来使用。依据心理学理论，人们习惯将记忆分成三种功能：感觉记忆、工作记忆和永久记忆。在认知心理学理论中将这一过程称为记忆过程，可以将感觉记忆、工作记忆称为短时记忆，永久记忆称为长时记忆。

1. 短时记忆

短时记忆（STM）存在于接收器（收集来自我们所在环境的难以计数

的刺激）和容量广阔的信息与知识仓库（长时记忆，或称LTM）之间。其容量虽小，却尤为重要。比起其他任何记忆系统，短时记忆可能是我们最先处理环境刺激的场所。与微小的容量相对应的是有限的加工能力，有人认为在存储容量与加工能力之间总是存在着一种消长关系。

（1）听觉编码

尽管我们往往不以听觉编码的形式而是以视觉等形式来探测信息，但是，我们的短时记忆却似乎是以听觉编码的形式执行的。近来有证据显示，编码形式有某种重叠，但短时记忆的信息编码似乎主要还是听觉形式。

（2）视觉编码

许多实验质疑了短时记忆仅仅以听觉方式编码信息的推论。一些证据显示，短时记忆也可能通过视觉方式编码信息，还有一些证据显示可能通过语义编码。

（3）语义编码

我们这里探讨的语义是指文化精神信息在语义上的一种表征。

2. 长时记忆

如果我们将短时记忆比作是持续流动的意识之河，那么长时记忆就像是河床，赋予了河水以深度和意义。短时记忆的功能在于它使我们能够处理那些转瞬即逝的感觉片段，而长时记忆则让我们能够借助以往的经验来解读当下。在某种意义上，长时记忆让我们在时间的两个维度上存在——过去与现在，让我们能够理解那不断涌现的直接体验。

长时记忆最为突出的特征在于它的多样性，表现在编码、信息抽取、结构容量以及持久性上。我们讨论过的其他记忆存储在这些特征上却是相对有限的，因此，我们对长时记忆的讨论首先将比较它与短时记忆之间的差异。短时记忆对信息的保持时间很短，也不会抽象化信息或者将信息储存到有关结构中。长时记忆的容量似乎是无穷的，其持续时间也仿佛没有止境。为了理解这点，我们首先要考虑长时记忆的神经机制，其其是长时记忆中保存的信息的类型，最后是其一般结构或组织。

长时存储器中的信息，被看作相对永恒的存在，尽管由于新进信息的干扰有可能无法将它们提取出来。长时存储器的功能在于监视感觉登记器中的刺激（控制进入短时存储器的刺激内容）并为来自短时存储器的信息提供存储空间。

　　从一个存储器到另一个存储器的信息加工，在很大程度上受到当事人的控制，短暂留存于感觉登记器中的信息受到扫描，选中的信息被导入短时存储器。按照他们的看法，只要信息进入了短时存储器，就有可能从短时存储器进入长时存储器。

　　我们对记忆的构造有了初步的认识，便可以将解读商业精神的本质视为一种唤醒长期记忆中潜藏信息的过程。这个过程涉及将信息从长期记忆库中提取出来，并将其转移到短期记忆中。在短期记忆中，我们可以有意识地对这些信息进行加工处理，进而将这些洞见应用于指导我们的日常工作实践。储存则可以被看作是在工作中对口商精神进行认知编码，形成永久记忆的部分。

　　古代的读书人，哪怕是那些传统的生意人，打小就背《三字经》《百家姓》《千字文》《弟子规》《二十四孝》《增广贤文》，以及其他各种诗词歌赋，这些东西从小就被背诵、记忆、储存，常常会陪伴他们一辈子，让他们在关键时刻头脑清晰，不至于犯错误。今天的创业者、经营者和企业家们，在他们的成长、生活和商业活动中，同样要受到传统文化的影响，诸如，《论语》中的"忠恕""仁、义、礼、智、信"等思想，都可以透过朗朗上口的文字，在脑海中活跃起来，并融入生活。因此，要成为具有优良品质的商人，就必须注重对外界所携带的信息的提炼，把情感记忆存储为持久的、长时的记忆，以此来引导我们的日常工作与行动，并自觉地受到这些优秀精神的引导。在这个信息爆炸的时代，我们需要更加注重对优秀传统文化的传承和发扬。尤其是口商精神，对于现代张家口商人来说，依然具有深刻的启示意义。在商业活动中，"诚信""仁、义、礼、智、信"等思想不仅可以指导我们的行为，也能够帮助我们树立正确的商业道德观。因此，我们应当以开放的心态，积极学习并运用这些传统智慧，将其融入我们的商业实践中。这样，我们才能更好地面对挑战，做出明智的决策，并为社会创造更大的价值。

三、口商精神对行为规范的信息加工作用

　　信息加工功能是对停留在工作记忆中的信息进行"加工"。人通常面对着大量的外界刺激，与此同时进行着若干种活动。例如，我们在驾驶汽车的时候，可能会挠痒、戴上太阳镜、听音乐等，不过就注意力的分配而言，尽管我们分出一部分注意力来完成其他的活动，但是与之相比，往往

将更多注意力用于驾驶。高度熟练的动作会变得自动化，因而与完成新的或不太熟练的动作相比，所需的注意力较少，这一事例描述了自动加工和注意力之间的关系。在信息加工的过程中，注意力的分配对自动化加工起着重要作用。通过训练和实践，我们可以使某些活动变得自动化，从而减少对注意力的需求。这也解释了为什么有些人在进行多任务活动时表现更好，因为他们的某些活动已经自动化，不再需要大量的注意力来完成。因此，信息加工不仅涉及对信息的处理，还涉及对注意力和自动化加工的管理。信息加工能力是指对那些正在工作记忆中活跃的信息进行操作和处理的能力，这些信息可能源自外部世界通过感官接收到的即时印象，也可能是从长期记忆库中检索出的既往知识。图 3-2 对信息加工模型进行描述。

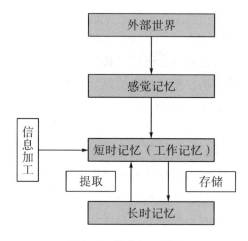

图 3-2　信息加工模型

1. 筛选出口商文化中的相关资讯

"信息筛选"是指筛选出具有合理性或逻辑性的信息。举个例子，阅读《论语》的人各不相同，对《论语》的理解也各不相同，有的人认为"忠恕"，有的人认为"孝悌"，有的人认为"礼义"，有的人认为"智慧"。它的本质就是筛选信息。再比如《红楼梦》，有的人看"情"，有的人看"性"，有的人看"凄"，这只是一种筛选。因为进入我们大脑的信息，不管是以言语、非言语还是以情绪的方式表现，都会受到个人主义认知的影响和筛选，所以个人在筛选新的知识时，必须决定在目前的知识层次上是否能理解、接受、吸收。当这些资讯被视为不合逻辑时，就会被标示出来，存放于长久的记忆之中，或是被彻底排斥。在文化交流和出口贸易中，筛选相关资讯尤为重要。不同国家和地区的文化背景和价值观存在差异，因此需要对信息进行合理筛选，以便更好地理解和适应对方的文化需求。这种筛选也包括对语言、习俗、礼仪等方面的理解和应对，确保出口贸易和文化交流的顺利进行。在这个过程中，个人的认知和理解能力起着至关重要的作用，只有在不断学习和筛选信息的过程中，才能更好地促进文化交流和出口贸易的发展。

2. 对口商精神所蕴含的讯息进行细化

对于口商文化而言，其信息归纳虽具有归纳性质，但更多的是演绎性质。"实践"由两种不同的规则来实现：共时性和历时性。共时规律是不依赖于时态的，是进行分类和归纳的依据。共时法则有两种：类别法则和关联法则。从口商学的角度讲，分类的例子是：一个人非常讲信用，他是值得信任的。联想的例子是：若某人是值得信任的人，则会在其心中形成"诚实守信、诚信守法"等观念。历史规律研究原因与时间序列之间的本质联系。历史规律可分为两种：预言性和效应性。例如，效果的例子就是：一个人如果讲信用，就会尊敬别人，对别人也很友善；一个人如果不讲信用，此人必被远离，也不会被人尊重。这是口商精神中诚信的具体体现。例如，河南许昌的"朕东来"，从一开始的一家小店，到现在已经发展成了一家大型连锁超市，在国内无人不知、无人不晓。在这家超市里买东西，大家感觉很安心、很放心，这就是诚信带来的强大的经济动力。口商文化中的诚信精神一直被视为一种重要的财富。它不仅是一种道德准则，更是一种经济动力。诚信不仅体现在个体的行为中，也贯穿于商业活动的方方面面。这种信任和诚实的态度，不仅能够赢得客户的信任，也能够促进商业的长远发展。正是这种诚信的力量，让"朕东来"能够从一家小店发展成为国内知名的连锁超市，成为无数消费者心中的首选。这种诚信精神的传承和发扬，正是我们社会需要的，也是值得我们每个人学习和倡导的。

四、口商精神的基本输入与输出交流过程

人对信息的加工处理以及内化，需要依据一部分外部行为或方式实现，其中，基础的输入和输出是通过与外部交换以及从外部吸取的方式来实现的。从其含义上看，上述各工序都要运用到存储、抽取、信息处理等功能。口商精神的基础输入可以通过听、读、背等途径吸收，然后通过说、写、做等方式输出。以"背诵"为投入最佳，以"做"为目的进行产出最为关键。很多人小时候学过的知识，到了晚年都不会忘记。如今，在很多张家口创业者平时的言行举止中都能看到口商的精神的体现，这也是一个对外交往的进程。他们通过言谈举止展现出商业精神的特质，这种特质在他们的行为中得到了体现。对外交往的进程中，口商的气息无处不在。这种气息不仅是一种表面的修饰，更是一种内在的品质。在商业活动中，诚信是立身之本，言行一致是立业之道。这种精神不仅是一种传统，更是一种智慧的传承。在信息交换的过程中，口商们不仅是传递者，更是价值的创造者。他们以自己的行动影响着他人，以自己的言语启迪着他人。这种影响力不仅是一时的，更是一种持久的力量。口商们的思想和精神将在商业活动中继续发扬光大，他们的言行将成为商业道德的楷模，他们的精神将成为商业发展的动力。

五、口商精神的认知运用过程

根据心理学的认知应用原理，个体的认知应用一般经过四个过程：①决策；②解决问题；③实验探究；④调查。口商精神的个体认知应用过程也是如此。

1. 运用口商精神的价值观来决策

要实现在个体的决策过程中应用和贯穿某种认知和思想，就必须从个体的持久记忆中提炼出已经存在的原始的与之相关的认知和思想。例如，当人们在确定是否将口商精神中的诚实守信纳入自己的交易中时，就会回想自己所了解到的不诚实行为所带来的后果，并从中提炼出所有的步骤以及所有的启发式知识。商人必须考虑到涉及的风险和利益，以及可能的结果。他们还需要考虑到其他相关的因素，比如道德、法律和社会影响。在作出决定之前，商人需要充分了解所有相关的信息，并权衡各种选择的利弊。最终的决定应该是基于理性思考和对潜在影响的深思熟虑。决定包括以下三个方面。

（1）通过抽取，激发了有关价值观的认知，也就是所要考虑的选项和与之有关的个体价值观。例如，当一个国家遭遇灾害时，我们主动捐款，愿意承担起自己的社会义务，这就是一种价值观。这种个体价值观的形成受到多种因素的影响，包括文化、教育等。因此，通过抽取和激发有关价值观的认知，可以帮助我们更好地理解和尊重不同个体的观点和行为，促进社会的和谐与共融。同时，也可以引导个体重新审视自己的价值观，从而促进个人成长和社会进步。

（2）利用抽取，将决策全流程所蕴含的认知有效地激发出来。比如，小时候熟读圣贤之作，哪怕只是一首诗，都会激发我们的价值观，进而对我们的决策和行动产生重要的作用。所以，储存正确的认知很有必要。古语有云："学富五车，不学无术。"因此，我们要善于抽取和储存有益的认知，让它在关键时刻为我们指引道路，启发智慧。通过不断地学习和积累，我们可以拓宽视野，提升思维，从而更加明智地做出决策。正如另一句古语所说："腹有诗书气自华"，认知的积累会让我们的内心充盈着智慧的光芒，指引我们走向成功的道路。因此，抽取和储存认知对于决策全流程都至关重要。

（3）利用信息处理方式对数据进行处理。我们记得的东西未必就是最好的或最有帮助的，并且，记忆时人们倾向于有更多的选择。就像有时候在教导小孩子明理时，小孩子可能对圣贤语录记忆不清，但有时他们能指出现实生活中别人的过错。这是一种有选择的记忆。我们在做决定的时候，实际上是在寻找最有用的信息。

2. 用口商精神的价值观指导解决问题

要实现一个仍有阻碍的目标，必须采用问题求解法。就像做决定那样，要想解决一个问题，就需要对这个问题先有一定的了解。例如，一个人要去离家数千米之外的某个地方，但他的汽车坏了，他遇到了麻烦，他需要完成自己的目标，也就是把自己带到一个指定的位置。要想真正做到这一点，他必须通过各种交通工具或方法来代替一辆坏掉的汽车（如乘坐公交车、拨打电话），或者是在规定的时限之内修理自己的车子。无论采取哪种方法，他都需要认真思考并找到解决问题的办法。这可能需要一些创造力和灵活性，但只要他保持冷静并有条不紊地解决问题，他最终就能达到自己的目标。这种问题求解的方法不仅可以帮助他修好汽车，还可以在日常生活中帮助他应对各种挑战。因此，问题求解不仅是实现目标的关键，也是培养解决问题能力的重要方式。因此，他不仅要记住题目的内容，而且要记住解题的全过程。通常与问题的解答相关的过程及启发式有：确定达成目的所遇到的阻碍，对可能的目的进行再分析，决定备选方案，评估备选方案，选定和执行备选方案。另外，还需要培养解决问题的思维能力，包括逻辑推理、创造性思维和批判性思维。这些能力可以帮助他更好地理解问题的本质，找到解决问题的有效途径。

同样，每一步都需要参与方利用基础信息处理能力对工作记忆进行分析。其中，资讯具体化与资讯筛选或许是其中最为关键的要素。有关各方采用特定的方式来设想能够跨越这些阻碍的可能性，并观察怎样去跨越它们。资讯筛选则是利用资讯筛选技术，来评价所提出的备选选项之可行性。总结起来，该方案由以下要素构成。

（1）利用抽取来激发学科认知。比如，父亲、哥哥、弟弟一起做生意，有好处怎么分配，家里人怎么参与，即使是清官，也难断这些家事，但是，合作共赢、公平谦让，也许可以使这个问题得到一个令人满意的答案。在学科认知中，抽取也是一种常见的学习方法。通过抽取重点知识点，可以更好地理解和掌握学科内容，提高学习效率。因此，在教学中，教师可以引导学生运用抽取的方法来激发学科兴趣，从而提高他们的学习能力。

（2）利用抽取，激活与问题求解全流程相关的知识。例如，古人的"禅让""兄弟以礼相待"等，对问题的处理都是有益的。古时候有一对双胞胎，大哥早逝，独留一子跟着叔父，再之后叔父又有七子。等到侄子再大些，叔父就将财产分成了两部分，一部分是侄子的，一部分是他自己的，即也是七个孩子的。侄子却不同意，一定要将财产分成八部分。最终，叔父还是没能说服侄子，将财产分成了八份，孩子们一人一份。叔侄之间的谦虚，是一种美德。这种谦虚和尊重长辈的精神在古代就被高度重视，因为它能够维系家族的和睦和稳定。古人常常强调家族的传统和尊重长辈的重要性，这样的故事也正是为了传承这种价值观念。在现代社会，虽然人们的生活方式和价值观有所改变，但是尊重长辈和谦虚待人的品质依然是我们应该珍视和传承的美德。

（3）利用正确的价值取向来处理日常问题。如果兄弟或者朋友共同创业，发了财，在分红的时候刚好了解了以上的"叔侄分财产"的故事，从而学会了谦让，这对于处理财产纠纷问题，将会有所帮助。

3. 在口商精神指导下进行实验探究

要理解某些自然或心理学的现象，就必须提出假设，并加以验证。当进行实验探索时，需要对所涉及话题的知识进行主动调动。另外，还要将实验探索中所蕴含的每一步、每一种启发性知识都从永恒的记忆中抽离出来。一般与试验调查相关联的程序及启发式有：由一条既定原则或假定原则作出预言，制定一种检查预报的办法；依据检测结果对检测方法进行验证。而要做到这一点，就需要参与方运用其对工作记忆进行处理的能力。其中，资讯具体化与资讯筛选最为关键。总而言之，实验探究过程包含下列组成部分。

（1）对被调查的口商进行价值取向抽取，并对其进行活化。在做生意的过程中，最重要的态度就是诚实，拥有诚实的品格，才可以成为一个好人，为祖国和社会做出贡献。这些口商深知商业活动不仅是为了谋取利润，更是为了传承中华民族的传统美德和文化精髓。他们注重品德修养，注重诚信经营，以诚信取信，以诚信立业。他们坚信只有遵循诚实守信的原则，才能赢得客户的信任和尊重，才能赢得市场的认可和发展。他们的商业行为不仅是为了个人利益，更是为了社会和谐，为了民族复兴。因此，他们将诚实作为自己的行为准则，不断践行和传承中华民族的优秀传统，为社会经济发展和文明进步贡献自己的力量。

（2）萃取活化包含在试验探索全过程中所获得的认识。伴随着个体的发展和人生经历的增长，我们对于"孝"等学说的理解也会发生改变，在活化的过程中不断探索，从而形成正确的价值观、人生观。在这个过程中，我们也会逐渐意识到孔子学说的深刻内涵，以及它们在现代社会中的重要性。通过不断地萃取活化，我们能够更好地应用这些理念，指导自己的行为和决策，从而成为更好的个体，为社会做出更大的贡献。活化不仅是对知识的获取和理解，更是对人生智慧的体悟和实践。因此，我们应该不断地追求活化的过程，不断地探索和反思，以求得更高层次的认知和境界。

（3）利用信息处理技术对工作记忆进行处理。通过对记忆中的资讯进行加工分析和选择，有益于生活和工作。

4. 对口商精神进行调查研究

调查研究是对过去、现在和未来发生的事情作出假定，并且验证假说的程序。问卷研究类似于实验研究，需要提出假说，验证假说；与试验探索相比，问卷研究采用的是一种"证明规则"。特别是，事实证据的证明原则遵循了理性推理的原则，而试验研究则遵循了统计的假设测试标准。问卷研究通常通过向大量受访者提出一系列问题来收集数据，然后对收集到的数据进行分析和解释。这种研究方法可以帮助研究人员了解人们的看法、态度和行为，从而得出关于特定主题的结论。虽然问卷研究在某些方面与实验研究类似，但其方法和数据收集方式有所不同，因此在研究设计和数据解释上也有所区别。需要注意的是，当进行问卷研究时，研究人员需要谨慎设计问题，以确保能够得到准确和可靠的数据。

总之，研究程序可以采用与实验研究程序相同的方式：

（1）利用抽取来激发学科知识。

（2）通过抽取，激活与研究全流程相关的信息。

（3）利用信息处理技术对工作记忆进行处理。

由上述论述可知，任何一种语言使用的过程，都遵循着相同的语法基础。特别地，他们需要从持久的记忆中抽取出与题目有关的原始知识以及在这个过程中所包含的所有知识。此外，研究人员还使用了更多的信息处理能力来对工作记忆进行分析。其中，最大的不同之处在于，如何决定所有的步骤与启发式，及其最常用的资讯处理。

因此，从认识到将其付诸实践，是一种十分复杂的心理活动，涉及许多错综复杂的步骤，有待于深入研究与探索。

参考文献

［1］王立功. 张库大道历史文化研究中需要厘清的几个概念［J］. 张家口职业技术学院学报，2020，33（3）：51-54.

［2］王洪波，韩光辉. 从军事城堡到塞北都会：1429—1929 年张家口城市性质的嬗变［J］. 经济地理，2013，33（5）：72-76.

［3］李娟. 清代张库商道贸易兴衰[J]. 兰台世界，2013，（3）：79-80.

［4］王飞. 清代张家口经贸与商帮研究［D］. 太原：山西大学，2020.

［5］李现云. 从张库商道的阶段划分浅析万里茶道的兴衰［J］. 新丝路（下旬），2016（9）：152，149.

［6］王永源. 张库商道研究综述［J］. 内蒙古科技与经济，2016（15）：13-14，17.

［7］牛国祯，梁学诚. 张库商道及旅蒙商述略［J］. 河北大学学报（哲学社会科学版），1988（2）：6-11.

［8］孙晶，魏慧敏. 张库大道视域下的中俄贸易通商史［J］. 佳木斯职业学院学报，2022，38（2）：41-43.

［9］舒曼. 古代张家口茶马互市与张库大道（茶叶之路）之刍议

[J].农业考古，2014（2）：215-222.

　　[10]高春平.论大力传承弘扬晋商开放精神[J].经济问题，2022（6）：9-17.

　　[11]吴红霞.晋商文化课程价值、开发与实施路径探究[J].教育理论与实践，2020，40（30）：56-58.

　　[12]宋丽莉.重拾晋商精神振兴山西民营经济[J].经济问题，2017（4）：120-123，129.

　　[13]刘开衢.晋商精神对我国社会主义市场经济建设的影响和启示[J].教育理论与实践，2016，36（21）：39-41.

　　[14]高倚云.明清晋商文化传统、制度绩效与路径依赖[D].沈阳：辽宁大学，2007.

　　[15]张丽.清代民国晋商商业教育研究[D].保定：河北大学，2021.

　　[16]苗泽华，李欣诺.论商科教育教学改革与我校新儒商人才培养[J].河北地质大学学报，2022，45（4）：130-135.

　　[17]苗泽华，王学科.论新时代的儒商及其精神塑造[J].江苏商论，2020，（12）：27-28，32.

　　[18]苗泽华.论新儒商及其"五商"品格培育[J].河北地质大学学报，2017，40（1）：108-114.

　　[19]李耀炜.大学生创业与新儒商精神[J].合作经济与科技，2012（12）：102-103.

　　[20]苗泽华，毕园.新儒商的商业伦理观及其管理模式[J].商业研究，2010（9）：199-202.

　　[21]陈国庆.论语[M].西安：陕西人民出版社，1996.

　　[22]张格，高维国.诸子箴言[M].石家庄：河北人民出版社，1998.

　　[23]李公绥.从传统儒家思想到新儒商精神[J].企业管理，2022（5）：1.

　　[24]徐守榜.试论儒家思想和儒商精神对民（私）经济的影响与价值[J].江淮论坛，1999（2）：58-62.

　　[25]方秋潮."儒魂"是基石"商才"是方法[J].企业管理，2023（6）：33.

　　[26]陈新海.东北亚商道与张家口商人群体的形成[J].黑河学院学

报，2020，11（7）：1-6.

[27] 巩家楠，黄柏权. 北方茶都：清代张家口茶叶贸易的变迁 [J].中南民族大学学报（人文社会科学版），2022，42（1）：94-101，185.

[28] 孙文. 清代张家口"张库大道"的商贸活动：以《恰克图条约》为起点 [J]. 黑龙江史志，2021（2）：26-31.

[29] 李昂."互市"铺就通衢商道：明代张家口"市圈"的起源、发展和影响 [J]. 河北北方学院学报（社会科学版），2019，35（5）：43-46，63.

[30] 齐勇锋，张超. "一带一路"战略与中蒙俄文化产业走廊研究[J]. 东岳论丛，2016，37（5）：16-24.

[31] 苗泽华. 新儒商理论与实践研究 [M]. 北京：经济科学出版社，2011.

第二篇

张库古商道文化与社会主义核心价值观的契合与应用

第四章　口商精神与社会主义核心价值观

从事于道者同于道；德者同于德；失者同于失①。

——《道德经》

君子喻于义，小人喻于利②。

——《论语》

在伦理学中，道德意义上的"价值"是指人与不同客体的需要与满足需要的关系。在这样的关系下，人们不但要了解事物的性质，而且要从事物本身的角度来判断事物的好坏。价值是一种社会属性，是人类在其实践中生成的。脱离了人类的实际行为而去讨论一件事物是否有价值是没有任何意义的。在伦理学的领域中，"价值"特指道德价值，这涉及某一道德行为（包括道德行为本身、道德意识以及道德规范）对于行为主体（可以是整个人类，也可以是特定的阶级、团体或个体）所具有的道德意义和价值方向。简而言之，它描述了道德行为对于主体的重要性和它所引导的道德方向。

---

① 出自《道德经》。其意思是人如果按照良好的品行和价值观行事，那么这个人就是德道同行，具有良好的行为成果；一个人不具有良好的品行和正确的价值取向，就会误入歧途，迷失方向。

② 出自《论语·里仁》。这里"君子"是指道德较高且具有正确价值取向的人，"小人"则相反。本句用以解释为什么一些人会在道德和利益面前做出不同的选择，君子会考虑道德和正确的价值取向，而小人则注重自己利益得失。

▷第一节　口商精神与社会主义核心价值观的关系

一、社会主义核心价值观的源流

1. 价值观与核心价值观

（1）价值的内涵

在探索和研究价值观之前，我们需要先梳理一下"价值"的含义和本质。"价值"这个词有许多不同的意义。从经济学的视角看，"价值"被理解为商品中所蕴含的普遍且均质的人类劳动；从道德的角度来看，"价值"主要表现在满足人们的审美需求上；从哲学的角度看，"价值"是指在实际经验的基础上，主体与客体之间形成的一种富有意义和内涵的联系。简而言之，价值在不同学科领域中有着不同的定义和侧重点。对象和需求的复杂，以及对象本身的丰富，导致了价值的不同形式。从哲学角度我们可以解释，价值"源于人类与外部事物的关系"，是主客体间的特殊关系，也就是说，对象的存在、功能以及它们的改变，都与主体的需要相适应、相一致或相近。对象为促成主体的目标，满足主体的愿望和需要而表现出来的有益的积极性质，被称为"价值"。在不同的领域和学科中，对于"价值"的定义和理解也各有不同。在经济学中，"价值"通常指的是商品或服务在市场上的交换价值，以及对于资源的有效利用。而在道德和伦理学中，"价值"则更多地涉及人类的品德、行为和社会责任。哲学上的"价值"则更多地关注人类与外部世界的关系，以及人类对于世界的认知和理解。因此，价值的概念在不同的学科和领域中都具有丰富的内涵和意义。

在人类的现实实践中，人们始终按照自身的需求对对象进行有意识的把握与控制，并运用对象的性质与作用来达到自己的目标。即在主体与客体的互动中，有一种主体根据自己的需求，通过选择和利用的方式改造客体，使之属性和功能发生改变，或者建立客体的属性和功能与主体的需求满足和完成之间的联系。这个联系被称为"价值联系"，也就是我们所谓

103

的"含义"。某物能够符合对象的需求，即具有意义和价值；达不到自己的需求，那就毫无意义，毫无价值。最终，它体现了对象对对象的需求和重要性。

（2）价值观的内涵

在马克思的理论中，价值观是对价值的认识、理论和学说，它是对价值的本质认识，是对价值的判断，是对价值的创造。唯物辩证法认为，价值是客观存在的。"价值"是指对象对对象的需求得到了满足；在此基础上，本书提出了一种关于"人"与"人"的"价值观"的概念。人的本质是人的认知与实践活动的内部动力。人的需求永不止息，人的实践总是在不断地前进。

基于这种社会实践与价值观，人们就不可避免地产生了某种价值判断与价值观。进而，价值理念在人类的实际生活中得到进一步的浓缩、抽象和升华，从而形成了对价值、价值关系的基本观点和总体观点，外部则以相对稳定的立场、观点和态度来体现，即价值。总之，价值观就是一个人对价值的最基本的看法。

价值观是人类对生命活动的持续追求与创造，并对其进行持续的认知与评估。人类在对价值的理解与实践中，逐步发展出不同类型的价值观念，并最终确立了某种价值观念。价值观并不是对某一具体事物的价值的观点，它是人类根据自身的存在与发展需求，对某种事物的价值及其一般价值的基本观点，它是一种对好与坏、对与错、符合与悖逆的一般概念，也是对应当与不应当做的重要洞察。

价值观本身不是孤立的存在，它作为一种观念，是世界观的重要组成部分。世界观则是一个人对这个世界所持的基本看法，他不但在寻求一种特定的客观事实，还在努力寻找一种价值观，它可以使人类的生命得以实现。这既是解答了人与自然之间的现实关系，也解答了人与自然之间的实际关系，第一类是真理的，第二类是价值的。

（3）价值观的形成

价值观始终与某一具体对象相关，它是某一具体对象的价值取向。无论是个人还是集体的价值理念，都不是天生的，也不是人脑中自发产生的主观想法。它们是在特定的社会环境和行为实践中逐渐形成的，是主体通过自我意识，在实践活动中对社会存在和社会生活进行创造性理解的结果。

①价值观的形成基于主体的需求和自我意识，这是其内在逻辑的前提。价值观的构建依赖于主观与客观的辨识、自我意识的觉醒以及对需求的理解，这些是建立价值关系的根基。自我意识中的需求是构建价值观的关键要素。在认识到这些需求的基础上，人们会对不同的价值关系进行评估、思考和融合，从而形成独特的价值观念。每个人都有自己的需求、意识和价值观。由于人的需求和意识的多样性，价值观念也呈现出多元化的特点：人的社会历史属性和需求，赋予了价值观念以社会历史的特性。价值观念以人的需求为驱动力，以人的自我意识为指导，以人的价值行为为起点，以人的价值观念为出发点。

②物质生活和文化传统是价值的重要组成部分，它们体现了人的思想活动和状况，是思想的一个组成部分，主要体现在人类的思想中。社会生活及与价值观念有关的各类社会意识，都是在社会发展过程中积累起来的。它是一种客观的、无所不在的力量，对人们的价值观念的塑造起着重要的作用。因此，每个时期人民的价值观念都是从其生存的社会环境中衍生出来的，受到了物质生活模式、政治法律制度、思想文化传统等诸多方面的影响，这些都在无形之中对其进行了熏陶和塑造。实际上，每个团体都有成体系的价值观念。一方面，社会通过社会舆论、学校教育以及法律手段等方式，向社会中的每一个成员注入一种有目的、有系统的价值观念，对其进行培养、调整或矫正，从而实现个体价值与社会价值体系的和谐统一，保持社会的安定与发展。同时，社会又通过风俗习惯、社会心理等文化传统，无形地传达自己的价值观念到社会各阶层，促进其价值观念的形成与发展。

③人的主题实践活动是人的价值观形成的现实基础。人类的价值创造是实现价值的过程，而实现价值则取决于人们对价值的认知和实践。当人们的价值观经过实际检验后，他们对某事物的价值体验和情感会不断增强，最终形成稳固的态度和观点。基于这一点，我们提出了一种新的、有价值观念的新概念。通过具体实践，个体不断地认识和体验社会的物质生活模式、政治法律制度和文化传统，并根据自身经验选择、接受和认同其中蕴含的价值。如果没有通过实践的"内化"和"吸纳"，产生的价值观念就只是一种"外部标准"，而无法形成"自觉"的价值观念。

（4）价值观的内容

①价值原则。这是对价值是什么、为什么有价值、价值的顺序等问题

的根本看法，也是价值标准与价值理念的重要依据。一种价值观念的本质取决于其所蕴含的各种价值准则。基督教的价值观念认为神是所有价值之源，是至高的价值。个体主义的价值观是以个体的生存、权利、利益为核心的价值准则及其他所有的价值基础。

②价值规范。价值规范一直贯穿于某种价值准则之中。"标准"的原始含义是规定、准则或尺度。这清楚地说明了人们应该做什么和不该做什么。所有的价值规范都必须通过风俗习惯、伦理道德和法律等准则转化为特定情况下的行为准则，从而针对性地引导人们的行为。有哪种价值取向，就有哪种价值观。

③价值理想。价值理想可以被视为人们追求的目标，这些目标不仅具有实现的可能性，也符合个人的愿望和期望。它涵盖了对未来理想状态的设想和设定，因此具有强大的团结和激励人心的力量。价值理想与我们通常所说的价值信念和价值信仰是同一类概念。价值信念是对这些价值理想的坚定信任，是一种深信不疑的心理状态。价值信仰不仅是一种对自己的价值理念的认可与肯定，更是一种情感上的皈依，是一种真诚的信仰，是一种人生终极价值的体现，表现了主体的最高价值追求。在现代社会中，人们对于各种不同的理想和信念都持有不同程度的信仰。这种信仰可以是对于个人成功的追求，也可以是对于社会公平正义的坚守。无论是对于个人生活还是社会发展，人们对于某种理想的信仰往往会成为他们行动的动力和坚持的理由。价值信仰的力量在于它能够激励人们不断前行，为自己和他人创造更美好的未来。因此，价值信仰一直在人们的生活中起着非常重要的作用，它不仅是精神的支撑，更是行动的指引。

（5）价值观的特性

①价值观的时代性。人类社会生活是具体的、现实的，是特定时期的，它所体现的价值观念也必然带有明显的时代性。这是时代的特殊反映，是对某一时期人民需求和利益的反映，是对时代的价值原则、准则和追求的反映，是对具体时代精神的反映。社会如何，价值观就如何。没有抽象的、超越历史的、固定的价值观念，当社会结构发生重大历史性变化时，人们的思维方式也会随之改变，因此对应的价值观也会随之变化。这种变化并非一蹴而就，而是在社会发展和历史变革的推动下逐渐形成的。价值观的变化反映了人们对于社会现实的认知和理解，也代表了社会的进步和发展。因此，我们应该以开放的心态去理解和接纳不同时代的价值

观，同时也要意识到价值观的多样性和相对性。这样才能更好地适应社会的变化，推动社会的进步和发展。

②价值观的民族性。一个民族在长期的生活和实践过程中，逐步发展出了自己的价值原则、价值准则和价值理想，并且经过了漫长岁月的积累和提炼，最终变成了这个国家的文化传统的内核与精髓。价值观念的民族性是指一个国家与其他国家之间的不同之处。这种民族性的价值观念在塑造一个国家的社会形态、政治制度、道德规范以及个体行为中起着重要的作用。它渗透于民众的日常生活之中，影响着国家的发展方向和整体发展水平。因此，了解并尊重不同国家的价值观念对于促进国际交流与合作、增进世界各国的和平与发展至关重要。

③价值观的阶级性。在一个阶层的社会里，每个人都有意识或无意识地形成相应的价值观，归根结底，都是从建立在其阶级位置上的现实关系中，在他们从事生产与交流的经济关系中，得到他们自己的价值观。因此，价值观往往具有一定的等级特征。各阶层因各自的社会身份和经济利益而具有各自的价值原则、价值准则和价值理想。这种价值观念既是为了维护统治阶级的利益，也是为了维护被统治阶级的利益。每个时期的主导价值都是统治者的价值，支配的思维仅仅是支配的物质联系在意识中的表达，仅仅是以思维的方式表达的主要的物质联系。这种思维方式导致了社会中的不平等和分歧，使得不同阶层之间的交流和理解变得困难。因此，要实现真正的社会公平与和谐，就需要重新审视和定义各个阶层的社会身份和经济利益，以及其所持有的价值观。只有通过消除阶级之间的隔阂和差异，才能建立一个更加公正和包容的社会秩序。

总之，价值观就是一个人对价值的根本观点，也就是评判价值是非的根本理念。人类的价值观念，并不是一成不变的，而是在一定程度上变化的。不同历史时期的价值取向存在根本区别，不同层级的核心价值取向也存在质的区别。此外，还有一个与价值相关的价值理念，李德顺的解读是："价值理念，也就是价值，是一个人对所有价值的信仰、理想和标准的总和。"这也是学术界比较认同的一种认识。价值观念的形成过程受到多种因素的影响，如民族文化、社会环境、个人经历等。因此，不同的人可能会对同一件事物或行为产生不同的评价和看法。这也说明了人们对于价值的认知是多元化的，不同的文化、宗教、教育背景都会对个体的价值观念产生深远影响。因此，要理解一个人的行为和选择，就需要从他们的价值观念出发，而不是简单地用自己的标准去评判。价值观念的多样性也对人们之间的相互理解和尊重提出了更高的要求。在当今多元文化的社会中，尊重和包容不同的价值观念是非常重要的，这也是构建和谐社会的基础之一。因此，对于个体来说，要不断审视和完善自己的价值观念，同时也要尊重和理解他人的多元化价值观念，这样才能更好地融入社会，实现个体与社会的和谐发展。

（6）核心价值观的含义

核心价值观是一种占主导地位和主导作用的重要思想，它是在一定时期内共同遵守的根本价值规范。在整个人类社会的发展历程中，核心价值观始终为统治阶级所推崇，而其主导力量又确保了其主导地位。这种价值观指导和评估人类的行动，通过影响和引导更多个人的价值导向和抉择，实现个人理念与团体理念的高度契合。这使得个人的行动由零散走向集中，确保了社会的价值目的能够比较平稳地达成，更好地推动社会的发展、维护社会的安定。

核心价值观的作用是多方面的，体现在人类的各种行为中，在整个社会上发挥着重要的作用，并体现在各个层面上。核心价值观是世界观中的关键要素，它构成了人自我意识的核心，是构筑个人精神家园的基石，提供了对生命价值和意义的解释。它指导并规范着个人的行为实践以及社会生活的方方面面，对一个国家的团结精神和创新能力产生着直接且持久的影响。它的作用主要体现在以下三个方面：

①导向功能。核心价值是展现和期待价值存在和价值关系的应然状态，对人的行为起着导向和指引的功能。目的性是根植于人类行为中的基本特性，无论是在实践还是认知的过程中，人类总是需要面对"应该做什么"和"应该了解什么"的追问。在纷繁复杂的社会现象之中，核心价值观提供了价值理想和目标，为人们在价值选择和行动方向上提供了指引。社会借助主导价值观，不但为自己指明了人生的终极价值追求，还对社会的生存与发展起着导向作用，同时也对个人的价值导向起着导引作用。

②规范功能。核心价值观规范着个体的行为，调节着个体间的关系，维持着一种有序状态。在一个有秩序的社会中，人们必须有自我约束和社会制约。核心价值观构成了个体的思想框架，个体借此来评价事物的是非曲直，并据此判断自身行为的适宜性，从而在内心深处对自己的行为进行约束和调整。同时，社会通过其主流的核心价值观向人们指明行为的界

限，告诉人们哪些行为是被允许、鼓励或要求的，同样也明确了哪些行为是被禁止的，从而为人类行为提供了规范、准则和模式。此外，社会还利用这些主导价值观来直接调节权力与责任等人际关系，抑制交流中可能出现的武断和机会主义行为，预防和解决个人之间、个人与集体以及社会层面上的冲突和矛盾。

③凝聚功能。在社会中，核心价值观念是人们对社会身份的重要组成部分，是维系社会、群体和组织的纽带。人是一种社会性的东西，而社群则是人的生存与行为方式。社区的创建、维系和发挥作用取决于社区内部各成员的核心价值取向是否和谐统一。每个社区都有其独有的核心价值，这些价值创造了一种气氛和一种能量，并通过各种途径将其转化为社区成员自身的核心价值。通过这个共有的核心价值体系，一个社区可以为自己的生存提供合理性和正当性，同时也可以用共同的核心价值体系来对其内部的成员进行塑形和凝聚，将社区内的所有成员都凝聚起来，从而创造出一种感召力和凝聚力。尤其是在宗族观念、宗教观念、民族观念、阶级观念等特定形态下，凝聚作用更为明显。正是因为我们共享一套核心价值体系，每个人心中才有了共同的价值追求和行为准则，这使得他们在关乎自身长远和根本利益的问题上，能够拥有相同的目的和追求。基于这种价值的共识，人们得以凝聚成一股强大的向心力。

2. 社会主义核心价值观的内容与支撑体系

（1）社会主义核心价值观的内容

社会主义核心价值观是社会主义的主要思想，是由社会主义国家构建的，在整个社会、文化等方面具有支配和引导作用的价值理念和行动准则，是社会主义思想的根本表现，也是我们整个民族团结奋斗的重要思想基础。

社会主义核心价值观主要体现在国家层面、社会层面和公民个人层面。社会主义核心价值观的基本构成内容为：富强、民主、文明、和谐，自由、平等、公正、法治，爱国、敬业、诚信、友善。这短短24个字，囊括国家、社会、公民个人三个层面，也体现了当前我国民众的"最大公约数"，具有深厚的传统底蕴和明显的时代性，符合历史和实践，贴近民情，顺应民意，具有广泛的感召力，凝聚力和引导力。

①国家层面。我国社会主义初期的发展目标是"富强、民主、文明、和谐"，这是我国从国家层面确立的社会主义核心价值观。对现代中国来

说，实现国富民强、人民幸福、国家振兴与现代中国人民追求国家振兴的共识是一致的，是汇聚了千千万万中国人民的聪明才智和力量的伟大理想。

②社会层面。"自由、平等、公正、法治"体现了社会主义核心价值观在价值导向上的规定，是立足社会层面提出的要求，反映了社会主义社会的基本属性，始终是我们党和国家奉行的核心价值理念。我们党是马克思主义政党，马克思主义追求的终极目标是人的自由和全面发展，我们党从成立之初就将其写在自己的旗帜上，并为之不懈奋斗，在实践中极大地发展了人民的自由和平等，极大地发展了社会的公正和法治。

③公民个人层面。"爱国、敬业、诚信、友善"体现了社会主义核心价值观在道德准则上的规定，是立足公民个人层面提出的要求，体现了社会主义价值追求和公民道德行为的本质属性。

社会主义核心价值观的三个层面存在密不可分的关系，它们相互支持、相互渗透，共同构成一套价值观。"富强、民主、文明、和谐"是中华民族伟大复兴的重要价值观，也是现代中国发展的重要价值观，更是我国社会主义核心价值体系培养与实践的重要内容。一个民族的文明程度往往决定着一个社会的文明程度、一个个体的文明程度。一个民族的富强、民主、和谐，是一个社会的安定，也是一个人的快乐和自由的最主要保证。在这个世界上，人民安居乐业，社会和谐，人类的美好和善良就能得到最大限度的发挥；反之，如果失去了正义，那么社会将陷入混乱，人民生活困苦，社会分崩离析，冲突频发，人性中的恶劣和黑暗面也将彻底暴露。因此，中国的传统政治文化强调遵循正义之道，强调道德的重要性，这样才能够实现国家的长治久安，赢得人民的信任和支持，确保社会的稳定。从民族层面来看，一个民族的价值观念能够遵循正义、人道和民意的道路，是至关重要的。对于现代中国而言，国家追求的是富强、民主、文明与和谐，这些目标正是正义之道的体现，只有坚持这样的道路，才能够赢得民心。

在社会层面上，自由、平等、公正和法治是维系社会秩序、提升民众福祉、保护公民权利和建立和谐社会的根本价值准则，它们是社会正义的直接体现，也是培育社会主义核心价值观的关键层面。实现社会的长期稳定、团结与和谐，对于一个拥有亿万人民的国家来说，是一项极具挑战性的任务。在这种情况下，我们必须识别并顺应社会发展的趋势和人民的期望，坚定地维护社会主义的核心价值观。我们应该将建立自由、平等、公正和法治的社会关系和社会秩序作为我们的主要目标。这是解决现实问题、构建理想社会的必要途径。例如，面对严重的贫富差距问题，我们要坚持社会主义核心价值观，从公平正义的角度出发，公正地分配社会资源。特别是要通过完善法治、限制权力、规范市场，防止权力和金钱交易导致的腐败行为，确保广大人民能够公平地分享到改革开放和发展的成果，从而真正体现社会主义的本质。社会既是政府与个人联系的纽带，又是实施民族意愿的特定方式，还是个体生命活动的特定领域。一个民族的富强、民主、文明、和谐，都离不开社会层次上的价值观念的支撑。个人的价值观念也通过社会生活、市场交易得到了反映，将自由、平等、公正和法治贯彻到社会生活中，可以对每个人的价值观念进行导向和培育。加强社会建设、培育社会价值取向，是构建和谐社会、建设民主国家、培育文明公民的关键一环。

在个人层面上，弘扬爱国、敬业、诚信、友善的价值观对于培育和实践社会主义核心价值观具有重要意义。一个社会的价值观念，归根结底要靠许多个人的认可和实践来表现，而每个时期的道德教育最后都要落实到个人的头上，以培育出被社会所要求和提倡的公民。在现实生活中，我们已经意识到，大众的认同、接受和践行并不能通过强迫的方式来完成。儒家和道家都提倡通过学习、开悟，逐步认识真理，自觉实践，从而达到"内化于心，外化于行"的目的。《大学》中说："自天子以至于庶人，壹是皆以修身为本。"柏拉图致力于培育"哲学王"，而孔子则致力于培育具有崇高品德的"君子"和"圣贤"，从而达到"天下为公""天下大同"的目标。实践表明，个体的品德素养对整个社会的发展过程有着深远的影响。总而言之，强化个体层次上的价值建构，是建立社会与民族价值体系的基石。

（2）社会主义核心价值观的支撑体系

第一，社会共识的支持。在我国，社会主义核心价值观通过大众传媒、文化活动等多种渠道得到广泛传播，逐渐融入人们的日常生活。从街头巷尾的公益广告，到社区组织的志愿服务活动，它不断渗透进社会的各个角落，成为民众在面对道德抉择、行为判断时的内在指引，在全社会形成广泛而深厚的心理认同，进而凝聚起强大的精神合力，成为全民自觉遵循的价值准则并形成社会的普遍共识。

第二，国家层面的支持。国家将社会主义核心价值观置于重要战略位置，从顶层设计出发，通过各种方式强化其引领作用。国家将社会主义核心价值观视为推动社会进步和发展的重要精神力量。为了强化其引领作用，国家制定了一系列政策和措施。这些政策和措施旨在将社会主义核心价值观内化为人们的精神追求，外化为人们的自觉行动。在国家重大庆典和重要外交场合，社会主义核心价值观的彰显尤为突出。这些场合不仅是展示国家形象和实力的重要平台，也是传播和弘扬社会主义核心价值观的重要契机。同时，国家通过立法、教育等手段，将核心价值观融入国家治理体系，保障其在国家发展进程中的基础性地位，成为国家长治久安、繁荣昌盛的精神基石。

第三，经济基础的支持。社会主义市场经济体制在推动经济发展的同时，为核心价值观提供了坚实的物质基础和实践土壤。社会主义市场经济体制下的经济政策导向，如共享发展成果、缩小贫富差距等，更是公平、公正等价值理念的生动实践。这些经济政策不仅有助于缓解社会矛盾，促进社会的和谐稳定，还能让人们在经济活动中真切感受到核心价值观带来的福祉。通过共享发展成果，人们能够享受到经济发展的红利，提高自身的生活水平；而缩小贫富差距则有助于实现社会的公平正义，增强社会的凝聚力和向心力。

第四，理论支撑。建构社会主义核心价值观，理论研究和理论创新是前提。特别是马克思主义理论为社会主义核心价值观的构建与阐释奠定了坚实的理论根基，使我们能够正确认识和理解世界的本质和规律，为社会主义核心价值观提供了科学的世界观。因此，在理论方面我们应以马克思主义理论研究与建设工程为龙头，深入进行理论研究和理论创新，并不断吸收中华优秀传统文化和世界优秀文明成果的养分，形成具有中国特色的价值体系，以与时俱进的理论品质回应时代发展的新要求。

二、口商精神的当代商业伦理价值

在中国漫长的历史进程中，商业一直处于中心地位。从秦汉到明清，以"四大商帮"为代表的商业群体始终活跃在中国商业舞台上。作为一个近代的商人群体，张家口商人以其特有的商业精神和经营理念，不仅在国内市场上取得了辉煌的成就，而且在国外市场也享有很高的声誉。他们在长期的经商实践中，逐渐形成了以诚信为本、商道为先、和气生财、义利兼顾、恪守商德等一系列鲜明的商业伦理观念。张家口商人的商业精神和经营理念在中国商业史上留下了深刻的烙印，对后世的商业发展产生了重要影响。他们注重诚信经营，以诚信为本，不仅在国内市场上树立了良好的商业信誉，也赢得了国外客商的信任。同时，张家口商人注重商道，坚持以商道为先，注重商业道德和规范，不做虚假宣传和欺骗消费者的行为。他们还强调和气生财，认为只有和气生财，才能赢得长久的商业发展。在他们的经商实践中，义利兼顾，注重商业利益的同时也注重社会责任和义务。张家口商人的商业伦理观念，为中国商业文化的传承和发展做出了重要贡献。

整个口商精神价值体系，受到中国传统文化的影响最为深刻，尤其是儒家文化、道家文化等中国传统文化的影响，已深深刻入张家口商人的骨髓。在春秋战国时代，独特的政治、经济和文化环境孕育了诸子百家的繁荣，造就了一幅思想百花齐放、学术流派竞相争鸣的历史图景。在这一时期，儒家思想凭借其深厚的地域文化根基和生活实践的底蕴，逐渐崭露头角。经历长时间的演进、积累和筛选，儒家思想最终成为中国最具影响力的思想文化体系。

儒家思想不仅深刻塑造了统治阶层的行为准则，也对中国商人的行为模式产生了重要影响，衍生出了一套融合儒家哲学和中国传统文化的经济伦理观念。这些观念历经千年，指导着中国商人在国内外经济舞台上扮演关键角色，不断吸收和融合全球经济管理的智慧，孕育出众多商业领袖和在传统文化经济伦理思想熏陶下经济快速增长的地区。面对 21 世纪市场经济的不断发展，我们有理由相信，具有地域特色的口商精神的商业伦理思想，直到现在仍然有研究、发展和运用的巨大价值。

商业伦理思想构成了口商精神的丰富内涵，并形成了一个连贯的体系。商业伦理可以被理解为一套基本的道德准则，它们是指导人们在商业活动中应当如何行动的伦理道德原则。口商精神的伦理思想不是一般的经济伦理道德，而是一定历史背景、文化渊源和思想碰撞后所产生的具有地域特色、根本原则、核心和精髓的伦理价值；它是具有中国传统的哲学内涵，是张家口地域商业伦理道德形成的原理和依据，是张家口区域乃至整个冀北区域经商人们认同和内化法律法规的道德基础。口商精神的商业伦理思想的出发点是诚实守信，归宿点是家国情怀（亦即现代意义的富民强国），价值尺度是崇德尚义（见图 4-1）。

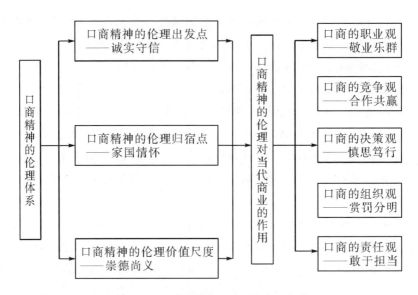

图 4-1　口商精神的伦理与商业经营观

1. 口商精神的伦理出发点——诚实守信

儒家的"仁"，以仁爱、诚实为出发点。战国时期商祖之一白圭，就称经济为"仁术"。《礼记·大学》曰："仁者以财发身，不仁者以身发财"。以仁爱精神经商，是儒商的传统。晚明闽商李晋德撰写的《商贾一览醒迷》要求商人应"本心仁厚"。歙商胡山经常耳提面命其子孙曰："吾有生以来惟膺天理二字，五常万善莫不由之"（《大泌山房集》）。要求子孙按仁义天理经商做人。清休宁商人吴鹏翔在汉口买了八百斛胡椒，验货时发觉这批胡椒有毒，原主唯恐败露真相，央求退货还钱。可是，吴鹏翔为了防止原主又将有毒胡椒转卖给别人，竟将这批胡椒全数买下后销毁，宁愿自己蒙受巨大损失，也不使消费者受害。

在当代市场经济中，我们仍然需要强调企业和企业家遵循"仁爱"和"诚信"的伦理原则。现代的商品经济和市场经济涉及参与者（买家和卖家）、资本（货币）以及商品的动态互动，而人是这一切活动的核心。因此，我们应该尊重并理解人的价值观，认识到人是经济活动的核心，也是诚信经营的核心。只有那些以诚信为基础的商业实践，才能被认为是符合道德标准的商业行为。

因此，信用是商业活动的基本准则。商业的发展离不开信用。信誉是商业发展的基础，只有以诚信为本，才能获得别人的信赖，进而发展自己，壮大自己。张家口商人在长期的经营实践中，非常注重自己的信用，坚持以诚待人，信守诺言。他们认为"人无信不立""人无信不兴""信誉是经商之本"。他们常说："诚信是经商之本，诚心诚意做买卖""诚实是经商之本，信实是经商之本"。他们认为，"君子一言，驷马难追""言必信，行必果"。他们认为只有这样才能赢得顾客的信赖和尊重。他们坚信，信用是他们在商业竞争中立于不败之地的关键。因此，无论是对待客户还是对待合作伙伴，他们始终秉持诚信原则，以信誉取信，以信用立身。他们深知，信用的积累需要时间和耐心，但一旦建立起来，将成为无形的财富，为他们的事业保驾护航。因此，他们愿意付出更多的努力和时间，来维护和提升自己的信用，因为他们深信，信用是他们事业成功的基石。

恪守商德也是张家口商人在长期的经营实践中逐渐形成的一种经营理念。他们认为，每一个商人都要有强烈的社会责任感和历史使命意识，要以国家和民族利益为重，只有这样才能有长远的发展。张家口商人深知只有恪守商德，才能赢得社会的信任和尊重，才能在激烈的市场竞争中立于不败之地。因此，他们在经营中始终秉持诚信经营、服务社会的宗旨，努力做到诚实守信、言行一致，以此树立良好的商业信誉。他们还注重扶持当地经济发展，回馈社会，积极参与公益事业，体现出了张家口商人的社会责任感和使命意识。这种恪守商德的经营理念不仅带动了张家口商业的繁荣发展，也为其他地区的商人树立了良好的榜样。

2. 口商精神的伦理归宿点——家国情怀

在中国儒家文化中有仁政，其目的是"治国平天下"，这句话成为无数人怀有的一种家国情怀，其实质就是实现富民强国。这也正是口商的独特之处，口商大部分从事跨国、跨境贸易，在那个年代口商心中都有家国情怀，这正是口商精神的商业伦理的归宿点。将经济的目标仅仅视为财富的增长是一种肤浅的看法；而将经济的目标仅仅看作是个人财富的积累则显得自私。在商业运作中，口商能够以崇高的理想——"治国平天下"为指导原则，追求的不仅是商业的成功，而是希望能够实现惠及民众而不造成负担，将财富分散于民间，实现财富的均衡分配，开发新的经济资源，以期达到国家富强和民众富裕的目标。

口商将"经济"理解为一种旨在"经世济民"的事业，其终极目标是通过商业活动实现国家富强、民众富裕。他们追求的不仅是个人或企业的财富积累，而是更高层次的社会责任——通过商业成功来促进国家的繁荣和人民的福祉。孔子对管仲的评价超越了普通观点，他赞扬管仲辅佐齐桓公成就霸业，统一了天下，使民众至今受益，认为这是真正的"仁"。历代深受儒学影响的官员和商人都将国家和民众的利益放在首位，致力于推动生产发展、改善民生、强化法治、净化民风，并严惩腐败。历史上的商人范蠡就是一个典型的例子，他不仅追求财富，还注重行善积德，主张"施民所喜，去民所恶"。子贡也以"博施于民而能济众"著称。明朝李晋德的《商人之歌》提出经商的目的是"济人利物"，强调商业活动应以利民为本。到了近代，张家口商人的商业伦理已经具体化为关注民生、兴办实业、推动现代化的经济目标和措施。即使在现代市场经济条件下，口商精神的商业伦理仍然具有重要的指导意义。从国家宏观经济的角度来看，"富民"是社会发展的根本目标。我国自改革开放以来实行的"富民"政策，不仅使人民生活富裕，也使国家变得更加强大。从企业微观经济的层面来看，企业也应该致力于利民惠民，与民众共享利益。

3. 口商精神的伦理价值尺度——崇德尚义

价值是反映客体对主体有用性的哲学范畴，价值这个普遍性的概念是从人们对待满足他们的外界物的关系中产生的。根据张岱年先生的研究，"价值"是近代出现的名词，在古代中国与价值意义相当的词就是"贵"。价值判断的核心在于如何平衡道义与利益的关系。儒家主张，即使追求财富，也应遵循道德原则。只有通过正当途径获得的财富，才能体现真正的尊贵，实现不仅是经济利益的追求者，同时也是道德和社会价值的承担者。

儒家经济伦理中关于获取财富的"道"涵盖了以下几点："追求正义的利益""不义之财对我如浮云""唯利是图会招致怨恨""天下为公""兼济天下"。"追求正义的利益"要求商业行为中既要考虑利润，也要考虑道义，只有符合道义的利益才是可取的。这正是"君子爱财，取之有道"的体现，强调在仁爱和正义中寻求利益。儒家思想明确区分了道义和财富，坚决反对唯利是图的拜金主义，树立了儒商特有的价值观。同时，儒家也承认追求财富的合理性，孔子认为追求财富是人的天性，但这种追求必须建立在道德的基础之上。

人类追求财富的欲望在某种程度上说是社会进步的原动力。因此，在当今商业界，经商者正当谋利是无可厚非的。正当地谋利，就包含了

"义"。以义取利、是非分明、童叟无欺是儒商的传统美德，也是儒家经济伦理的价值观之一。"不义而富且贵，于我如浮云"，这句话强调了对于不正当手段获得的财富的拒绝。孔子提倡的是"君子追求道德而不是追求物质享受""关心道德而不是担心贫穷""一个真正的学者专注于道德，而不是因为贫穷而感到羞耻"。这些教导表明，古人更加重视道德的追求，而不是对财富的贪婪。当面对道德和财富的选择时，儒家认为应当放弃财富，坚守道德，这是儒家经济伦理的核心。

"放于利而行，多怨"是孔子对其弟子的告诫，其中饱含深意。这句话深刻地表明，虽然利益是社会进步的一个动力，但是过分追求利益会导致社会的不稳定和人们的不满。荀子进一步阐述了这一点，他指出，如果人们只是顺应自己的本性去追求利益，那么社会将充满争斗和混乱，最终导致社会的动荡。因此，必须通过教育和道德规范来引导人们的行为，使他们能够遵循礼义，从而实现社会的和谐与秩序。

"以义为利"是张家口商人在经商过程中形成的一个重要的商业伦理观念，其具体表现为：以义制利、与人为善、以义取利、取义求利等。在张家口商人看来，只要是正当的利益，就要千方百计去争取；只要是合理的利益，就要想方设法去争取。他们认为，"天下熙熙皆为利来，天下攘攘皆为利往"。商人必须遵循"趋利避害"的原则，以"义"来约束自己的行为。在他们看来，经商最重要的是要"取之有道"。因为商人通过合法经营活动而获取利润，才能保证社会正常的经济秩序和经济发展；而只有在不违背道义、不违反法律、不违背良心的情况下赚取利润，才能得到社会的尊重和支持。商人重利是社会所容许的，但是重利是要以义为前提条件。因为在"义"的范围内追求"利"才是符合社会道德规范和法律规定的。他们认为"义"是在"利"之上的一个层次，如果不能同时兼顾义和利两个方面，就谈不上"义利"。在张家口商人的观念中，以义为利并不是一种单纯的利益最大化行为，而是一种在道德和法律范围内的利益追求。他们认为，商人应该在追求利润的同时，注重社会责任和道德规范，以此来维护商业的良好形象和社会的和谐稳定。因此，以义为利不仅是一种商业伦理观念，更是一种社会责任和道德担当的体现。

口商精神的伦理价值尺度为口商的经济行为提供了衡量标准，为口商提供了先进的价值观念，也为地方高校人才培养工程指明了发展的方向。

三、口商精神与社会主义核心价值观的关系

上文中我们对口商的文化及其固有的精神、伦理和价值取向等进行了详细阐述，我们阐述口商文化和精神的凝练和传承具有一定历史积淀和社会发展的必然性。口商精神是张家口一代代商人在此生存发展的价值取向，而这种价值取向也势必与社会价值观所融合或保持一致。

从中共十六届六中全会首次提出"构建社会主义核心价值体系"的战略设想，到党的十八大首次正式确立"三个倡导"，历时六年。2014 年 12 月 23 日，中共中央办公厅发布的《关于培育和践行社会主义核心价值观的意见》对国家、社会、公民三个层次进行了界定，并在此基础上，构建了符合当前我国民众"最大公约数"的社会主义核心价值观，也就是在国家层面上"富强、民主、文明、和谐"，社会层面上"自由、平等、公平、法治"，公民个人层面上"爱国、敬业、诚信、友善"，这 24 个字组成了社会主义核心价值观的根本内涵。在建立了社会主义核心价值体系以后，作为区域特征的口商精神与社会主义核心价值观之间，又是一种什么样的关系？我们对此作了如下的分析与论述：

（1）社会学角度来看，符号互动论、功能分析论、冲突论是社会语言学中的三大基本理论。无论是何种区域文化的学说，都有一个根本的道理，即文化的发展依赖于社会的作用。中国的区域文化特性在与整体的社会发展相互作用的过程中，一方面吸收着来自外部的冲击，另一方面又将自身的影响力输出到这个世界。这说明本土文化在受到一定的社会背景的作用后，以自身特有的形式对其产生作用。

（2）从系统论的角度来看，系统主要研究事物的整体形态、结构和规律。地域特有的地域文化既是一个复合的、开放的体系，也是整个社会大体系的一个组成部分，同时又是一个相对独立的体系。系统具有整体性、目的性、层次性、关联动态性以及对环境自适应等特点。特别是地方商业文化，由于其相对封闭的性质，必然需要与整个大体系进行能量交流，既要保证自身体系的独立性，又要从大体系中获取更多的资源和认同。这就要求本土文化的发展要与其所处的大环境相协调，并与整个大体系形成良好的相互作用。有些价值观念与社会的核心价值相违背，这是难以想象的，更无法在历史进程中得以保存与继承。

（3）从文化理论层面来看，地域文化被视为一种亚文化，即母体文化

的子文化。母体文化由多个亚文化构成，这些亚文化受到母体文化的约束，同时也对母体文化产生影响。对于地域文化来说，作为一个开放的体系，它必然会受到整个社会文化的影响。社会主义核心价值体系是整个社会文化的核心，因此，地域亚文化首先需要接纳这一价值体系，并将其视为自身的核心，然后再将自身的特色文化融入其中，这样才能更容易被认同和推广，从而创造出丰富多彩的文化认同。

从这三个层面来看，其一，我国的社会主义核心价值体系是区域文化价值的主流。其二，区域文化的价值取向，与我国的核心价值取向保持高度的统一。由于口商精神的内在特性，其实质上是一种商业文化，其最突出的价值定位就是其经济价值。它并不是一个完整的社会主义核心价值观的压缩版本，而是经过了漫长的时间才得到承认和继承。在当前我国的社会主义市场经济体制下，口商的价值观和精神在一定程度上体现了社会主义核心价值观，并对后者产生了积极的影响，它们也是构成社会主义核心价值观的关键要素之一。由此可见，口商文化价值观在当今社会中扮演着重要的角色。它既反映了社会主义核心价值观的一部分，又融合了地域文化的特点，形成了独特的商业文化特色。在社会主义市场经济环境中，口商文化价值观的地域影响力在不断扩大，为培育社会主义核心价值观提供了历史滋养。因此，我们应该充分认识和重视口商文化和精神的重要意义，加强对其的研究和传承，使之更好地为社会主义核心价值观的建设和发展服务。

然而，具有地域特色的口商精神价值观是否能够完全与社会主义核心价值观相契合呢？这毫无疑问，国家和社会层面的核心价值观对传承和发扬口商精神及其价值观起到了关键的指导和激励作用，为口商精神和价值观的发展提供了重要的价值方向和动力源泉。但影响最直接、契合度最高的还是在公民个人层面，即"爱国、敬业、诚信、友善"；其次是社会层面，即"自由、平等、公平、法治"。

口商文化和其精神作为地域文化特征，既受到社会主义核心价值观的影响，也在一定程度上影响着社会主义核心价值观的传播和实践。口商所传承的传统文化、价值观念和生活方式，与社会主义核心价值体系中的集体主义、奉献精神、社会公平等理念相互融合，形成了一种共同体验和认同感。这种联系不仅促进了张家口地域居民对社会主义核心价值观的理解和接受，同时也为社会主义核心价值观的传播提供了具体的实践基础和生动的示范。因此，口商文化和其精神与社会主义核心价值观之间的联系是一种相互促进、相互影响的关系，有利于社会主义核心价值观在张家口地域的深入传播和落地实施。

▶第二节 口商精神与社会主义核心价值观的契合

一、口商精神与社会主义核心价值观的逻辑契合

党的二十大报告强调"弘扬以伟大建党精神为源头的中国共产党人精神谱系，用好红色资源，深入开展社会主义核心价值观宣传教育，深化爱国主义、集体主义、社会主义教育，着力培养担当民族复兴大任的时代新人。"[①] 口商精神作为张家口地域特色文化的重要组成部分，是经历近三百年之久的发展、积淀和传承，是张家口地域文化的宝贵精神财富。在当前新时代的经济社会发展中，追求高质量的发展，我们必须以社会主义核心价值观为导向，并利用各地文化的独特价值资源，共同推动社会主义现代化国家的建设，最终凝聚成实现中华民族伟大复兴的强大精神动力。因此，将具有地域特色的口商精神与社会主义核心价值观相结合进行研究，探讨它们之间的逻辑联系，具有重要的理论和现实意义。

社会主义核心价值观是当代中国精神的核心，反映了全体人民的共同价值追求和信仰，展现了社会主义意识形态的凝聚力和引领力。口商精神则是当代中国张家口地域文化精神的典型代表，它包含了张家口人民近三百年来的奋斗历程和自强不息的商业奇迹，体现了该地区人民深厚的道德观念和人文关怀。因此，两者在内涵、实践要求和价值取向上存在着内在的一致性和连续性。

1. 从内涵要素的维度来看，二者同质同向

党的十八大报告提出，富强、民主、文明、和谐，自由、平等、公正、法治，爱国、敬业、诚信、友善，从三个层面规定了国家、社会、公

---

① 习近平：《高举中国特色社会主义伟大旗帜 为全面建设社会主义现代化国家而团结奋斗》，北京：人民出版社，2022年第44页。

民个人的价值目标、价值追求和价值准则。2013 年 12 月，中共中央办公厅《关于培育和践行社会主义核心价值观的意见》明确指出"社会主义核心价值观是社会主义核心价值体系的内核，体现社会主义核心价值体系的根本性质和基本特征，反映社会主义核心价值体系的丰富内涵和实践要求，是社会主义核心价值体系的高度凝练和集中表达。"① 社会主义核心价值观三个层面的提倡，以及构成社会主义核心价值体系的四个方面的内容，都反映了马克思主义理论的科学指导原则和社会主义文化的先进发展方向。它们融合了以爱国主义为核心的民族精神和以改革创新为核心的时代精神及社会发展的动力，揭示了社会主义核心价值观的深刻内涵和其在实践中的作用。

当前，经济全球化的趋势不可逆转，尤其是在我国共建"一带一路"倡议提出之后，引起了相关国家、地区乃至全世界的高度关注和强烈共鸣。张家口曾经见证了近三百年来张库商道的兴盛，它以此为纽带促进了中外贸易往来和文化交流。今天，"一带一路"建设和张库商道所带来的历史机遇，就是在新时代下继续弘扬张库商道精神，把丝绸之路经济带建设得更加繁荣。

在这种情况下，我们要深入挖掘口商精神中的"爱国、诚信、创新、和合、敬业、自律精神"，正确处理好各民族之间的关系。这种精神是我们共同的宝贵财富，体现了张家口人民深厚的爱国主义、集体主义、敢于担当、自强不息的精神风貌以及优良的道德规范和行为准则，也是推动民族团结和社会和谐发展的重要力量。正是在这样一种和谐理念下口商精神促使了新时代新起点的"张库商道"，让张家口经济社会发展达到一个新的高度。

因此，在这个新的历史时期，我们需要以更加开放的心态推动"一带一路"建设，进一步加强共建国家之间的合作，促进经济繁荣和文化交流。张库商道所蕴含的口商精神将继续激励我们，引领我们走向更加光明的未来。

2. 从生成和发展的维度来看，二者同源同流

探究口商精神的起源，可以发现其根植于中华优秀传统文化之中，这些文化基因包括仁、义、忠、孝等传统美德。张家口地区的人民在过去三

---

① 《关于培育和践行社会主义核心价值观的意见》，《人民日报》，2013 年 12 月 24 日。

百年中深受这些文化传统的影响，形成了具有地域特色的文化，并在此基础上孕育出口商精神。随着时间的推移，马克思主义的普及为晋察冀地区的传统文化注入了新的活力，同时也为口商精神的形成和发展奠定了坚实的思想和文化基础。从口商精神生成发展的过程来看，口商精神诞生于数百年前的北方丝绸之路的古商道，数百年来对我国中原和西北地区经济、文化、社会等方面产生了积极影响，促进了民族之间的交流与融合，对今天中国经济和社会发展有着深远影响。张库商道是一条具有重要历史意义的文化大道，是民族融合和交流的文化纽带，不仅是一条商贸通道，更是一条民族融合之路、民族团结之路。口商精神体现了中华民族勤劳、勇敢、诚信、吃苦耐劳的传统美德，具有鲜明的民族特色，是我们民族精神和传统文化的重要组成部分。在市场经济高度发展的今天，张家口商人的精神仍然具有重要意义。我们相信，随着口商精神的传承和发展，必将会对张家口乃至中国经济建设产生重大而深远的影响。

新中国成立之后，张家口地区的人民一直坚持自力更生、艰苦奋斗，这种精神不断丰富着他们独特的地域文化和口商精神。社会主义核心价值观的形成，是中国共产党在领导国家革命、建设、改革的过程中，结合中国的社会主义现代化建设实践，并与中国的实际情况和中华优秀传统文化相结合，吸收世界其他民族文明的有益成果，总结改革开放以来社会主义精神文明建设的成功经验，深化了对社会主义本质和建设方法的价值认识，并提出了社会主义核心价值观。

从两者的形成历史来看，口商精神和社会主义核心价值观都植根于中华优秀传统文化之中，是在中国共产党领导下，中国人民在改造世界的过程中形成的重要思想成果。它们都在吸收中华优秀传统文化的智慧和道德规范的同时，不断创新和发展。因此，口商精神和社会主义核心价值观都具有与时代同步的社会现实性和开放性，共享着相似的起源和特征。

3. 从人的价值取向来看，二者相向而行

口商精神是张家口商人在经营活动中创造的一系列精神价值取向，包括诚实守信、开拓进取、合作共赢、重商敬业、家国情怀。这些精神价值取向不仅体现了张家口商人的个体品质，也彰显了他们作为群体的社会责任感和使命感。

一方面，口商所坚持的这些精神价值取向，不仅是在经济活动中的一种行为准则，也是张家口人民在长期实践过程中的精神结晶，更是一种文化传承和社会责任的体现。他们以诚信经营和诚实守信为核心，不断追求卓越，勇于创新，以此来推动商业发展，同时也回馈社会，服务社会。这种价值观念的传承和践行，将不断激励着更多的人们投身于商业活动中，为社会进步和发展贡献力量。另一方面，张家口地处多民族文化交融点，人们为了改变自身命运，追求卓越、勇于创新，并在为社会发展做出更大的贡献过程中迸发出空前的精神主动性和文化创造性。尤其在经济全球化的今天，张家口商人所倡导的精神价值也将对中国乃至世界经济产生积极的影响。张家口商人所倡导的精神价值，将在全球化的经济环境中发挥重要作用，为促进商业合作、增进国与国之间的相互理解与尊重，以及构建和谐稳定的商业环境做出积极贡献。张家口商人的这些精神价值所体现的社会责任感和使命感，将在全球范围内产生深远的影响，为构建一个更加和谐繁荣的商业环境做出更大的努力和贡献。因此，张家口人民群众是物质文明的创造者，也是口商精神的创造者，口商精神的生成发展体现了规律性与目的性的有机统一。

社会主义核心价值观的核心特征在于其人民性。首先，社会主义核心价值观将人的自由和全面发展视为最高的价值追求，其根本目的是为广大人民的根本利益服务。正如马克思在《共产党宣言》中所描述的，未来社会的构建将基于每个人的自由发展是所有人自由发展的条件。其次，社会主义核心价值观根植于人民群众的社会实践之中，是改革开放以来人民群众在思想文化领域创造的一系列基本经验和理论成果的总结、提炼和升华。最后，人民是社会主义国家的主人翁，满足人民对更美好精神文化生活的需求是社会主义核心价值观在新时代的最终目标。

因此，无论是口商精神还是社会主义核心价值观，它们都可以视为中华优秀传统文化的延续，并与之相呼应。这也是口商精神与社会主义核心价值观相契合的重要原因，体现了以爱国主义为核心，坚持实事求是的价值立场。在新的历史条件下，我们需要进一步将口商精神的弘扬与社会主义核心价值观的实践相结合，融入经济发展、社会进步和个人成长的进程中，为实现中华民族伟大复兴的中国梦提供丰富的精神动力。

4. 从实践的维度来看，二者相辅相成

口商精神是其经济实践活动中创造的一系列独有的精神价值，这些价值对今天的社会发展也有着重要的启示作用，我们应该认真加以研究和借鉴。口商精神作为地域经济发展的思想观念，一旦产生便被自觉运用到社会实践中，发挥了既改造主观世界又改造客观世界的重要作用。

一方面，张家口地域的人民持续继承并实践口商精神，并利用马克思主义在中国的具体化成果来提升自己的思想认识，增强政治意识和思想觉悟，建立起正确的世界观、人生观和价值观。他们追求积极向上、忠诚和敬业的精神，培养了一代又一代为中华民族伟大复兴而努力的奋斗者。另一方面，口商精神成为推动张家口经济发展创造精神价值。它不仅对张家口地域乃至"一带一路"沿线国家和地区的经济社会起到了精神支柱的作用，还起到了引领方向和提供动力的作用。口商精神既激发了人们的创新精神和进取心，又引导人们遵守规则、自律奉献。

这些价值观的重要性还在于它们不仅是张家口商人个体行为的体现，更是一种深深植根于当地商业文化中的精神传统。这种传统已经成为当地商业发展的重要支撑，也为整个社会树立了良好的榜样。在当今竞争激烈的商业环境中，诚信、勤劳和创新等精神价值取向的重要性愈发凸显，它们为商业活动注入了正能量，促进了商业的健康发展。同时，社会主义核心价值观的倡导也为商业活动增添了一份人文关怀，使商业不再只是冰冷的利益交换，而是与社会、文化紧密相连的活动。因此，我们应当深入挖掘和传承这些精神价值取向，让它们成为推动社会发展的强大力量，为构建和谐、稳定的社会环境贡献力量。

"社会主义核心价值观是凝聚人心、汇聚民力的强大力量"[1]，培育和践行社会主义核心价值观是中华民族伟大复兴的"魂""魄"工程。习近平总书记在北京大学师生座谈会上指出："如果一个民族、一个国家没有共同的核心价值观，这个民族、这个国家就无法前进。"[2] 社会主义核心价值观是一种强大的凝聚力，它能够团结人心、集结人民的力量，是中华民族伟大复兴的精神基石。习近平总书记在北京大学的一次座谈会上强调，一个没有共同核心价值观的民族或国家将难以进步。社会主义核心价值观反映了社会主义国家、社会和公民的基本价值追求，代表了全国人民在当前阶段的共识，是全社会成员共同的精神支柱和行动指南，是全体人民实现中华民族伟大复兴的价值标准和目标。因此，在全面建设社会主义现代化国家的过程中，面对各种可预见和不可预见的风险和挑战，我们需要进一

---

① 习近平：《高举中国特色社会主义伟大旗帜 为全面建设社会主义现代化国家而团结奋斗》，北京：人民出版社，2022年第44页。

② 习近平：《在北京大学师生座谈会上的讲话》，《光明日报》2018年5月3日。

步弘扬和实践社会主义核心价值观，构建中华民族在全球民族之林中自立的价值共识、智慧和力量，汇聚全体人民自信、自强、团结奋斗的强大力量，推动中国式现代化全面实现中华民族伟大复兴。

总而言之，口商精神与社会主义核心价值观在中国的建设与改革开放中发挥着统一的作用，它们是实现中华民族伟大复兴的持久而强大的精神动力和行为准则。在新时代的实践中，我们需要协调推进、用心实践这些价值观。

二、口商精神与社会主义核心价值观的内在契合

张库商道是我国著名的商路，也是商业文明的核心路线。它是草原丝绸之路上的一个重要商道，也是民族融合、文化交流和经济发展的基础。口商文化及精神在张库商道上传承和发扬，并融入社会主义核心价值观，对我国经济社会发展有重要的推动作用。因此，我们要以口商精神为经商支撑，以社会主义核心价值观为引领，深入挖掘和阐发其中的有益因素，使其成为社会主义核心价值观传播的重要载体和有效途径。社会主义核心价值观对口商精神影响最直接、内在契合度最高的是在社会层面上的"自由、平等、公正、法治"和公民个人层面上的"爱国、敬业、诚信、友善"，在此基础之上，才升华到国家层面上的"富强、民主、文明、和谐"。

社会主义核心价值观体现了在社会主义制度下，国家、社会和公民个人对于现实和未来发展所持有的正确价值观和目标。它是社会主流世界观和人生观的核心表述，反映了社会主义国家、社会和公民个人对其存在和发展价值的认同。它涉及对当前国家和公民行为的意义评估，对未来目标的有效确认，主要解答了关于价值取向、理想目标、善恶判断等根本问题，是对理想状态的深层探究。具体而言，"富强、民主、文明、和谐"是国家层面对社会主义现代化国家建设目标的提炼，它在社会主义核心价值观中占据领导地位，影响并决定社会和公民的价值取向；"自由、平等、公正、法治"是社会层面对社会主义社会的思想和行为规范的概括，展现了在社会主义制度下人与人之间的关系特征；"爱国、敬业、诚信、友善"是针对公民个人的道德行为准则的总结，它涵盖了公民道德生活的各个方面，是每个公民应当遵循的行为规范，也是社会评价公民道德行为的标准。口商精神正是符合社会和公民个人层面的价值观方向和社会层面的思

想规范要求，以及公民个人层面的道德行为准则。因此二者的内在契合主要表现在以下方面：

1. 二者的内在契合是彰显当代中国社会层面之"中国特色"的基础

"自由、平等、公正、法治"是社会层面的思想规范要求，更多的是内在精神的体现。口商精神中"崇德尚义、重商敬业、诚实守信、公平竞争、合作共赢"等主张，赋予了"现代化"鲜明的"中国特色"，并作为文化内生力量构建着高度的文化自信、价值观自信。"崇商、重商、兴商"是张家口商人的优良传统，而"诚信经营、厚德载物"则是口商最大的特征。"崇商"就是崇尚商业活动，强调诚信经营；"重商"就是重视商业活动，强调经商致富；"兴商"就是重视商业活动，强调经济繁荣。张家口商人之所以能在近代中国经济大发展时期发挥重要作用，离不开张家口精神的引领和塑造。其中，"诚信经营、厚德载物"的精神传统一直在引导着张家口商人的商业活动。张家口商人始终秉持着"诚信经营、厚德载物"的理念，不仅在商业活动中赢得了良好的声誉，也为社会树立了榜样。他们注重与客户建立长久的信任关系，重视产品质量和服务态度，始终坚守诚信原则。这种精神传统不仅帮助他们在商业竞争中立于不败之地，更让他们成为社会和谐发展的重要推动力量。口商精神，将继续激励着他们不断前行，为实现经济繁荣和社会进步贡献自己的力量。

（1）崇商重商

崇商重商是张家口商人的共同价值取向。"崇商"就是崇尚商业，重视商业活动，认为"商者，天下之大本"，商人是推动社会发展的主要力量，是社会经济繁荣的基础。"重商"就是重视商业活动，强调经商致富。在张家口商人看来，商人就是要赚钱养家糊口。因此，他们非常重视商业活动，努力通过商业活动获得利润。同时，张家口商人还非常重视经商活动中的诚信原则。"诚信"就是诚实守信、恪守承诺、不欺诈。张家口商人认为，诚信不仅是个人修养的问题，而且是社会发展的重要条件。如果一个人能够恪守承诺，言行一致，那么这个人就有可能获得大家的信赖和尊重，从而得到更多的发展机会。他们在经商过程中也十分重视诚信原则的践行。张家口商人普遍践行"以诚为本""以信为本"，这是他们经商致富的重要法宝。

（2）诚信经营

张家口商人之所以能在近代中国经济大发展时期发挥重要作用，其原因就在于口商精神的传承，其有着诚信经营、厚德载物的传统，在长期的商业活动中形成了自己的商业伦理。首先，张家口商人讲求信誉，诚信待人。对张家口商人来说，在经商活动中，讲求信誉，讲究诚信是一种职业道德。在经营过程中，张家口商人始终坚持"以诚为本""以信立业"的原则。其次，张家口商人坚守诺言，信守承诺。当买卖双方有了交易意向时，要马上讲清价格、数量、质量、交货日期等细节问题。一旦达成交易，一定要及时履行承诺，不能随意反悔。无论是买卖双方还是店铺掌柜，只要做出承诺的事情都一定要做到。张家口商人的这种诚信经营的传统，使得他们在商业交往中建立起了良好的声誉，赢得了客户的信任。这种信誉和信任不仅帮助他们在竞争激烈的市场中立足，还为他们开拓更广阔的商业机会铺平了道路。口商精神的诚信经营理念，不仅体现了个体商人的职业操守，更承载着整个社会的商业道德观念。这种传统的延续和传承，为张家口商人在中国近代经济发展中的繁荣做出了重要贡献。

（3）公平竞争

在商业活动中，"公平"是社会主义核心价值观的重要组成部分，也是口商精神的重要体现之一。具体来说，就是不能利用强权压迫他人，要以诚信取人。张家口商人在商业活动中十分重视公平竞争。他们不仅严格把关自己商品的质量，还将这种商业道德推广到他人的商品，倡导双方交易"一碗水端平"，确保买卖公平。因此，张家口从商者都认同"同为商人，买卖必须公平对待"。

（4）义利兼营

"义"与"利"的关系，历来是社会经济生活中一个具有时代性的哲学范畴。在古代，"义"主要体现在政治和道德两个层面，义利观是指人们在处理个人利益与集体利益、国家利益关系时所应持的态度。在现代社会，"义"的表现形式更加丰富多样，不仅体现为政治上的正义和道德上的高尚，而且包括社会生活中的公平、公正、民主、自由等。张家口商人从传统商业道德中汲取精华，坚持义利兼营，在商业活动中既讲道义又重利，既重情义又讲诚信。他们一方面秉承"商德""商道"的理念，坚守"义"的底线，另一方面也追求"利"的目标。他们坚持把利润作为经营目的，同时又把实现利润最大化作为奋斗目标。他们主张"义利兼顾""义利双修""义利并重""义利相兼"等观点。张家口商人把维护社会公平正义和追求个人正当利益放在首位，这种价值取向对于促进社会和谐有积极意义。

（5）尊重人权

"尊重人权"是中国近代社会的一个重要价值理念。而张家口商人之所以能将"尊重人权"作为自己的核心价值观，与他们多年来的经商实践是分不开的。张库商道是清朝政府与民间贸易往来最重要的通道之一，也是明清以来著名的商道。张库商道上汇聚了无数民间商人，他们在这里建立起了商业王国，也因此造就了"千年商都"张库商道。张库商道上，商人们不仅在商业活动中遵守商业规则，而且在政治生活中也十分尊重人权。在清朝，只有满、汉官员才能同住一府、同行一道、同享"三教九流"之列；在民国时期，张库商道上的商人们也依然遵守着这一规定，即使是在民国时期的张家口，商人们也依然要遵守这一规定。

（6）倡导法治

在近代中国，由于清政府腐败无能和封建势力对经济的控制和垄断，加之帝国主义列强对中国的侵略和掠夺，使中国社会陷入了一场空前的灾难之中。在这种背景下，张家口商人自发地进行了一场深刻的社会变革。他们从自身做起，广泛宣传"民主与自由"，提倡"自由""平等""公正"。他们认为只有依法治国才能达到公平公正，才能使商业活动中的各种关系处于一种有序的状态。

张家口商人将建立一套完善的制度体系作为实现商业活动公平、公正、有序发展的前提。他们倡导成立了张家口商会，并制定了《商会章程》《商会规约》《商号章程》等一系列制度。他们还组织商号开展了多次整肃行业风气、加强内部管理的活动。此外，他们还提出要有一套完整的制度来规范和约束商业行为，从而为商业活动提供了一个有序、公平、公正、公开的运行机制。

2. 二者的内在契合是中国式现代化之精神文明建设的内在要求

社会主义核心价值观公民层面中的"爱国、敬业、诚信、友善"渗透并影响着公民道德生活的每一个方面和全部过程。这些价值观是所有公民应当遵循的基本行为规范，也是社会用来衡量和评价公民道德行为的标准。在"知与行"的哲学辩证中，中华优秀传统文化特别强调"行"的重要性，即重视实践。传统文化倡导通过教育和培养来塑造高尚的人格，认为道德品质和操守必须在实际行动中培养和锻炼。如儒家经典《论语》开篇便言"学而时习之，不亦说乎"，而口商精神的实践观也助力了张家口商人几百年来的文化传承。

"爱国"是中华民族的传统美德，在新时代下，作为中国公民，爱国不仅是一种道德义务，也是一种历史责任。它是中国公民的基本道德要求，是一个国家和民族形成的精神支柱。爱国主义体现了中华民族最深沉的精神追求，凝聚着中华民族的民族心、民族魂。

张家口商人作为中国商人的一部分，他们在经营商业过程中，以"爱国"为核心价值观，既体现了传统文化中"义利观"和"重义轻利"的理念，也体现了近代以来中国商人在追求商业利益中对国家和民族的责任担当。在当代社会中，张家口商人应该积极弘扬爱国主义精神，将爱国之心贯穿于自己的经营活动中，为实现中华民族伟大复兴的中国梦贡献力量。

（1）爱国之情

"爱国"作为一种民族精神，不仅是每一个公民的责任，也是每一个商人的责任。张家口商人作为中国社会中的一份子，他们在经营活动中将"爱国"作为核心价值观，充分体现了他们强烈的家国情怀。

①以商业报国。在张家口的商业活动中，当商人们在追求商业利益时，总是以国家和民族利益为重，把自己的事业与国家和民族的命运紧密相连。清末民初，中国处于内忧外患之中，张家口商人为了挽救民族危亡，他们在经营活动中积极向外拓展市场，以商业报国。

②以义兴商。义利观是我国传统道德文化的核心理念之一。"义"是指"大义"，即以大义为重。义利统一是指"重利轻义"或"重义轻利"。在中国传统文化中，"义利观"有着很高的地位和价值。然而，在近代以来的社会大变革中，一些中国商人逐渐认识到了商业在社会发展中所发挥的巨大作用以及商业对国家和民族的重要性，将商业和爱国相结合，形成了以商业报国为核心的义利观。

③以国计为重。国是什么？国就是一个国家或一个民族。所谓"天下兴亡匹夫有责"就是这个意思。张家口商人将"国"作为自己事业发展的中心，他们认为国家兴亡与个人息息相关，因此他们在经营活动中始终将国家和民族利益放在第一位。他们积极响应政府号召，不做任何损害国家和民族利益的事情。

总之，张家口商人在经营活动中以爱国为核心价值观，坚持家国情怀，体现了对国家和民族利益的高度重视。

（2）敬业之德

敬业是一种职业道德，也是一种职业精神。张家口商人在经商过程中，具有强烈的事业心和责任感，他们把民族利益、国家利益置于个人利益之上，积极投身于社会建设。他们把经营企业与经营人生统一起来，在企业中追求个人理想，实现人生价值。他们注重自我提升和专业技能的不断学习，不断完善自己，以更好地适应市场竞争的激烈环境。他们勤奋努力，勇于创新，不断探索和开拓，为企业的发展贡献自己的力量。他们以身作则，带领团队共同奋斗，共同成长，共同实现梦想。他们坚守诚信原则，恪守商业道德，赢得了客户和社会的信任与尊重。他们用心经营，用爱奉献，用智慧创造，成为社会上的楷模和表率。他们的敬业精神不仅体现在工作中，更体现在生活的方方面面，成为社会上的一道亮丽风景线。

张家口商人的敬业精神主要体现在以下方面：首先，他们在经商过程中努力钻研商业经营业务，为社会提供各种商品服务。其次，他们不断学习新知识、新技术、新技能，提高自身素质。最后，他们诚信经营，严格要求自己。

此外，张家口商人的敬业精神还体现在他们吃苦耐劳、艰苦创业的优秀品质上。在市场经济条件下，张家口商人吃苦耐劳、艰苦创业的精神依然存在。他们身上体现出的敬业精神是中华民族宝贵的精神财富。

（3）诚信之本

"诚"，是人与人交往中最基本的道德规范和行为准则，也是所有商业经营活动中最基本的道德规范和行为准则。"诚"是对人、对事的真诚守信，是一个人立足社会的根本。"信"，是指以诚信为原则，以信用为根本。诚实守信、言而有信是张家口商人最基本的道德规范。

"信"作为中国古代道德规范，在中国传统文化中具有非常重要的地位。它要求人们言必信、行必果，特别注重守信用、讲信用，形成了以"信"为核心的道德观念体系。在张家口商人身上体现出来的诚信之风，对我们今天建设社会主义核心价值观也具有非常重要的借鉴意义。在中国的商业发展史上，张家口商人始终遵循"以信取胜"的经营原则，坚持诚信为本。在当时，张家口商人认为："无信不立，无信则人弃我取，人取我予"，商人们深知只有以诚待人，才能赢得消费者的信任和支持。他们在交易过程中严格遵守契约精神，不欺骗、不隐瞒消费者。他们认为"童叟无欺"是对买卖双方的共同要求，是道德准则，是经商的基本准则。在经营活动中，如果有一方不讲诚信或违约，就会被其他商户所鄙视，因此他们十分注重商品质量和服务质量。在张家口地区，"童叟无欺"是一种被广泛接受的商业道德规范。

（4）友善之爱

张家口商人友善待人，以诚待客，真诚地对待顾客，对待合作伙伴，对待民族同胞。张家口商人的友善精神最早体现在他们对待顾客的态度上，"顾客至上"是张家口商人在经营过程中始终坚持的理念。他们严格要求自己，做好服务工作，热情地帮助顾客解决问题；对顾客提出的任何要求都尽力满足。张家口商人不仅有友善待人的服务意识，而且在具体经营活动中也身体力行地践行着友善待人的理念。如在"商号"的经营过程中，他们总是善待员工、关心员工，主动帮助他们解决生活中的困难和问题。当遇到民族同胞时，他们总是热情相迎。张家口商人以自己的行动诠释了友善待人的内涵和价值取向，为民族团结进步事业作出了自己应有的贡献。张家口商人的友善精神不仅体现在对待顾客和员工的态度上，也体现在对待合作伙伴和社会的关怀上。他们积极参与公益活动，回馈社会，帮助需要帮助的人群。无论是在商业活动中还是日常生活中，张家口商人始终秉持着友善待人的原则，传递着正能量，成为社会上的一支正能量力量。他们的友善行为不仅让顾客感受到温暖和关爱，也让整个社会更加和谐美好。张家口商人的友善精神将继续传承下去，成为社会上更多人学习和效仿的楷模。

三、口商精神在社会主义核心价值观认同机制中的作用

党的十八大报告指出，要"倡导富强、民主、文明、和谐，倡导自由、平等、公正、法治，倡导爱国、敬业、诚信、友善，积极培育社会主义核心价值观"。这一论述为我们正确认识和理解社会主义核心价值体系的内涵提供了根本依据，为构建社会主义核心价值体系提供了重要的指导原则。我们要以口商精神为地域文化的价值支撑，深入挖掘口商精神在构建社会主义核心价值体系中的重要作用，形成践行社会主义核心价值体系的长效机制。

1. 以爱国情怀为起点，增强文化认同感

口商精神以爱国情怀为起点，强调一个民族只有强烈的文化认同感才能做到"根之固""魂之立"。口商精神作为中国商帮文化的一个杰出代

表，有着深厚的爱国主义内涵，体现了中华民族深厚的爱国主义情怀。在改革开放新时期，我们大力弘扬口商精神，进一步强化口商爱国意识，对于增强全国人民的文化认同感，增强中华民族的凝聚力和向心力，促进民族团结、社会和谐、经济发展具有重要意义。在弘扬口商精神的过程中，要结合实际进行深入挖掘和提炼，使之成为中华民族宝贵的精神财富和文化资源。要始终坚持以爱国主义为核心的民族精神和以改革创新为核心的时代精神相统一，在实践中不断丰富和发展口商精神，使之成为社会主义核心价值体系中不可或缺的重要组成部分。

2. 以法治意识为准则，提升道德约束力

法治意识是指公民对国家和社会生活中有关法律问题的认识、理解和态度，是公民运用法律手段管理自己的行为和维护自己的权利。道德是人们在共同生活中形成的行为准则和规范，它以善恶为标准，通过舆论、信念、习惯等形式表现出来。道德约束具有一定的自律性，而法治意识是法律在社会生活中发挥作用的重要保证。我们要以口商精神为地域文化的价值支撑，以法治意识为准则，在全社会营造尊法、学法、守法、用法的良好氛围。要以"富强、民主、文明、和谐"为目标，结合主题教育实践，进一步推进法治宣传教育进企业。

3. 以诚信建设为核心，优化经济发展软环境

诚信是人们行为的重要准则，是衡量社会文明程度的重要标准，也是现代市场经济的基石。在经济社会中，诚信是发展经济的重要保障和内在要求，也是构建和谐社会的必然要求。口商精神中的诚信是口商企业恪守商业道德、创造良好营商环境的基本要求。我们要将诚信建设作为口商精神建设中的核心内容，坚持把诚实守信作为最基本的道德规范和行为准则，引导广大企业自觉遵守商业道德、自觉维护市场秩序、自觉保护消费者合法权益。要在全社会大力倡导"人人讲诚信、事事重诚信、处处保诚信"的良好风尚，努力营造一个诚实守信、公平公正的社会环境，切实发挥口商精神在张家口优化经济发展软环境中的重要作用。

4. 以创新意识为先导，增强企业竞争力

创新是企业发展的不竭动力，是提升企业核心竞争力的灵魂。创新意识是指企业家具有创新意识、勇于创新、敢于创新、善于创新的精神状态。口商精神是一种敢于挑战、敢于突破、勇于探索、敢于创新的精神。我们要大力弘扬这种精神，要以更加开放的思维和观念，积极探索企业发

展新思路、新模式，实现企业发展方式的转变。口商企业要在市场竞争中不断探索出一条以"资本运作"为核心，以"管理提升"为动力，以"资本运营"和"资本增值"为目的，以"市场营销"和"人才管理"为保障的发展模式，始终坚持以人才为本、科技兴企、文化强企。通过实施人才强企战略，培育一批具有国际视野、能够引领市场、掌握核心技术的经营管理人才。

5. 以社会责任为己任，提升企业形象

企业是社会的细胞，在企业发展过程中，要牢固树立社会责任意识，要坚持以人为本的原则，把实现好、维护好、发展好职工群众的根本利益作为一切工作的出发点和落脚点。要从保护环境、维护职工群众生命财产安全、维护职工群众合法权益出发，关心职工生活，促进企业健康发展。在企业经营发展中，要以更高标准、更严要求来约束自己，切实做到守法经营、诚信经营和公平竞争。要把员工队伍建设作为一项重大任务来抓，不断提高员工的思想道德素质和科学文化素质。要把思想政治工作和企业文化建设有机结合起来，积极开展各项精神文明创建活动。通过不断创新宣传形式，以丰富多彩的文化活动吸引人、凝聚人、激励人，促进企业持续发展。

6. 以敬业精神为基础，提升员工素质

敬业精神是个人安身立命、实现人生价值的基础，也是企业发展壮大的动力源泉。口商精神作为"敬业"的集中体现，既有对事业执着、对工作热爱的奉献精神，又有对岗位精益求精、对工作追求卓越的敬业精神，是实现"富强、民主、文明、和谐"中国梦的价值取向，也是建设高素质员工队伍的现实要求。

敬业精神是员工职业素养和工作能力的集中体现，也是企业实现可持续发展的重要保证。要始终坚持以"爱岗敬业"为核心理念，鼓励员工在平凡岗位上建功立业。口商要营造良好的学习氛围，不断强化员工的学习意识、责任意识、创新意识和服务意识。要积极引导企业员工树立"以诚信为荣，以失信为耻"的荣辱观和诚信观念，坚决杜绝欺骗消费者行为和商业欺诈行为，要把"敬业"精神与社会主义核心价值体系建设紧密结合起来，培养员工爱岗敬业的精神；要通过开展形式多样的劳动竞赛和技术比武活动，把敬业精神落到实处；要引导员工以"敬业"精神为动力，将工作做得更好，为企业发展提供源源不断的动力。

7. 以文化自信为支撑，凝聚精神向心力

习近平总书记强调："文化自信，是更基础、更广泛、更深厚的自信。对马克思主义的信仰，对社会主义和共产主义的信念，是共产党人的政治灵魂，是共产党人经受住任何考验的精神支柱。"口商精神所蕴含的文化价值不仅能为社会提供新的精神支撑，而且能为社会主义核心价值体系建设提供坚强思想保证。因此，我们要把口商精神融入张家口地方文化，使其更好地融合到社会主义核心价值体系建设之中，用口商精神凝聚起最广泛的社会共识和最强大的精神向心力。通过"三进"活动，将口商精神融入张家口群众日常生活之中，使口商精神成为推动张家口地区经济社会发展的强大精神动力。

这种精神的传承和弘扬，不仅有助于激发人们的创造力和奉献精神，更能够引领社会朝着更加文明、和谐的方向发展。口商精神所代表的价值观念，是中华民族传统文化的重要组成部分，蕴含着丰富的智慧和力量。将口商精神融入社会主义核心价值体系，不仅有利于弘扬中华优秀传统文化，更能够增强国家的凝聚力和向心力，推动全社会形成团结奋进、积极向上的精神风貌。

▷第三节　口商精神在社会主义核心价值观中的培育与践行

一、依托口商精神传承，提升社会主义核心价值观的认知

习近平总书记指出："要从传统文化中汲取精华、提炼标识性概念，打造体现中华文化精髓、反映中国人审美追求、体现中国人价值追求的品牌。"因此，在新时代，传承与弘扬传统文化，弘扬口商精神是增强社会主义核心价值观认同的重要途径。当前，新时代的口商精神是在现代社会环境和条件下形成的一种重要精神品质，与社会主义核心价值观有着密切联系，如何依托口商精神传承提升社会主义核心价值观认知是一个值得思

考的问题。因此，我们在依托口商精神传承提升社会主义核心价值观认知的过程中要注意培养以下方面：

1. 重视传统文化的教育，提升文化素养

文化素养是一种可通过学习而获得的理性知识和生活态度，也是一种能力，包括理论思维能力和实践能力两方面。一个人的文化素养越高，在现实生活中就能更加理性地看待各种事物，从而形成正确的判断，提升社会价值。中华民族有着五千年悠久的历史，其中有很多值得我们学习和借鉴的文化精髓。学习传统文化是当代大学生的责任和义务，当代大学生更应该重视自身的文化素养，并努力提升自身的文化素养。昔日张家口商人在日常经营活动中形成了许多优秀品质。其中，诚信、敬业、合作是其主要精神品质，也是当代大学生应该学习和借鉴的精神品质。通过对口商精神的学习，有助于提高大学生对传统文化的认识，加深大学生对社会主义核心价值观的认同。

总之，口商精神是中华优秀传统文化的重要组成部分，它所包含的创新、合作、诚信、敬业等优秀品质与社会主义核心价值观所倡导的思想理念具有高度一致性。在新时代背景下，我们应该对其进行深入研究和分析，并把传统文化中所包含的优秀品质融入社会主义核心价值观中。

2. 继承传统道德，提升道德水平

中国传统文化博大精深、源远流长，是中华民族的精神命脉，其中蕴含着丰富的道德思想。如"诚""义""信""仁""礼"等，这些传统道德是中华文明的重要组成部分。这些传统道德不仅体现了中国人的精神世界，而且对当代社会也具有重要意义。口商要自觉继承和发扬中华民族的传统道德，在经济活动中坚持诚信经营、义利兼顾，自觉承担社会责任。在利益面前，要讲原则、讲诚信；当个人利益与集体利益发生矛盾时，要牺牲小我，顾全大局；当个人利益与国家利益发生矛盾时，要胸怀祖国、心系人民，把个人的追求融入国家和民族的伟大事业之中。同时也要树立起良好的道德品质，为社会主义核心价值观提供良好的道德基础。

3. 发扬诚信品质，维护市场秩序

诚信是中华民族优秀品质之一，口商精神中同样具有诚信品质。口商在长期经营过程中，始终把诚信作为立身之本，讲求"诚"，信守"信"，将"诚""信"作为经商的根本原则，并将之作为重要的商业道德规范，被视为传统商业道德的精髓。这是因为，诚信是对人类共同生活准则和人类社会正常发展的最起码的要求。古人说："人而无信，不知其可也"。现代社会中，如果人们失去了诚信，就会失去发展的机会。在市场经济条件下，诚信品质仍然具有十分重要的作用。在经济全球化背景下，口商要实现更好更快发展，就要充分发挥自身优势和特点，要讲诚信、讲信誉、讲信用，同时要以诚信为本、以信誉为重、以诚实守信为荣。只要口商切实发扬诚信品质、维护市场秩序，就一定能形成良好的发展氛围和环境，就一定能不断提升社会主义核心价值观的认同度和践行力。

4. 加强国际交流，提升国际形象

张家口的对外交往一直非常频繁，并且取得了令人瞩目的成就。当前，张家口正在全面建设国际"一带一路"的起点城市之一和国际碳达峰城市，积极融入"一带一路"建设。因此，在对外交往过程中，我们应充分发挥口商精神的积极作用，展示张家口良好的精神面貌和发展成就。

一方面，在对外交流中要突出口商精神的传承与弘扬，进一步深化与外宾的交流，通过举办国际经贸、文化交流等活动，展示张家口良好形象。另一方面，我们要注重挖掘口商精神中对社会主义核心价值观有益的内容，并通过多种途径在世界范围内进行传播和展示。比如，在一些重大节日、纪念日、国际会议上可组织专题展示活动，可以通过文化产品的交流传播，也可以通过媒体进行广泛宣传，还可以以影视作品、文学作品等形式进行展示。通过各种途径和方式加强与外宾的交流与合作，提升国际形象。

5. 发挥企业力量，推进文明建设

口商精神是一个地方民族精神的重要组成部分，口商精神中的诚信、务实、团结、创新等理念与社会主义核心价值观也有相通之处，因此，在口商精神的传承和发展中，我们要发挥企业力量，积极推进文明建设。

一是加强诚信建设。诚信是社会经济发展的重要基石。在新时代下，我们要以诚信为本，提升口商企业品牌价值，把诚信作为一种精神追求，内化为企业家的人格魅力，外化为企业的经营行为。二是注重务实创新。要以务实创新为本，与时俱进，在继承中发展、在发展中创新。三是加强团结合作。我们要注重团结合作、协作共赢、团结奉献。四是坚持开拓创新。我们要不断开拓创新、敢于超越自我、勇于探索实践。五是发挥企业家的引领作用。企业家是企业发展的核心力量，更应该成为弘扬社会主义核心价值观的楷模。六是打造一流队伍。要树立一流的精神状态、一流的工作水平。七是重视文化建设。企业文化作为一种精神力量，能够潜移默化地影响职工思想意识和行为方式。八是加强党的建设。企业党组织要切实履行好管党治党责任，充分发挥党员先锋模范作用。九是打造企业品牌。要把口商精神融入产品当中，要讲好口商故事、传播好口商声音、树立好口商形象。

6. 弘扬口商精神，推进和谐社会建设

口商精神是在新时代背景下形成的一种重要的精神品质，其丰富的内涵和特殊的作用是社会主义核心价值观的重要组成部分，也是推进和谐社会建设的强大精神动力。新时代背景下，大力弘扬口商精神，就是要在全社会形成以爱国主义为核心的民族精神和以改革创新为核心的时代精神。这一重要思想既体现了中华优秀传统文化所包含的民族文化基因，又体现了社会主义先进文化所蕴含的时代价值，还体现了社会主义制度所蕴含的巨大优势。因此，新时代背景下弘扬口商精神，有利于增强人们对社会主义制度、文化、价值观的认同感和归属感，有利于推进和谐社会建设，进而为实现中华民族伟大复兴提供强大动力。

二、运用口商精神内涵，深化社会主义核心价值观的认同

要把社会主义核心价值观的认同转化为自觉的思想和行动，就需要发挥地域精神文化的力量，把口商精神融入企业、高校等各行各业的管理中，融入每个人的工作、学习、生活中。在地域企业精神文化建设中，我们应不断探索创新，弘扬口商精神内涵，使之成为深化社会主义核心价值观认同的精神力量。口商精神是张家口人共同的价值追求和行为准则。要充分运用口商精神内涵，广泛开展、培育和践行口商精神；要深化社会主义核心价值观教育实践，弘扬民族传统美德，引导人们践行社会主义核心价值观；要强化口商文化建设，树立典型、示范引领，打造口商文化品牌；要弘扬口商精神，增强张家口市民对核心价值观的认同和践行意识。

1. 挖掘文化内涵，培育和践行企业精神

口商精神内涵是张家口地区商业在长期的发展实践中，不断积淀形成的具有商业特色的价值观念和行为准则。它也是当代企业在生产经营、改革发展中所创造的物质财富和精神财富的总和，是企业生存和发展的内在动力。口商精神内涵是企业人员共同的价值追求和行为准则，也是企业未来发展的基础。要广泛开展主题实践活动，深入挖掘口商精神内涵，大力

弘扬"诚信、创新、群体、敬业、自律"的口商精神，将其融入企业人员行为规范中，融入生产经营中，融入社会高质量发展中。要进一步拓展文化宣传载体，充分利用广播、电视、网络等宣传阵地，全方位、多角度地开展宣传活动。要组织企业员工到红色教育基地参观学习，要开展形式多样的"讲好口商故事"活动，增强员工对口商精神内涵的认识和理解，提高人们参与文化建设的热情。

2. 深化社会主义核心价值观教育实践，弘扬民族传统美德，践行社会主义核心价值观

口商精神是中华民族优秀传统文化的体现，社会主义核心价值观是我国人民共同的价值追求。在企业中弘扬民族传统美德，将其转化为人们的行为准则，需要在教育实践中不断探索。张家口地域企业要弘扬诚信经营、重信义的民族传统美德，传承"以信立人、以诚立身"的口商精神，倡导"为顾客创造价值、为员工创造机会、为社会创造效益"的企业宗旨。在企业内部积极开展"诚信经营、重信义"活动，倡导员工坚守诚信理念，做诚实守信的模范；倡导员工忠于职守、爱岗敬业，做敬业奉献的楷模；倡导员工敬业乐业、创新进取，做勇于担当的先锋；倡导员工遵纪守法，做遵纪守法的模范。

3. 强化口商精神建设，树立典型、示范引领，打造口商文化品牌

在张家口地区企业文化建设中，要树立典型、示范引领，打造口商文化品牌。通过对企业文化内涵的挖掘，树立先进典型，发挥榜样的示范引领作用。将企业文化建设与培育和践行社会主义核心价值观相结合，以口商精神内涵为主导，以树立典型、示范引领为载体，着力打造"忠诚于企业、敬业奉献"的口商文化品牌。多年来，张家口涌现出了一大批优秀企业家和先进集体。近年来，很多张家口商人先后荣获"五一劳动奖章""模范职工"等多项荣誉称号。在这一系列荣誉的背后，是张家口商人对企业事业的热爱和无私奉献。企业文化建设不是一个单纯的理论问题，而是一个实践问题。在企业文化建设中，我们要大力弘扬"忠诚于企业、敬业奉献"的口商精神，充分发挥口商精神内涵对员工的教育引导作用，使之成为广大员工认同和践行社会主义核心价值观的重要途径。

4. 弘扬企业精神，增强对核心价值观的认同和践行意识

我们要广泛开展"口商精神"主题实践活动，引导广大企业以主人翁的姿态，积极参与到企业发展建设中来，不断增强人们对社会主义核心价

值观的认同和践行意识。我们要大力宣传优秀典型，表彰先进，激励企业，大力宣传企业发展中涌现出的先进典型、感人事迹；大力宣传企业精神，突出口商"创新"和"务实"的精神。

企业的中心工作是生产经营，要将"诚实守信、开拓进取"作为张家口企业精神的核心内容，在企业发展的不同阶段，找准切入点和着力点，大力弘扬"勇于担当、奋发有为"的口商精神。要抓住重大事件，引导广大企业家强化责任意识，大力弘扬"担当、包容、创新、进取"的口商精神，并坚持在实践中培育和践行社会主义核心价值观。

三、借助口商精神要素，推进社会主义核心价值观的践行

1. 口商精神要素在践行社会主义核心价值观中的作用

中国自古就有"商业"，但从传统意义上讲，"商业"概念的内涵却远比今天丰富得多。我们的先人从自身生产生活中总结出了"商道"，以其为依托，形成了商帮。这些商帮的产生、发展和消亡都有其深刻的社会历史原因，但作为一种特殊的社会现象，这些商帮有其特殊的精神内涵。这就是我国传统文化中所提倡的"商道"精神。

口商精神是中华优秀传统文化的重要组成部分，在新时代背景下，"三个倡导"为口商精神注入了新的时代内涵和发展动力，在社会主义核心价值观的践行过程中具有重要意义。在新时代背景下，社会主义核心价值观对口商精神的践行提出了实践要求，即要坚持"三个倡导"原则，践行社会主义核心价值观，将口商精神融入社会主义核心价值观中。在社会主义核心价值观的践行过程中，需要通过口商精神的培养和熏陶，促进口商精神与地域发展的时代相适应、与人民相契合、与实践相融合，使口商精神在社会主义核心价值观的影响下得以践行和发展。

口商精神要素包含了丰富的内涵。口商精神具有深厚的文化底蕴和广泛的社会影响，口商精神要素不仅包含了诚信、包容、友善等中华优秀传统文化内涵，还包含了具有地域特色和精神元素。在新时代背景下，将口商精神要素融入社会主义核心价值观践行过程中，是时代发展的要求，是提高公民道德素质和文明程度的要求，更是推进全面建成小康社会和实现中华民族伟大复兴中国梦的需要。

口商精神在社会主义核心价值观践行过程中发挥着重要的作用和意义。一方面，口商精神在社会主义核心价值观践行过程中起着文化传承作

用；另一方面，口商精神作为一种民族文化精髓和道德信仰体系，是新时代背景下中华民族实现伟大复兴中国梦不可或缺的重要组成部分。口商精神作为地域文化瑰宝中的一部分，在新时代背景下具有重要意义和作用。口商精神要素中蕴含着丰富的道德要素和价值理念，将口商精神要素融入社会主义核心价值观践行过程中有利于推动社会主义核心价值观的践行。

2. 新时代背景下践行社会主义核心价值观的策略

第一，将口商精神融入社会主义核心价值观的传承和弘扬中。口商精神和社会主义核心价值观的内涵具有高度一致性，要将其作为培育和践行社会主义核心价值观的重要途径。通过不断挖掘和弘扬地域优秀文化，在继承和弘扬中促进社会主义核心价值观的发展。

第二，以人民群众为中心，将口商精神融入张家口地区社会主义核心价值观的教育与传播中。在践行社会主义核心价值观的过程中，要立足人民群众的根本利益，充分发挥人民群众的主体作用。在实践活动中，要将"以人为本"的思想贯彻到践行过程中，充分发挥人民群众的首创精神，满足人民群众的需求与愿望。在实践活动中，要注重发挥口商精神的魅力与作用，用口商精神对中华优秀传统文化进行再阐释、再创造、再创新。借助口商精神要素推进社会主义核心价值观实践活动的开展，将口商精神作为社会主义核心价值观践行过程中的重要载体。

习近平总书记指出："要不断推进中华优秀传统文化创造性转化、创新性发展，传承和弘扬中华优秀传统文化。"社会主义核心价值观的培育和践行需要借鉴优秀传统文化中的精髓，同时要注重创造性转化，使社会主义核心价值观在实践中得到升华。口商精神是中华优秀传统文化的重要组成部分，也是我们党带领人民在革命、建设、改革和发展的伟大实践中总结出来的宝贵精神财富。在新时代背景下，我们要借助口商精神要素，促进其与时代相适应、与人民相契合、与实践相融合，以社会主义核心价值观为引领，加强公民道德建设，坚持科学理论指导，为实现中华民族伟大复兴的中国梦提供强大精神动力。

参考文献

［1］蔺宏涛. 社会主义核心价值观的源流研究［D］. 长沙：湖南大学，2017.

［2］杨肇中. 论儒学公共精神与社会主义核心价值观的契合［J］. 厦

门特区党校学报，2023（5）：1-10.

[3] 习近平. 习近平谈治国理政：第一卷 [M]. 北京：外文出版社，2018.

[4] 习近平. 高举中国特色社会主义伟大旗帜 为全面建设社会主义现代化国家而团结奋斗：在中国共产党第二十次全国代表大会上的报告 [N]. 人民日报，2022-10-17（02）.

[5] 李素军. 中华优秀传统文化同科学社会主义价值观主张高度契合性探析 [J]. 河北省社会主义学院学报，2023（4）：19-25，40.

[6] 坚定文化自信建设社会主义文化强国：学习《习近平关于社会主义文化建设论述摘编》[N]. 人民日报，2017-10-16（07）.

[7] 习近平在北京大学考察时强调：青年要自觉践行社会主义核心价值观与祖国和人民同行努力创造精彩人生 [N]. 人民日报，2014-05-05（01）.

[8] 习近平. 习近平谈治国理政：第三卷 [M]. 北京：外文出版社，2020：121-122.

[9] 习近平总书记系列重要讲话读本（2016年版）[M]. 北京：学习出版社，人民出版社，2016.

[10] 李昊远. 社会主义核心价值观与中华优秀传统文化契合的三重维度 [J]. 社会主义核心价值观研究，2018，4（1）：54-61.

[11] 李昊远. 社会主义核心价值观与优秀传统文化的高度契合 [N]. 新华日报，2017-03-16（11）.

[12] 高永强. 论家训家风在社会主义核心价值观大众认同机制中的作用 [J]. 道德与文明，2017（5）：122-126.

[13] 郭建新. 社会主义核心价值观大众认同路径与机制研究 [J]. 江苏社会科学，2014（1）：11-16.

[14] 刘延宏，刘云华. 沂蒙精神与社会主义核心价值观之内在关联逻辑研究 [J]. 沂蒙干部学院学报，2023（1）：80-86.

[15] 杨建义. 正确理解社会主义核心价值观"三个层面"之间的逻辑统一关系 [J]. 思想理论教育导刊，2019（1）：91-94.

[16] 刘建军. "社会主义核心价值观"的三种区分 [J]. 思想理论教育导刊，2015（2）：70-73.

[17] 吴向东. 重构现代性：当代社会主义价值观研究 [M]. 北京：北京师范大学出版社，2009.

［18］周丹. 论社会主义核心价值观三个层面的相互关系［J］. 党政干部学刊，2019（7）：12-17.

［19］李西堂. 中华原道精神及其当代伦理价值［J］. 西部学刊，2023（22）：150-155.

［20］刘安. 淮南子［M］. 北京：中华书局，2012.

［21］来知德. 周易集注：卷13［M］. 北京：中华书局，2019.

［22］董仲舒传［M］//班固. 汉书：下册. 长沙：岳麓书社，1993.

［23］张桂平，林锋，王作言. 21世纪儒商文化（连载）中国企业走出去的文化自信与挑战：专访中国社会科学院世界经济与政治研究所研究员康荣平［J］. 商业文化，2018（33）：15-25.

［24］张桂平，林锋，王作言. 21世纪儒商文化（连载）21世纪儒商文化的价值观［J］. 商业文化，2018（30）：13-27.

［25］张桂平，林锋，王作言. 21世纪儒商文化（连载）企业价值观与社会主义核心价值观［J］. 商业文化，2018（29）：17-21.

［26］陈文霞. 融媒体时代大学生社会主义核心价值观培育与践行的路径研究［D］. 武汉：武汉纺织大学，2021.

［27］郑建辉，边社辉. 依托县域特色人文历史在大学生中培育和践行社会主义核心价值观的"县校合作"模式［J］. 河北联合大学学报（社会科学版），2015，15（4）：78-81.

［28］冯留建. 社会主义核心价值观培育的路径探析［J］. 北京师范大学学报（社会科学版），2013（2）：13-18.

［29］刘加. 张库商道内蒙古段沿线历史城镇聚落空间形态与演变机制研究［D］. 包头：内蒙古科技大学，2022.

［39］孙晶，魏慧敏. 张库大道视域下的中俄贸易通商史［J］. 佳木斯职业学院学报，2022，38（2）：41-43.

［40］习近平：把培育和弘扬社会主义核心价值观作为凝魂聚气强基固本的基础工程［N］. 人民日报，2014-02-26（01）.

［41］习近平在文艺工作座谈会上的讲话［N］. 人民日报，2015-10-15（02）.

［42］季明. 社会主义核心价值观的支持体系［EB/OL］.（2014-02-13）［2024-08-15］. http://theory.people.com.cn/n/2014/0213/c40531-24349843.html.

第五章 口商精神在当代的传承与应用

人能弘道，非道弘人。

——《论语》

己所不欲，勿施于人①。

——《论语》

▶第一节 口商精神的代表人物

张库古商道，是以中华文化道德为核心的商道。这条商道，经历了由"以农牧为主"到"农、工、商并重"，再到"商帮林立"的演变过程。张库商道所代表的是一种商道精神，也是口商的商业精神。这种商道精神不是靠空洞的说教或简单的灌输，而是在长期的实践中逐步形成的，是经世致用之学。这种商道精神反映了口商重视道德修养，重视诚信为本，勤劳致富、乐善好施等优良传统和高尚品质。这种精神在张家口地域一直延续至今。

---

① 出自《论语·卫灵公》。意思是：自己不愿意做的事，不要强加给别人。子贡问曰："有一言而可以终身行之者乎？"子曰："其恕乎。己所不欲，勿施于人。"孔子强调的是，人应该宽恕待人，应提倡"恕"道，唯有如此才是仁的表现。

口商精神的代表人物有以下 6 个。

1. 蒙汉互市时的吴兑

吴兑，字君泽，号环州，是明代浙江山阴（今绍兴）人，生于 1525 年，卒于 1596 年，其事迹被记载在《明史》中。吴兑在嘉靖三十八年（1559 年）考中进士，随后担任了兵部主事、郎中、湖广参议、蓟州兵备副使等职务。隆庆五年（1571 年）秋季，他被提拔为右佥都御史，并担任宣府巡抚。

当时，明朝政府授予他顺义王的称号，并给其部落子弟封了都督等官职。为了促进蒙汉两族人民的贸易往来，明朝在大同、宣府等地开设了 11 处马市，并设立了月市或小市，允许蒙汉人民自由贸易。这些举措使得从海冶到甘州长达五千里的土地上，没有了战争的硝烟。尽管如此，俺答部内部存在分歧，互市市场也缺乏规范。互市的主要倡导者王崇古担任宣大总督，方逢时担任大同巡抚，吴兑与他们一同努力维护和平。

在互市市场上，发生了俺答部人员偷马的事件，吴兑对其进行了惩罚，并警告说如果再有偷盗行为，将关闭市场。部落首领得知后，归还了马匹，并带着偷马人来请罪。俺答的儿子辛爱想要再次骚扰边境，但俺答告诉他："宣、大，我市场也。"不让他轻举妄动，然而，辛爱非常倔强。吴兑一方面派兵严惩辛爱，一方面继续努力说服俺答。他了解到俺答年事已高，又多病，很多事情都依赖于才华横溢的夫人三娘子来裁决。因此，吴兑加强了与三娘子的联系。在边境冲突中，他直接与三娘子沟通，并经常派人给三娘子送去礼物，邀请她到宣化做客。三娘子是一位杰出的政治家，她认识到只有积极维护与明朝的友好关系，贡市才能长久。因此，她严格约束各部落，对违反规定私自动刀枪者严惩不贷；如果遇到无法约束的部落打算劫掠，她会及时通知明军。因此，她与吴兑建立了良好的私人关系，吴兑将她当作自己的女儿。三娘子也经常到宣化看望吴兑，每次来都会住在吴兑的军营中，吴兑曾赠送她"八宝冠""百凤云衣""红骨朵锦裙"等珍贵礼物。

在万历四年（1576 年）夏季，吴兑邀请了他的朋友徐渭——一位来自江南的才子，前往宣府镇。徐渭见到三娘子时，被她的气质和风采深深吸引，于是用诗歌记录了三娘子率领部众来贡，以及进行军事演练和狩猎的壮观场面，并热情地赞美这位少数民族的女英雄：

> 汉军争看绣裆，十万貂旄一女郎。
>
> 唤起木兰亲与较，看他用箭是谁长？

在吴兑和三娘子的共同努力下，蒙汉两族实现了和平共处，避免了战争。每当互市开放时，两族人民常常沉浸在欢乐的气氛中，享受着美食和音乐，以至于忘记了时间，不愿离去。

万历五年（1577年）夏季，吴兑接替方逢时成为宣府、大同、山西地区的总督。七年后，他先后担任了兵部左侍郎，右都御史，蓟州、辽东总督以及兵部尚书等重要职务。

2. 八大皇商之首范永斗

范永斗，祖籍山西介休。于明末清初年间在张家口地区生活，他被视为明末清初时期晋商的杰出代表。清朝统一中原之后，在雍正年间，范氏家族的后代被授予太仆寺卿的官职，并被赐予二品的官服。

范氏家族自明朝初期就开始在张家口与蒙古地区进行贸易活动，经过七代人的努力，到了范永斗这一代，范永斗成了张家口地区与满族和蒙古族进行贸易的汉族主要富商。他以诚信和信誉闻名于世，时人称其"贾于边城，以信义著"。当时，居于东北地区的女真族开始军事扩张，由于和明王朝的敌对关系，他们所需要的军事、生活物质，只能通过张家口的贸易市场获得，也就是以张家口为基地运转过去，范永斗和其他七家商人就开始做这方面的生意，"与辽左通货财，久著信义"。据道光年间的《万全县志》记载："八家商人者皆山右人，明末时以贸易来张家口。曰：王登库、靳良玉、范永斗、王大宇、梁家宾、田生兰、翟堂、黄永发自本朝龙兴辽左，遣人来口市易者，皆此八家主之。"由于八家商人为清王朝的建立作出了贡献，所以清朝定鼎后，顺治帝没忘为入主中原建立过赫赫功业的八大商家，在紫禁城设宴款待，并赐给服饰。顺治帝还要给他们封官赏爵，八大商家受宠若惊，竭力推辞。因此，顺治帝授予他们"皇商"的称号（隶属于内务府）。范永斗被委以重任，负责主持贸易事务，并"赐产张家口为世业"。其他七家也各自得到了相应的封赏。从那时起，范永斗等人获得了其他商人所无法享有的政治和经济特权。他不仅负责为皇室采购物资，还利用这一地位，广泛拓展商业渠道，进行大规模的贸易活动。除了经营河东和长芦地区的盐业，范永斗还控制了东北乌苏里、绥芬等地的珍贵药材市场，其中最主要的就是人参，因此民间也称他为"参商"。不久，范永斗积累了数百万的财富，成为八大皇商中的领头羊。

后来，继承并发展范永斗事业的是他的孙子范毓馪。在他手里，范氏家族的商务达到了登峰造极的境地。

在康熙五十九年（1720年），准噶尔部再次发生叛乱，清政府迅速派遣重兵进行征讨。由于征讨的路途遥远，且多是沙漠地带，军粮的运输成为一个重大挑战。范毓馪得知这一情况后，凭借自己从小随父亲在边疆经商，对当地地形有着深刻了解的优势，经过仔细计算，与弟弟范毓馦一起向朝廷提出申请，自愿以低于朝廷运输成本三分之一的费用来承担军粮的运送任务，康熙帝听后立即予以批准。

从那时起，直至乾隆年间，范毓馪和他的家族多次承担了军粮运输的重任，他们多次"力任挽输，辗转沙漠万里，不劳官吏，不扰闾阎"，确保军粮按时到达。在运输过程中，即使遭遇敌人袭击或运输计划的变更，导致重大损失，这些损失也都由范氏家族自行承担，为国家节省了数以亿计的经费。他们的这些牺牲和贡献，对于平定叛乱的胜利起到了重要作用，也顺应了中国统一多民族国家发展的大趋势。对于一个商人来说，这样的行为是非常难能可贵的。

到了雍正七年（1729年），清廷授予范毓馪太仆寺卿的官职，并赐予二品官服。从此，范氏家族不仅是皇商，还获得了世家的地位，一时名声大噪。这在清朝200多年的历史中也是极为罕见的。范毓馪在乾隆十五年（1750年）去世，他也是唯一一位被载入《清史稿》的商人。

3. 口商界巨子之王朴

王朴（1869—1940年），字素臣，张家口前县涌泉庄村人。"不吃不喝，赶不上王朴"，这是流传在蔚县的一句俗语。这句话充分反映了王朴的财势雄厚。王朴自幼家境贫寒，13岁就领着弟弟到宣化一家皮毛厂学艺，渐渐掌握了粗细毛的加工技艺。后来，由于不甘遭受欺凌，反抗老板压制的王朴被驱逐出厂。走投无路之时，他决心到张家口自己"开业"。他租了两间房，又求人担保，赊了少量皮张，便独自干了起来。王朴学艺时间虽短，但他聪慧过人，所制绵羊皮袄、山羊皮褥算得上货中上品。而且王朴还精于生意，白天辛勤劳作，夜晚趁各地客商落店之际，携带成品串店推销。王朴和他的产品渐渐有了名气。当时，外国人也常来张家口做皮毛生意，其中有一位收购羊皮制品的德国人，想在当地物色一位内行助手，就选中了王朴。于是王朴一边经营自己的企业，一边为德商收购。由于自己的皮张销售顺利，又可以从德商手里得到厚酬，经过十几年的苦心经营，王朴日渐发达起来。

光绪二十六年（1900年），义和团运动在北方蓬勃兴起，迅速波及张家口，那个让王朴收皮毛的德国商人遭此大变，惊恐万分，于是来到王朴的皮坊请求避难。王朴冒着风险把他送到涌泉庄自己的家中隐藏起来，风头过后，德商厚报救命之恩，帮助王朴扩建了张家口皮毛厂并正式将其取名"德和隆"。

王朴明白，经营皮毛生意，如果不打通出口渠道，仅在内地搞加工当掮客，终难获大利。只有以皮都为基地，总揽货源，径直出口，才能获取大的利润。而北方出口商埠首数天津，于是王朴把四弟王槐推荐给德商到天津历练。王槐在天津，除了为德商代购皮毛外，还从德商手里获得一笔巨额无息贷款，自收自销起来。

随着需求量的不断扩大，张家口德和隆的年收购量很难满足需要，王朴很快又在宣化办起分号。后来，又向大同、归化城、包头、卓资城大青沟等地派出大批常驻人员，随时向他通报行情，就地收购。这样，王朴就在内蒙古、坝上、京绥沿线建立起星罗棋布的信息网、收购点，消息灵通，行动迅速，自成体系，一般厂家望尘莫及。大量皮毛产品通过火车源源不断地被运往天津，滚滚而来的利润则被汇向内地。

同时，王朴还在城乡广开店铺，大量收购土地，经营粮食，广置房产，事业日渐兴旺，财力日趋雄厚，终于成为富甲一方的巨贾。

4. 当代口商之肖志祥

肖志祥，1975 年 11 月出生，2010 年 10 月加入中国共产党，2008 年 7 月起担任河北泥河湾农业发展股份有限公司董事长。

在张家口这片充满历史文化和商贸商机的土地上，肖志祥以独特的商业头脑和高瞻远瞩的战略眼光，成为当地农商界一位创新的领航者，也成为乡村振兴路上的领头羊。

肖志祥是土生土长的阳原人。1975 年 11 月，他出生在河北省张家口市阳原县西城镇一吐泉村一个贫困农民的家庭。由于家中子女较多，家庭收入低，为了补贴家用，肖志祥初中毕业后便跟着父亲学木匠手艺，并常年在外打工谋生。

1997 年，肖志祥放弃外地打工，响应当地号召回乡创业，带着积攒下的积蓄，从收购粮食做起，以一辆三轮车拔锚起航，前期主要收购杂粮杂豆和羊毛等农副产品，风雨无阻，不畏辛劳，厚积薄发。功夫不负有心人，更不负有上进心的人。2008 年 7 月，肖志祥在阳原县创办了河北泥河湾农业发展股份有限公司。而立之年的肖志祥不负韶华，他开始对市场不断研究和探索，成为当地最早一批国内 B2B 电商、跨境电商和传统贸易相结合的领军人之一，他边搞生产边搞业务，发展起了集内销、出口、电子商务为一体的销售模式。工厂内建有先进的豆类初加工生产线两条、谷物碾磨加工线一条、大黄米加工线一条、小米加工线一条、杂粮打包线一条，年加工能力在 4 万吨以上，配备大型储备库一座，仓储能力达 2 万吨以上，2022 年新建杂粮深加工厂一座，用于研发生产一系列杂粮营养粉、杂粮休闲食品、绿豆植物蛋白酸奶等有机营养健康产品，同时自有有机杂粮种植基地 1.8 万亩（1 亩 ≈ 666.7 平方米），实现了种植生产、收购加工、深加工、产品研发、销售出口一条龙。

公司从起初注册资本 30 万元，发展至今 1 000 万元，年销售 2.84 亿元，企业逐步、稳步提升，逐渐在业内享有口碑，获得国内外一致好评，曾先后荣获河北省农业产业化重点龙头企业、河北省扶贫龙头企业、河北省高新技术企业、河北省著名商标企业、河北省高新技术企业、河北省专精特新企业、海关 AEO 高级认证企业、国家级绿色工厂、中国驰名商标等荣誉称号。从公司成立之初，肖志祥便担任公司董事长，他始终坚持诚信为本，注重信誉，以现金流及时结算的方式交易，收获季农民主动把粮食等农副产品出售给他，他在当地颇具口碑，因此有了充足的粮食来源。这时他也有了更大的想法：他要走出阳原，走向全国各地，走向全世界，开辟更广阔的创业天地。人有多大的想法，就有多大的舞台。河北泥河湾农业发展股份有限公司凭借肖志祥的运筹和谋划，真正实现了走出阳原，走到陕西、甘肃、山西、内蒙古以及东北各省，之后更是凭借良好的信誉和质量保障畅销全国各地，以及出口法国、意大利、俄罗斯、韩国、美国、日本等 40 多个国家和地区。随着互联网的普及，肖志祥开始"触网淘金"。通过电商平台，他为自己的粮食外销找到了一条新的出路。

企业在张家口市、杭州市设有电商交易平台、直播平台，零售电商有832 平台、阿里巴巴国际站、淘宝、天猫、京东、抖音、快手等，以及企业自建的电子商务平台，将产品销售到全世界。

河北泥河湾农业发展股份有限公司从建立初期，肖志祥就要求全公司以优秀的企业文化和"口商精神"作为立根之本。

企宣方面，公司一直秉承社会主义核心价值观，响应号召，打造健康积极的企业文化，促进团队合作，提高工作效率，塑造当地"泥河湾"杂粮深加工品牌形象，秉承农业与生物科技相融合，以宽广的视野、超前的理念、丰富的经验，广域深化合作，多方共谋发展。

种植方面，公司自建杂粮育种基地 2 000 亩，并和张家口市农科院战略合作，为本地培育优质杂粮新品种，提升粮食产量。兴盛于田地，造福于农民。

增值方面，公司 2022 年收入 2.5 亿元，加工销售谷黍、豆类等各种杂粮 4 万多吨，其中出口 10 000 多吨，创汇 1 100 万美元，增加了企业和农民的整体收入，提供了上百就业岗位，带动了当地经济。河北泥河湾农业发展股份有限公司发展至今，肖志祥的人生信条是"一人富了算不了富，大家富了才叫富"。这是一个不小的承诺，也是一个农民企业家应有的优良品质，可真的向大家交出一份满意的答卷，实属不易。肖志祥真正做到深化于心、实践于行，他做到了言必行行必果。2017 年，按照阳原县精准扶贫实施要求，他主动挑起了民营企业结对帮扶深度贫困村的重任，积极引进"冀张绿 1 号""冀张红 3 号"等优质高产新品种，对种植绿豆、红小豆、英国红芸豆三个品种的贫困户，全部垫支提供籽种、渗水地膜。当年，为贫困户垫支发放籽种 18.03 万斤，发展杂粮杂豆种植基地面积 3.5 万亩。单靠这一项，全年共带动全县 10 个乡镇 4 000 多名贫困户，户均增收 1 500 元以上。为更好地帮助当地老百姓摆脱贫困，受高墙乡党委重托和上沙沟村村民信任，肖志祥出任了上沙沟村党支部书记。

2018 年，肖志祥同志从张家口市农科院为上沙沟村调拨 600 斤冀张谷 5 号优质高产谷种和 600 斤冀张黍 2 号优质高产黍种、600 斤 8 311 谷种、500 斤绿豆种子、1 000 斤红芸豆种子，打造千亩优质杂粮出口种植示范基地。同年，他还以个人名义资助了高墙乡谷端庄村和马家庄村的两名贫困大学生每人每年 4 000 元，一直持续到大学毕业，助力他们完成学业，实现梦想。肖志祥表示，今后将继续投身慈善事业，持续关注更多的困难学子和贫困家庭，为巩固阳原县脱贫成果与和谐发展贡献绵薄之力。2019 年，在"千企帮千村"的扶贫行动中，肖志祥又从张家口市农科院为高墙乡上沙沟村和辛堡乡棘针屯村调拨了大量的优质杂粮种子，打造了 1 500 亩优质杂粮出口种植示范基地。在秋收之后，组织车辆和现金到村里收购贫困户手中的杂粮，价格比市场价每吨高 400 元，涉及贫困户 186 户，贫困人口 317 人，为每位贫困户实现增收 1 500 多元。

肖志祥及其公司不仅为阳原县本地农户和杂粮经营点提供服务，同时辐射带动周边的山西和内蒙古地区等县市大量种植优质杂粮，受益农户达

5 万多户，其中，贫困户 1.6 万户，年户均增收 1 000 元以上，促进了当地农业产业化的发展，提高了当地农民的生活质量。

如今，公司面向国际市场对接特色农副产品需求，通过提高产品质量、强化内部管理、扩大市场范围等一系列措施，不断增加对外销售的数量。他牢记作为一个民营企业家的使命与责任。随着不断地学习和人生阅历的提升，肖志祥在心中勾勒出了一张遵守自我人生信条的蓝图，他计划利用 3 年时间，结合公司多年经营杂粮的优势和本地农业特点，在全县再发展有机杂粮基地 2 万亩，推广优质杂粮基地达到 10 万亩，力争每年辐射带动农民 3 万人从事杂粮种植，其中贫困人口达到 1 万人，人均年增收 1 500 元以上。利用北京、张家口举办 2022 年冬奥会的机遇，"泥河湾"牌优质有机杂粮被选为冬奥会的餐桌产品，更是把当地的杂粮品牌做大做强，把杂粮产品提质上档，使农民获得了更多的收益。

作为"口商精神"的传承人，肖志祥不敢说自己有多么优秀，他只想以一个过来人的身份，把自己的创业经验分享给当今风华正茂的青年人、大学生们。他希望大家始终坚持学习，永远有一颗好奇心。只有不断学习新的知识，才能应对当今社会的快速发展，这也将是大家立足的根本；他希望大家要不怕失败，勇敢尝试新鲜事物，创新是推动社会进步的关键；他希望大家对自己负责，也要对社会负责，做一个有担当的人；他期望大家要有专业精神，在自己选择的领域里追求卓越，成为行业内不可缺少的一员，甚至是佼佼者；他期望大家要有正确的价值观，始终坚持正直和诚信，这是长期成功的基石；他期望大家要对这个社会有贡献，用每个人的才华和努力为社会带来正面的影响。肖志祥以"质量是生存的根、信誉是发展的脉"的经营理念和"为全球人打造放心粮"的宗旨，以及服务社会、带动百姓致富的信念，在成立泥河湾公司的基础上，还成立了阳原县杂粮产业协会、阳原泥河湾产销联合体、泥河湾杂粮产业集群，通过"农户+基地+企业+科研"的经营模式，已辐射带动周边县市的农户超过上万户，解决了百姓卖粮难、变现慢、收入低的难题，为阳原县杂粮产业的发展做出了杰出的贡献，是一位真正的为农民办实事、为社会做建设的实干型农民企业家。他承诺之后将为服务"三农"、乡村振兴等做出更多的贡献，提交出更多令人满意的答卷。

5. 裘皮产业巨匠之王铉斐

王铉斐，阳原国际裘皮城有限公司董事长，2010 年 10 月毕业于加拿大布鲁克大学。2013 年，当选为张家口市第十三届人大代表，同年被河北省委、省政府命名为"河北省农村青年拔尖人才"；2014 年被评为张家口十大民营经济人物；2015 年被河北省商品交易市场联合会评为河北省市场杰出经理人；2016 年任中国皮革协会常务理事；2017 年被授予张家口五一劳动奖。

海外归来，自主创业，立志投身家乡事业。毕业后，他放弃了世界500 强企业的邀请，放弃了优越的工作环境和高薪待遇，立志要回报家乡，造福桑梓，改变家乡的贫穷与落后，用自己的双手打开了一片属于自己的蓝天，带领家乡的人民走上了富强之路。2012 年建设的阳原国际裘皮城项目，是一个集裘皮加工、销售、购物、休闲、娱乐为一体的专业毛皮销售市场。阳原国际裘皮城荟萃国内外一流的皮革服装、裘皮服装、皮具箱包厂家，共计 300 多家商户入驻经营，入驻率达到 100%，其中更有多家国际国内知名品牌。自 2013 年 10 月 1 日正式运营以来，累计接待游客 210万人次，游客主要来自京、津、冀、晋、蒙等地区，直接创造社会就业岗位 5 000 个，带动相关从业人员达 6 万人。

搏击商海，诚信创业，逐一攻坚克难。企业创办之初，他走过了一段艰辛之路。摆在面前的问题数不胜数：商城选址、技术员工、筹措资金、跑贷款、联系设计院、征地等。功夫不负有心人，在阳原县委和县政府的扶持下，项目从论证到开工仅用了 100 天，创造了阳原县项目实施的"新速度"。

关注民生，饮水思源，不忘回报社会。近年来受世界金融危机影响，农民工纷纷返乡，一些企业也在裁员。而阳原国际裘皮城却扩大宣传，贴出招工启事，做到"三个优先"：一是本地人员优先，二是农民工优先，三是下岗职工优先。商城的建立先后解决了 4 000 多人就业，带动 5 万余人从事皮毛加工贸易，这不仅解决了人民的生活问题，更促进了当地的经济发展。王铉斐常说："要走的路还很长，要做的事还很多。建立新市场，带动企业发展速度最大化，只有这样，我们阳原的毛皮产业才能实现可持续发展的良好循环，大市场带动小企业，小企业拉动大市场。"他立志，通过 3~5 年的努力，使公司再上一个新的台阶——上市，使阳原真正拥有第一个成功上市的企业，从而带动更多的有志之士投入创家业、干事业、做产业的洪流中，为建设和谐阳原、魅力阳原奉献自己的青春和热血。王铉斐这样一个为人十分低调的青年，不知情的人视他平凡如一滴水，然而正是这孕育江河大海的水滴，托起阳原毛皮业这艘大船平稳地在碧波中行驶。在创业中，他树立诚信乃成功之本的信念，继承和发扬了阳原"毛毛匠"勤学实干兴业、求实创新发展的精神，不仅生动地展现了新时代"毛毛匠"的风采，也造就了裘皮城今天的辉煌。

6. 当代新口商之张文瑞

张文瑞，1967 年 9 月出生，河北省沽源县人，蓝鲸控股集团有限公司董事长，先后荣获河北省十大优秀企业家、河北省五一劳动奖章等称号。

在河北张家口，"蓝鲸"是品牌的象征，更是品质的保证。从单一酒店业发展到旅游、酒店、房地产和金融四大产业并举，"蓝鲸"创造出极高的经济和社会效益，堪称行业典范。成功的背后，是"蓝鲸"掌舵人张文瑞抢抓机遇、创新转型的砥砺奋斗史。

出生于贫困家庭的张文瑞在大学毕业后有一份让人羡慕的工作——在秦皇岛市旅游经贸总公司工作，这为他以后下海经商打下了良好基础。"欲穷千里目，更上一层楼"。当时，改革开放的春风徐徐吹来，下海经商成为潮流。张文瑞经过深思熟虑，不顾家人、亲朋的反对，毅然下海自主创业。他练过摊，开过小卖部……创业的艰辛只有张文瑞自己心里明白。他顺应改革开放的浪潮，抢抓机遇，短短几年，就先后创办了宣化东方美食苑、怀安志同婚庆城、涿鹿蓝鲸凯越大酒店等企业，让他掘到了人生第一桶金。如今，他紧紧抓住北京、张家口举办 2022 年冬奥会的历史机遇，制定以旅游业为龙头的发展战略，启动沽源县"五大连湖"景区项目和占地 120 平方千米的红石山旅游区项目。该项目建成后，将成为华北地区最大的温泉、滑雪、休闲旅游度假景区。同时，他还与涿鹿县政府就三祖文化旅游开发签订了项目合作协议，成立了蓝鲸国际旅行社和张家口最大的旅游汽车公司及"张库汇"旅游产品综合平台，打造完整的旅游产业链，使之快速成长为以旅游业为主业、多元化并举的现代企业集团。

"信守承诺"在他心目中的分量证明了他为人处世的风格。张文瑞把"诚信"二字列为做人之首、经营之要。有合同就一定遵守，有承诺就一定兑现。对顾客，不以貌取人，不缺斤短两，不以次充好；对员工，不拖欠工资，不开空头支票，不乱罚款；对供货商，按时足额结算货款，不拖欠克扣……张文瑞把诚信刻在骨子里，体现在行动上，一点一滴积累了商誉，积累了一笔终身受益的无形资产。

他始终恪守"老实做人、诚实践诺"的信条。蓝鲸大厦开业之初，张文瑞坚决开除了一名用死鱼为顾客做菜的老厨师长，用看似"不近人情"的惩罚在员工中确立了企业"诚信、务实、高效、勤勉"的经营理念。张文瑞说："对于一家新成立的酒店，制度和文化的建设太重要了。"在他的倡导下，酒店重金从北京请来酒店企业文化专家，在全面了解蓝鲸现状的基础上，围绕"诚信服务"量身订做了酒店的远景目标、使命宣言、经营理念和核心价值观等多项企业文化，确立了企业文化体系的基本框架。

在 10 多年的经营实践中，张文瑞培养了一大批优秀管理和服务人员，成为张家口酒店业的中坚力量。习近平总书记到张家口视察期间，蓝鲸的 4 名优秀服务员参与服务工作并获得好评。这让蓝鲸全体员工受到莫大鼓舞，坚定了走品牌之路的决心。作为九三学社张家口市委副主委，张文瑞非常热心社会公益。汶川大地震时，他捐款 20 多万元，并亲赴震区，收养两个孤儿，妥善安排他们的生活和学习。他连续 8 年在春节前夕慰问沽源县平定堡镇北村 60 岁以上老人。2016 年，在市、区总工会的支持下，他与全市 15 名困难劳模结成"手拉手"长期帮扶对子并一次性捐款 3 万元；注资 10 万元成立蓝鲸企业困难职工帮扶基金，倡导开展员工"一日捐"帮扶活动。2017 年，他参加河北省总工会组织的爱心公益行动，为河北省劳模协会捐款 2 万元。近年来，他自掏腰包、伸出大爱之手，将个人征地补偿所得款 100 万元汇到了张家口慈善义工联合会的账户上。多年来，他以个人和企业的名义累计为公益事业捐款 300 多万元，以实际行动践行"做一个有良知商人"的诺言。

▶第二节　口商精神在我国社会主义核心价值观传播中的作用

张库商道是我国著名的商道，也是一条以商业文明为核心的文明大道。它是草原丝绸之路上的一条重要商道，也是一条以民族融合、文化交流、经济发展为基础的民族融合之道，更是一条以诚信为本、义利兼顾、和合共生为特征的民族发展之道。张库商道所形成的口商精神在当代新的

"一带一路"上传承和发扬，并在此基础上融入社会主义核心价值观，对我国经济社会发展有重要的推动作用。因此，我们要以口商精神为支撑，以社会主义核心价值观为引领，深入挖掘和阐发口商精神中的有益因素，使其成为社会主义核心价值观传播的重要载体和有效途径。

一、以诚信为本，树立民族文化自信

"诚信"作为口商精神的核心，其最基本的价值理念就是"诚"，即"以诚为本，以信为生"。昔日的张库商道上的商家都遵循这样一种理念："我是中国人，我要用中国人的方法去做生意。"这种诚信经营、以信为本的经营理念对当时整个商业社会具有很强的示范作用。如今张家口区域的商家正是用这种诚信经营的理念，取得了巨大的成功。"信"成为口商精神中最重要、最核心的内容之一，也是张库商道文化精神在各个历史时期发展变化的历史基础。这种诚信经营的理念不仅在商业领域得到了体现，也深刻影响着社会风气和人们的道德观念。张库商道文化所倡导的诚信理念，不仅是商家之间的相互承诺和信任，更是一种道德规范和社会准则。在张库商道上，商家们不仅是在做生意，更是在传承和弘扬着一种中华民族的精神，一种对待他人真诚守信的品质。这种诚信精神不仅让张库商道蓬勃发展，也为整个社会带来了和谐稳定的商业环境。

如今，张家口已经成为"一带一路"的上一个重要节点，口商精神也成为具有地域文化的精神食粮。它不仅成为一个文化符号，更成为民族团结和民族融合的一个象征。张库商道不仅是中国历史上北方游牧民族商业经济发展和民族文化交流的一条重要通道，更是一条以诚信为本、义利兼顾、和合共生为特征的民族发展之道。因此，作为当代的我们要传承口商诚信为本的精神，树立民族文化自信；我们要继承和发扬口商精神的传统美德，促进各民族之间的交流合作，共同推动民族经济的繁荣发展。只有通过相互尊重、互利共赢的合作，我们才能实现民族团结和民族融合的目标，共同开创美好的未来。让张库商道成为连接各民族心灵的桥梁，让口商精神的诚信、友谊和合作成为我们共同的追求和信念。

二、以和合共生，促进文化交流和民族融合

"和"是儒家思想的基本内容。早在《礼记》中就指出："和也者，天下之达道也。"孟子曾说："天时不如地利，地利不如人和。"中国自古

就有"和气生财"的信条。在经济全球化的今天，我国的企业要树立"和谐"和"双赢"的竞争观。当今不少企业只想"赢"，而忽视"和"，这是短视的。事实上，"和"是"赢"的根，而"赢"是"和"的果。从"和"的汉字结构来看，左边的"禾"代表食物，民以食为天，有吃的就好，右边是"口"，不仅自己要吃，别人也要吃。俗话说众口难调，利益分配公平了，大家满意了，心情舒畅了，嘴也就不抱怨了，和气自生，和睦自来，和谐自成。从汉字"赢"的结构来看，"赢"由五个部分组成，每个部分都象征着一种重要的理念和意识。"亡"代表着危机意识，在商业和生活中，我们必须时刻保持警惕，生死存亡，不可不慎，要如履薄冰，如临深渊。"口"强调沟通能力，病从口入，祸从口出，良好的沟通是建立和谐关系的关键，沟通是和气、和睦、和谐的桥梁；"月"象征着时间观念，月亮的盈亏提醒我们时间的流逝和变化。在宁静的夜晚，月光不仅激发了诗人的灵感，也带来了智者的清净和智慧。保持一颗清净的心，有助于我们激活智慧，从而做出明智的决策。"贝"代表财富和收益，它提醒我们，虽然财富是重要的，但获取财富的方式同样重要。我们应该以正直的方式赚钱，并将其用于有益于社会和人民的事业。"凡"指的是平常心态，拥有一颗平常心意味着拥有良心、恒心、爱心、耐心、真诚和慈悲。保持平常心有助于我们的健康，同时还能抑制贪婪、愤怒、愚痴、傲慢和怀疑等负面情绪。通过平常心，我们可以从平凡的事物中领悟到深刻的道理，实现真正的自由和满足。

在当前的商业环境中，许多企业似乎陷入了一种误区，认为通过不断的争斗和对抗就能取得成功和财富。然而，这种观念实际上是荒谬的。真正的成功应该建立在和谐与合作的基础之上。无论是在个人与个人、家庭与家庭、企业与企业，还是国家与国家之间的关系中，追求"和"与"共赢"才是明智的选择。恶性竞争和恶意对抗只会导致资源的浪费和关系的破裂。十多年前，中国彩电市场趋于饱和，竞争日趋激烈，某家电企业率先打响了价格战，以致各厂家纷纷降价，在家电行业掀起了一场"价格大战"，结果是各生产厂家都遭受损失，弄得两败俱伤，最后不得不通过和解停止了价格战。此事件充分说明了市场中的恶性竞争对人对己都是不利的。儒家思想中的"和"概念是实现"赢"的关键。它强调的是平衡、协调和相互尊重。将这一理念应用到商业实践中，可以帮助企业建立正确的竞争观念，促进合作而非对抗，实现共同发展和繁荣。因此，企业和个人都应该努力培养和维护和谐的环境，通过合作和创新来实现共赢，而不是通过无休止的竞争来追求短暂的胜利。这样，我们才能构建一个更加稳定、健康和可持续的发展模式。

昔日张库商道以"和"为贵，以"义"为先，它要求从事商业活动的人们要遵循"仁义"，反对损人利己、见利忘义等不道德的商业行为，强调商业活动必须要以"义"为先，讲究诚信，义利兼顾。口商精神以诚信为本，它要求从事商业活动的人们要有高尚的道德品质和强烈的社会责任感，讲究诚信原则，遵守商业道德规范。口商精神追求和合共生，它要求从事商业活动的人们要遵循"天人合一"的理念，追求人与自然和谐共生。张家口商人们遵循"和"的原则，追求和天地自然和谐共生。这就要求从事商业活动的人们要讲究诚信原则，注重人与自然的和谐发展。口商精神正是在这样一种和谐理念下形成并发展起来的。正是这种人与自然和谐共生的理念促使了张家口地域经济发展达到了一个新高度。这种和合共生理念对于构建社会主义核心价值观具有积极意义。口商精神倡导以诚信为本，以义为先，这种商业道德理念不仅促进了商业活动的健康发展，也有助于社会和谐稳定。

张家口的商人们坚守诚信和仁义的商业道德，他们与合作伙伴和社会成员之间建立了和谐的关系，共同追求发展和繁荣。这种追求和谐共生的理念不仅反映了人类与自然环境之间的平衡，也展现了人与人之间相互尊重和协作的精神。张库商道所体现的精神，是一种商业智慧和道德指南，它将继续指导商业实践，推动商业界朝着更加繁荣和进步的方向发展。这种精神鼓励商人在追求经济利益的同时，也注重社会责任和道德规范，从而实现可持续的商业成功和社会和谐。

此外，张库商道是一个多民族、多文化、多宗教的区域，各民族在长期的交往中，彼此交流，相互吸收，实现了各民族之间的和谐共生。这就要求各民族之间要有包容精神，承认彼此之间存在不同。张库商道不仅促进了不同民族间的文化交流，也促进了不同民族之间的经济文化交流。各民族要本着"和而不同"的态度，取长补短，相互吸收，共同发展。在张库商道上，汉、蒙、回等多个民族在长期的交往中形成了一种包容精神。他们既有共同的文化、习俗和信仰，也有不同的生活方式、宗教信仰和价值观念。这种包容精神使他们相互尊重、相互理解、相互学习。他们既是彼此之间交流与融合的桥梁和纽带，也是推动我国文化传播与发展的动力。

张家口地域的繁荣，得益于多个民族之间的和合共生。这就要求我们在实现张家口繁荣发展的过程中，要深入挖掘和弘扬口商精神中的"和合共生"精神，促进各民族之间的相互融合，使口商精神成为一面促进民族融合、实现共同繁荣的文明旗帜。

三、以义利兼顾，促进经济发展和提高国家文化软实力

口商精神以诚信为本，其中的"信义"一词更是把"诚"和"义"紧密结合在一起。正因为张库商道文化中有着诚信为本的优良传统，才能使得草原丝绸之路上的商品交换和文化交流能够顺利进行，从而促进民族融合。正因为如此，才能使得张库商道成为我国古代北方最早开放的国际贸易通道。此外，张库商道文化中也强调"信义"在经商活动中的重要性。这就要求经营者要在经商过程中，讲诚信、讲信用，要信守诺言，言必行、行必果，在与客户、与社会建立互信关系的基础上实现共赢。

儒家文化中"以义生利""见利思义""义利统一"等思想是市场经济的本质要求。社会主义市场经济不仅是利益经济，也是道德经济；不仅是竞争经济，也是法治经济。它可以促进企业诚信经营、遵纪守法，还能够约束企业的行为，促使企业不欺行霸市，不销售假冒伪劣商品，还能促使企业生产方式、经营方式的转变。社会主义市场经济下，企业的直接目的就是获取利益，利益是企业的直接驱动力，也是市场经济的要求，但是企业应"取之有道"，以合法的渠道获取利润。孔子曾说："不义而富且贵，于我如浮云。"儒家这一思想同现在满足顾客需要，以顾客为导向，培养顾客忠诚有着相应的联系。"于人予惠，人必予之以利"，这也是企业经营之道。儒家"义利观"符合现代市场经济的要求，有利于规范企业的生产经营行为。

在我国社会主义核心价值观传播中，不仅要实现中华民族伟大复兴，也要促进中华民族的繁荣稳定。张库商道是一条民族融合之道，也是一条文化交流之道，更是一条义利兼顾、和合共生之道。口商精神是以诚信为本、义利兼顾、和合共生为特征的民族发展之道，对于我国经济社会发展具有重要的推动作用。因此，我们应当深入挖掘口商精神，加强对其内涵和特点的理解和传承，不断推动其在社会主义核心价值观中的传播和弘扬。只有这样，我们才能更好地引领民族发展之路，实现中华民族的伟大复兴和繁荣稳定。

在口商精神中，义利共赢是其民族精神的重要组成部分。在张库商道上，不仅商人之间要合作共赢，商人与当地居民之间也要义利共赢。无论是做生意还是交朋友、走亲戚，人们都讲究"仁、义、礼、智、信"。正因为如此，张库商道上的商人在长期的商业活动中建立了良好的商业信誉和个人品牌。这种良好的商业信誉和个人品牌对当地经济发展起到了很大作用。口商精神要求人们诚信为本、义利共赢，最终赢得了他人的信任和尊重，从而赢得了市场效益。因此，这种诚信为本、义利共赢的口商精神对国家文化软实力建设具有重要作用。这种文化精神不仅体现在商业活动中，也贯穿于社会各个方面。人们注重诚信不仅是为了谋取经济利益，更是为了维护社会秩序和发展和谐社会。诚信不仅是一种行为准则，更是一种道德规范。只有在诚信的基础上，社会才能实现和谐稳定发展。因此，口商精神所倡导的义利共赢精神对于塑造社会风气、培育良好社会氛围具有重要意义。

▶第三节 口商精神在社会主义市场经济高质量发展中的传承与弘扬

一、社会主义市场经济中存在的问题

1. 假冒伪劣产品，虚假广告危害社会

20 世纪 90 年代初期，正值中国改革开放的初期阶段，假冒伪劣商品的泛滥严重侵害了国家利益和消费者权益。为了应对这一问题，国家出台了一系列政策和法规，明确禁止假冒伪劣商品的生产和销售。各地政府也投入了大量资源，包括人力、财力和物力，以打击和遏制假冒伪劣商品的流通。尽管如此，假冒伪劣商品的问题依然存在，屡禁不止，反复出现。近年来，随着经济的快速增长，新的挑战也随之出现。人民的生活水平有了显著提高，但与此同时，环境污染问题也日益严重，成为社会关注的焦点。一些厂家利欲熏心，生产假冒伪劣商品销售，完全不考虑消费者的安

全，虽然当时中国有"质量万里行"等活动不断曝光假冒商品，但仍无法从根源上消除它们的存在。进入21世纪后，市场上仍然充斥着许多假冒伪劣商品，从生活用品到生产用品，它们都严重危害着百姓的健康、企业的信誉和社会的和谐。

每年中央电视台3·15晚会都会曝光一些恶性食品安全事件，如"毒粉条""地沟油"以及滥用药物和添加剂，等等。厂家为了吸引消费者的眼球，刺激他们的购买欲望，肆意夸大产品功效，做虚假广告。一些明星和电视台为了追求经济效益，置广告本身的真实性于不顾而肆意为之代言、广播，致使相当多的顾客因为购买这种商品而上当受骗并深受其害，例如，被3·15晚会曝光的"神酒"听花酒，存在过度营销、骚扰用户行为，被市场监管部门查封。但是虚假广告仍无法完全杜绝。

据统计，我国每年因食品安全事故直接经济损失高达数百亿元，占全国GDP的0.03%。在2023年央视3·15晚会上，曝光了大量食品安全问题。例如，宣称泰国香米，注册"泰子王"等泰国相关商标，实际和泰国香米没有任何关系，在本地大米中添加香精伪造泰国制造，且香精制造公司无食品添加剂许可证。医疗美容化妆品行业中，备案为化妆品，使用方法是注射使用，实际备案为妆字号，根据国家相关规定，妆字号不能用来注射。且无相关证件的工作人员直接为消费者进行注射不合规。多个主播直播间主题均为解决家庭矛盾、帮人解决问题等热心定位或者表演苦情戏码，赚取老人的信任，同时售卖了多个不利于老人食用的产品，让不少老年人深陷其中。老年人不仅给主播刷礼物，还会在直播间买不少夸大宣传且不适合老年人食用的"特效药"。随着人们生活水平的提高，人们对食品安全问题越来越重视。在这种情况下，政府部门也在加大监管力度，加强食品安全监管，严惩违法行为，保障人民群众的饮食安全。同时，各界也在积极呼吁加强食品安全意识的宣传教育，提高消费者的食品安全意识，共同维护食品市场秩序，建设一个安全放心的食品环境。希望通过全社会的共同努力，能够有效解决食品安全问题，让人民群众吃得放心、用得安心。

2. 盗版横行，商标滥用

目前，我国的专利意识还比较薄弱，一些专利性产品一经生产，盗版马上上市，致使正版产品销售困难。市场上，盗版产品名目繁多，只有顾客想不到的，没有盗版厂商做不到的。例如，音像制品、软件、书籍、化妆品等，这些盗版产品的存在严重侵害了正规厂家的利益，但是因为市场有着巨大的需求，所以盗版活动屡禁不止。

当前，网络盗版现象已经成为一个主流问题。据知乎付费阅读业务负责人范俊梅介绍，网络文学的盗版问题一直非常严重。但是，随着执法机关对传统盗版网站的严厉打击和内容平台在网页端反爬虫技术的进步，传统盗版的成本逐渐上升。这导致盗版团伙转向电商平台、社区等新型渠道。这些渠道的特点是分散性、隐蔽性更强，成本更低，而且社群的互动分享特性使得盗版内容的传播更加迅速，这增加了监测和维权的难度。目前，电子书市场尚未达到一个稳定的状态，出版商在这一过程中占据着主导地位。这种模式对于电子书生态系统的稳定和市场平衡至关重要，它也确保了作者能够以合理的价格为读者提供更多高质量的作品。

法律的不断完善对于推动数字借阅行业的发展起到了积极的作用。在互联网资源开放的过程中版权问题是一个不可避免的议题，尤其是在人工智能和其他信息技术快速发展的背景下，现有的版权制度与现实情况之间出现了不适应，需要从法律层面进行调整和完善。

还有一些商标问题，目前国内大部分企业商标维权意识不强，对商标保护力度不够。一些产品出名后，与之名字相仿，外观相似的产品也随之上市了，这些产品想借助别人的名气，混淆消费者的判断，从而销售自己的产品。此外，中国一些著名商标在国内外遭到恶意抢注，从而出现了专有厂家使用自己的东西却要向别人缴纳商标使用费的怪现象。可见，商标作为企业重要的无形财产，应该得到企业的重视。

3. 个人利益最大化，侵吞国有财产

国有企业改革旨在引入现代企业制度，其核心目标是优化国有资源的配置，以确保国有企业在市场经济和竞争环境中实现更好的发展。国有资产，从本书研究的角度来看，指的是国有企业在经营过程中创造的归国家所有的资产权益，它们是我国国有企业和现代化经济发展的重要支柱。到目前为止，国有企业改革已经取得了显著的成果，但也面临着国有资产流失的问题。随着国有企业改革的深入，国有资产流失的问题变得更加隐蔽和复杂。

在国有企业改革过程中，国有资产流失的途径主要包括：

（1）隐匿侵占国有资产

一些国有企业在改革初期就开始通过隐瞒或低估资产来谋取私利。常见的手段包括：虚报并截留部分国有资产的经营收益，将其转为应付款项，改制后据为己有；虚增成本费用，降低资产价值；将本应收回的应收账款标记为坏账或呆账，然后作为债权人收回款项等。

（2）资产清查不彻底

国有企业在改革前需要进行资产清查和核实。但在实际操作中，一些企业未能如实清查不良资产、账目不明确或未记录在账的资产，未能真实反映企业的实际资产和负债情况，仅以账面平衡作为标准，导致一些应计入的资产被排除在改革范围之外，造成国有资产流失。

（3）违规操作，低价出售资产

我国对国有资产的处置有明确的法律法规，要求改制方案必须经过职工代表大会通过，并报主管部门及国有资产监管部门审核批准后才能执行。然而，在实际操作中，一些国有企业高管未经上级管理部门汇报，就在小范围内研究决定后自行处理企业资产；或者未经上级部门同意，由企业内部某领导擅自处理国有资产。这些行为都违反了国有企业改革的规定，产权交易程序不规范，往往低估了资产价值，增加了国有资产流失的风险。

4. 股市黑幕、庄家操纵及虚假财务报表侵犯中小投资者利益

由于中国股市发展尚不完善，一些大股东利用法律、法规的漏洞采取非法交易手段，制造假象，诱使中小股东作出错误的判断，从而获取非法利益；上市公司为了粉饰经营业绩，篡改财务报表信息，提供虚假报表；一些会计师事务所为了谋取非法利润，也参与不法勾当，帮助公司出具证明。如美国"安然"的倒闭，"毕马威"在中国受到起诉等都是利益所致。

二、传统伦理思想与建立基于诚信的市场伦理体系

口商文化"诚信"的观念对构建基于诚信的市场伦理体系是大有裨益的，诚信是我国的传统美德，也是儒家提倡的重要美德，这种美德体现在中华文化的方方面面，今天我们谈到的口商精神也是一脉相承的，尤其在商业领域，这种品质被称为立身之本。孔子曾说过："与朋友交，言而有信"（《论语·学而》），"言忠信，行笃敬，虽蛮貊之帮行矣；言不忠信，行不笃敬，虽州里行乎哉"（《论语·灵公》）。孟子也曾经说过："万物皆备于我矣，反身而诚"（《孟子·尽心上》）。"诚"代表着真诚、诚实和虔诚的品质，而"信"则涵盖了信用、信誉和守信的概念。在这一理念中，"诚"是本质，是内在的道德准则；"信"则是其外在表现，是实际行

动的体现。"诚"可以视为原因，而"信"则是结果。换言之，"诚"是个人内在道德自律的体现，而"信"则是这种自律在社会交往中的具体展现。诚信不仅是个人品格的基石，也是事业成功的基础。它要求我们在内心保持真诚和诚实，在行为上展现出信用和信誉。

在社会主义市场经济高质量发展时期，应快速杜绝存在的欺行霸市、制假贩假等现象。市场经济需要构建诚信机制，重塑经济秩序。诚信不仅是企业长久经营之道，更是为人之道，有道是"诚招天下客，信聚八方财"，在商界欺瞒消费者只能获得暂时之财，却不能获长久之财；在社会生活中唯利是图，最终只能落得步履维艰。因此我们弘扬"诚信"这种美德，并将其为一种精神，这就是我们今天所看到、所体会到的口商精神，其给地域经济文化道德发展植入了灵魂。早在两千五百多年前，孔子就提出了"人而无信，不知其可也"等诚信学说，几千年来，华夏商人坚守诚信，获得了良好信誉。昔日的口商秉持这种理念实现跨越世纪的张库商道，今天我们也要诚信经营，童叟无欺，建立基于诚信的企业与伦理体系。只有以义取利，先义后利，才能得到顾客的认同，招揽八方之客，汇聚天下之财。当今市场经济高质量发展更需要建立诚信机制，惩恶扬善，才能维持经济高质量且有序的运行，以及社会生产的再进行。

三、传承地域口商精神，弘扬社会主义核心价值观

1. 崇德尚义，彰显内在德行

张家口，地处京、冀、晋、蒙交界的特殊位置，是三省通衢的重要节点。从这个位置上看，张家口不仅是口商的重要发祥地，也是京西商业的重要枢纽。张家口商人以崇德尚义为经商之本。崇德尚义，不是一句口号，而是实实在在的行动。他们以"以义制利"为经商之本，不仅在日常经营中讲求信义、信用和信誉，而且在商战中坚守诚信、恪守诚信，最终赢得了消费者和市场的信赖。他们用行动告诉世人：只有讲诚信、守信誉的商人才能在激烈的商业竞争中生存、发展、壮大。这也是张家口商人崇德尚义精神最深刻、最直观的体现。

口商精神中崇德尚义的形成与其所处的特定历史环境密不可分。明清时期，张家口地处塞外，为保障京畿安全，边关贸易一直受到严格限制。明朝政府在此修建了万里长城，同时为了解决边关士兵的粮饷问题，还修建了专门的军需物品仓库。这就给张家口商人提供了大量的商机，张家口

商人在此期间逐渐发展壮大起来。清康熙年间，随着八旗军队的南下，在张家口商业进一步发展，形成了以"张家口商号"为代表的商业群体和草原茶马大道之张库商道。在清王朝和当地政府的大力扶持下，张家口地域经商的商人迅速崛起。这一时期，张家口商人依托张库商道，其经营范围逐步扩大到金融、商业、文化等多个领域。可以说，这一时期是张家口商人发展最快、实力最强的时期。

在张家口经商过程中，崇德尚义的精神逐渐成为主流的文化。崇德，是指尊崇高尚的品德、崇高的精神。崇德作为一种道德情操，其内涵主要包括三个方面：其一，要有高尚的道德情操，这是崇德的基础；其二，要有崇高的精神境界，这是崇德的保障。其三，要有正确的价值观念。崇德，是人类社会进步和文明发展的必然结果，是张家口商业文化不断发展完善的必然要求，也是张家口商业文化中最为重要的核心价值之一。崇德与崇商、崇利、崇权等有着本质区别，前者体现着商业文化中人与人之间、人与自然之间关系的道德规范；后者则体现着商业文化中、商业经营中的道德规范。崇德尚义，是张家口商人经商之本，也是张家口商人最终胜出之道。尚义，是尊崇正义，追求道义的精神。它不仅反映了个人思想品德和精神境界，也展现了商人的社会责任感和使命感，同时体现了商人与社会的互动关系。尚义精神主要包括大公无私、信守承诺、恪守诚信等。这些精神在商业社会中不可或缺，但在不同时期表现程度各异。尚义精神贯穿于商业活动全过程，是商人价值观和行为准则的核心体现。"以义制利"是尚义精神的本质，而"义"又是"利"的前提和基础。尚义精神能够使商人自觉地遵循社会公德和商业道德规范，推动商业活动的健康发展。尚义精神有益于社会的稳定与和谐，也有利于在整个社会中树立诚信、公平、平等的商业道德观念和良好社会风气。

因此，崇德尚义不仅是一种精神，更是一种实践。口商的崇德尚义，不仅体现在日常经营中，更体现在他们的社会责任上。他们时刻关心社会，关注弱势群体，参与公益事业，积极回馈社会。崇德尚义，既是张家口商人的基本德行，也是他们经商精神的重要内涵。从张家口商人的实际行动来看，他们的崇德尚义精神是具体的、生动的，而不是抽象的、空洞的。作为一个具有悠久历史和深厚文化底蕴的商业群体，张家口商人的崇德尚义精神在漫长的历史进程中得到了不断的传承和弘扬。他们以自身良好的德行和经营业绩为社会创造了财富，也赢得了社会的赞誉和尊重。张家口商人崇德尚义的传统已经根深蒂固，贯穿于他们的血脉之中，成为一种内在的信仰和行为准则。无论是在商业活动中还是日常生活中，崇德尚义的精神都贯穿始终，塑造了张家口商人独特的文化气质。他们不仅注重经济效益，更注重道德修养和社会责任，始终秉持着"以德兴业、以义立身"的信念，为社会和谐稳定作出了积极贡献。在当今社会，张家口商人崇德尚义的光辉传统仍在继续发扬光大，为建设和谐社会、构建美好家园贡献着自己的力量。

当然，崇德尚义不仅是张家口商人的道德追求，也是中华民族的道德追求。在中华民族的历史长河中，崇德尚义已成为一种优秀传统文化和道德标准。在新时代的今天，崇德尚义仍然是我们构建社会主义核心价值观的重要内容。在这样的背景下，我们应当倍加珍惜并传承崇德尚义的精神。唯有通过弘扬这种道德追求，我们才能更好地引领社会风气，培育出更加和谐、文明的社会环境。让崇德尚义成为我们行为准则的一部分，不仅能够提升个人修养，也能够促进社会整体的进步和发展。我们应共同努力，将崇德尚义的理念融入日常生活中，让其在行动中得以体现，为构建更加美好的社会贡献力量。

2. 诚实守信，彰显道德修养

张家口有"塞外咽喉"之称，历史上张家口是北方游牧民族与农耕民族冲突、融合之地。在此文化的孕育下，张家口商人以诚信为本，经营活动同样以诚信为先，从他们身上同样可以看出晋商、蒙商、冀商的精神特质和道德修养。

"以信立业"，"信"是口商商道的核心，是为商者所应具备的基本品格和道德素质。张家口商人在经商的过程中始终坚持诚信为本，诚信经商，因此张家口商人也获得了很高的声誉。明清时期，张家口地域乃至张库商道直通俄罗斯，张家口商业大部分以经营银、茶、粮、盐为主。当时张家口商人不仅有商业贸易活动，还有农业生产和手工业生产。从茶叶到食盐，这些商品在张库商道沿线的市场上都有一定的消费群体和消费人群。张家口商人在经营活动中始终坚持诚信为本。他们把"不欺不诈"作为商业道德规范的核心内容，从生产到销售都遵循诚信为本的原则。在经营中，他们将诚信作为重要的价值观念和经营原则，将诚信作为一种行为准则、一种文化传统、一种社会责任和一种精神追求，从而成为人们道德行为的内在标准和自觉行动。所以说，张家口商人诚信为本，是他们精神文化的核心所在。

"诚者，成之基也；诚之者，人之道也"。诚信是经商的根本。在张家口商人看来，只有诚信才能使自己的商业活动长久存在并发展下去。在张家口以及张库商道沿线做生意的商家们都非常注重与顾客的关系，他们以诚信为本，当与顾客打交道时，总是从顾客的利益出发。同时也会尊重顾客，理解顾客的需求。例如，在张家口做生意的商家们会经常举办一些活动来吸引更多顾客，如在每年"小年"之时举办庙会活动，张家口商人们都非常重视这一节日，同时也会举办一些其他活动以吸引更多的人前来观看。张家口商人深知，唯有通过诚信经营，才能赢得顾客的信任和支持。他们不仅在生意上讲究诚信，更在日常生活中注重诚信为人。这种诚信的精神贯穿于他们的经商活动中，成为他们立足之本，也是他们与顾客之间建立稳固关系的重要保障。在张家口这个古老而充满活力的地域，诚信不仅是商人们的座右铭，更是一种文化传统，一种生活态度。

"诚信是企业最好的广告"，这是许多人都知道的一个道理。在张库商道兴盛时期，张家口商人在经营过程中都十分重视自己的信誉，他们认为只有诚信才能使自己的生意越做越好。张家口由于其特殊的地理位置，成为当时中国对外贸易的重要陆路口岸，商贾云集，各种势力盘根错节，这也使得张家口商人具有较强的冒险精神，他们认为只有诚信才能使自己在残酷的环境中生存下去。正是这种冒险精神，促使他们不断创新和发展。同时，他们在经营过程中始终坚持诚信原则，并且非常重视自己的信誉，即使生意做不下去也要坚持把事情做完。在当时，张家口商人所经营的商品种类非常丰富，除了粮食、茶叶等生活用品之外，还包括铁器、丝绸、毛皮、药材等商品。张家口商人通过各种渠道和方式，不断扩大自己的生意范围，与张库商道沿线以及周边地区进行广泛的贸易往来。他们在商业活动中始终遵循诚信原则，赢得了客户的信任和尊重。这种诚信精神不仅帮助他们在竞争激烈的市场中立足，还为他们赢得了良好的声誉和口碑。张家口商人以诚信为本，不断发展壮大自己的事业，成为当地商业发展的中流砥柱。

口商精神诚实守信的经营理念和道德观念，是在长期的实践中逐渐形成的，是一种约定俗成的商业精神文化。在这种精神文化背景下，张家口商人遵循着口商精神和道德规范，并结合自身特点不断创新发展，不仅在经营中坚持诚信为本，在经商的过程中也始终坚持诚信为先。他们恪守商业道德规范，重视道德修养，并结合自身特点不断创新发展。张家口商人虽然从事的是传统的商业活动，但他们对传统文化进行了吸收和转化。将传统商业文化中的"仁义""信义"等优秀元素融入自己的口商精神中，以诚信为本、诚实守信作为经营和经商的准则。张家口商人非常重视道德修养和商业伦理教育。他们不仅在思想上认识到道德修养的重要性，而且更注重将商业伦理转化为个人的实践行为。这种重视不仅在认知上，更体现在日常商业活动中。张家口商人在长期的经营活动中形成了以"诚实守信"为核心的价值观念。

3. 敬业乐群，彰显职业操守

"敬业乐群"一词最早出自西汉戴圣编纂的《礼记》中的一篇《礼记·学记》："一年视离经辨志，三年视敬业乐群。""敬业乐群"也是先秦儒家倡导的重要的学习态度和方法。具体来说，"敬业"意味着专心于学业或工作，对学习或工作表现出高度的专业态度和精神。"乐群"则是指乐于与好朋友或团队成员相处，享受与他人交流和切磋的过程。这里主要是指对工作或学业充满敬业精神，乐于与朋友或团队成员融洽相处，共同合作努力实现目标。在张家口商人身上，这种精神得到了充分体现。他们在经营活动中，把"敬业"和"乐群"作为一种职业操守，在自己的工作岗位上努力做好工作，从而为事业创造更大的效益。

张库商道是一条商业大道，也是一条文化大道。张家口商人在经营过程中，不仅注重物质上的需求，也注重精神层面的需求。他们不仅在经营活动中注意物质文化的提高，更注重精神文化的建设。正是这种对精神和文化的追求，使张库商道上的张家口商人在事业上取得了骄人成绩。张家口商人不仅对社会做了贡献，而且对国家和民族也做了贡献。他们把经营所得用于社会公益事业。当时的张库商道上的商家大多与商号相配套，建有各类公产，如大盛魁商号，他们不仅支持官办事业，还大力支持地方公益事业。在清朝末年的动乱年代，张库商道上的商人为国家和社会做出了重要贡献，比如，在沙俄侵占我国领土时，张家口商人立即组织商人捐款支援；在抗战期间，张家口商人积极响应国家号召，踊跃参与各种爱国活动；在解放战争时期，张家口商人积极支援解放战争。总之，他们用实际行动为国家和社会做了大量工作。

许多张家口商人在自己的工作岗位上努力工作，为事业创造更大的效益。他们在经营活动中，把"敬业乐群"作为一种职业操守，以实际行动践行了这句话。他们所从事的行业不同，但是他们都是商人群体中的重要成员。他们要努力工作，为自己所在的团队创造更大的效益。他们在经营活动中不仅重视物质文化层面的建设，更重视精神文化层面的建设。他们在事业上取得了骄人成绩，在精神文化上也有自己独特的追求方式。

张家口商人不仅有经营方面的本领，更有一种敬业乐群的精神。他们在事业上取得骄人成绩的同时，也给自己和家人带来了物质上和精神上的双重幸福。这种敬业乐群的精神，不仅是张家口商人的职业操守，也是中华民族的传统美德。在当代社会，我们提倡敬业乐群精神，就是要像张家口商人一样，具有口商精神，在工作岗位上努力工作，把自己的事情做好。在激烈的市场竞争中，我们应该发扬这种敬业乐群精神。

4. 忠孝为本，彰显家国情怀

"富而能仁"，这是对商人的要求。因为有了"仁"，才能成就商业的兴旺。中国人历来讲究"忠孝节义"，不仅体现在对自身的道德修养上，还表现在对家庭、对社会、对国家的责任上。这是商人最基本的社会属性，也是商业得以长久发展的重要原因之一。在中国商业发展史上，张家口商人同样以其"忠孝"而著称于世。张库商道的畅通，为张家口商业繁荣提供了良好的条件，在张库商道上活跃着众多商业商家，他们在中俄贸易中发挥了重要作用。其中，有很多张家口商人积极参与其中，他们的活动推动了张家口商业的发展，对张库商道的形成和发展起到了重要作用。

"家国情怀"是张家口商人最重要的理念。张家口商人大多是以忠孝为本，他们不仅重视宗族的关系，还十分注重兄弟的团结互助。这主要体现在两个方面：其一是家族内部之间的团结互助，其二是商业集体之间的团结互助。在张库商道上，无论是商业贸易还是其他活动，都离不开家族和各个商家之间的团结互助。正是因为有了这种团结互助，才能让他们在市场竞争中处于不败之地。比如，张库商道上有很多商号都是以家族为单位组成的。这些商号内部以"家"为单位，每个人都把"家"作为自己生存发展的基础和根本，从而实现了对家族的忠诚，形成了强大的凝聚力和向心力。同时，这些商号外部还十分注重兄弟之间的团结互助，他们认为商业兄弟之间只有团结互助才能创造出更好的发展条件。这种忠孝、团结互助的传统观念在张库商道上代代相传，成为商人们行为准则的重要组成部分。无论是面对市场的变化，还是面对竞争的压力，他们始终坚守着家族之间的亲情和兄弟之间的友情，共同努力、共同发展。这种传统价值观不仅帮助他们在商业上取得成功，也让他们在生活中更加和谐、幸福。张库商道上的张家口商人们用自己的行动诠释着忠孝亲情、兄弟友情的真谛。

张家口商人有着强烈的家国情怀，他们不仅将家国情怀贯穿于经商过程中，而且把"仁"作为经商的根本。张家口商人十分注重"仁"。所谓"仁"，就是"爱"，是人与人之间的一种情感交流。在张家口，"仁德"的具体表现为：一是重义轻利，诚信经营；二是与人为善，助人为乐；三是乐善好施，回馈社会。所谓"信"就是"信于人"。他们重视对消费者和社会的负责，注重诚信经营。他们认为诚信经营是企业取得成功的关键因素之一，因此很多张家口商人都把"信"作为自己经商的根本。

张家口商人通过各种方式帮助他人和回报社会，这些行为体现了张家口商人乐善好施的特点。张家口商人乐善好施是受中国儒家思想影响形成的一种观念和行为方式。儒家思想认为："仁者，爱人也；义者，正也；礼者，理也；智者，明也；勇者，强也；信者，诚也。"中国儒家思想中还有一个很重要的理念就是："以德服人"。孔子认为："仁者人也！"

在儒家思想中，"仁"是很重要的一个理念和行为方式，这种理念和行为方式对中国古代商业产生了很大影响。儒家思想中的"仁"不仅包含着人与人之间相互关爱的内容，而且包含着处理人与人之间矛盾关系时应该遵循的道德规范、礼仪规范等内容。他们将"仁"作为经商的根本理念，重视对消费者和社会负责，因为消费者和社会是商业活动中最重要的两个主体，只有将这两个主体都照顾好了，才能使商业活动成功。这就要求商业活动中必须有两个主体共同参与进来才能实现商业活动的成功。

因此，张家口商人身上体现出来的崇德尚义、诚实守信、敬业乐群、忠孝为本的口商精神，不仅对他们本人产生了积极影响，同时也对整个民族产生了深远影响。我们应该以此为契机，加强民族文化建设，践行社会主义核心价值观，并把这种敬业乐群精神传承下去。在改革开放和社会主义现代化建设新时期，我们应该发扬这种敬业乐群精神。只有这样，才能实现中华民族伟大复兴的中国梦！

参考文献

[1] 刘徒. 张家口历史文虎丛书之知名的历史人物 [M]. 北京：党建读物出版社，2006.

［2］赵占华. 可爱的张家口［M］. 贵阳：花山文艺出版社，2015.

［3］燕赵人民代表网. 代表风采阳原国际裘皮城董事长王铉斐［EB/OL］.［2024-05-1］. www.yzdb.cn/html/201710960849. html.

［4］九三学社中央委员会. 社内新闻张文瑞："蓝鲸"的领航者［EB/OL］.［2024-05-1］. www.93. gov.cn/xwjc-snyw/261684. html.

［5］王君，高贵，周总印. "口商"中的万全元素［N］. 张家口日报，2020-09-01（02）.

［6］刘雅静，马海明. 探寻一代"口商"的家国大义［N］. 河北日报，2020-07-27（06）.

［7］王飞. 清代张家口经贸与商帮研究［D］. 太原：山西大学，2020.

［8］李昂. "互市"铺就通衢商道：明代张家口"市圈"的起源、发展和影响［J］. 河北北方学院学报（社会科学版），2019，35（5）：43-46，63.

［9］高春平. 张库商道之兴衰［J］. 中国名城，2009（5）：24-27.

［10］牛国祯，梁学诚. 张库商道及旅蒙商述略［J］. 河北大学学报（哲学社会科学版），1988（2）：6-11.

［11］任君宇. 张库大道（内蒙古段）遥感考古调查与研究［D］. 呼和浩特：内蒙古师范大学，2020..

［12］黄俊民，陈小冰. 让新儒商文化融入财经类高校校园文化［J］. 人才开发，2006（4）：23-25.

［13］董丽红. 浅析当代大学生的道德修养［J］. 长春理工大学学报，2007（3）：92-93.

［14］苗泽华，毕园. 新儒商的商业伦理观及其管理模式［J］. 商业研究，2010（9）：199-202.

［15］汤恩佳. 儒教、儒学、儒商对人类的贡献［J］. 韶关学院学报（社会科学），2006（2）：48-50.

［16］王冰，王兴泽. 析儒学与创新人才的情商培养［J］. 中国市场，2006（52）：94-95.

［17］袁秀华，李鑫，张惠萍. 中华儒学与日本管理哲学［J］. 税收与企业，2000（11）：48-50.

［18］魏荣彬. 儒学思想在现代企业管理中的应用［J］. 黑龙江科技信

息, 2008 (3): 78.

[19] 王利民. 论儒学管理思想中的人才激励机制 [J]. 文史博览, 2007 (8): 35-36.

[20] 蒋丹. 儒家思想对现代管理的启示 [J]. 攀枝花学院学报, 2006 (4): 31-33.

第三篇

张库古商道文化融入高校
经管类专业人才培养过程研究

第六章　口商精神融入育人体制的探索与思考

　　大学之道，在明明德，在亲民，在止于至善。

　　　　　　　　　　　　　　　　　　　　——《大学》

　　所谓大学者，非谓有大楼之谓也，有大师之谓也。

　　　　　　　　　　　　　　　　　　　　——梅贻琦

　　口商精神是张家口商人在长期的张库商道通商的活动中形成的独特的精神与价值取向，"口商"文化资源是口商精神所蕴含的诚信为本、商道为先、和气生财、义利兼顾、恪守商德等一系列鲜明的商业伦理观念与社会主义核心价值观的高度契合，蕴含着丰富的教育育人元素。深入研究口商精神与文化育人的内涵，对促进口商精神融入高校育人体制具有重要的意义。

▶第一节　口商精神与高校育人的内在联系

　　口商精神是张家口商人在长期的商业贸易中所形成的底蕴深厚的文化价值取向，在中国商业史上留下了深刻的烙印，对后世的商业发展产生了重要影响。高校育人教育承担着文化引领的作用，担负着引导学生形成正确价值观的重大使命。口商精神与高校育人体制有着深刻的内在逻辑关系，二者存在内容的耦合性、功能的一致性。

一、教育内容的耦合性

高校高等教育肩负着研究和传播中华文化的重要使命，也是向大学生群体论证马克思主义中国化和时代化，彰显社会主义制度的优越性，促使当代大学生进一步坚定"文化自信"的重要手段。口商精神作为张家口商人在长期通商活动中所形成的文化产物，蕴含着重要的思想和精神价值，包含着丰富的制度、人物、故事素材，具有与高校育人体系内容紧密契合的特征。

张库商道作为一个商贸通道，是张家口商业发展壮大的重要支撑，在近代中国商业史上留下了光辉而灿烂的一页，同时它也促进了不同地区和文化之间的交流和融合，对草原文化的传承和发展起到了很大作用。口商精神不仅承载着张家口人厚重商业的历史，同时也积淀着丰富的文化内涵，是张家口商业发展史上的宝贵财富，是高校文化育人体系的巨大精神宝库。其一，口商精神以"以义生利""以义取利""先义后利"为基本特点，"诚信为本"是口商精神的第一要义。"以义取利"和"诚信为本"两种伦理规范，既保障了市场经济自身的良性稳定发展，又保障了经济的发展和社会的协同前进。因此，口商精神是促进规范我国市场经济的重要力量。其二，口商所倡导的中庸之道、仁爱之心、诚信之德等核心价值观，将为冀北企业走向世界提供强大的文化软实力支持。同时，口商精神注重个人修养和社会责任，将有助于构建和谐稳定的社会环境，为经济发展提供良好的社会基础。因此，口商精神是构建冀北区域独特企业家精神的土壤，是中华民族伟大复兴的文化源泉。其三，口商"家国情怀"的理念，可以帮助我们走出个人狭窄的经济界限，形成为国家、民族乃至整个人类的幸福而奋斗的价值观。口商精神所强调的诚信和共赢精神，也正是符合当今世界所需要的合作与共享精神，通过合作和共赢，我们可以实现经济的可持续发展，实现全球范围内的繁荣。将口商精神与社会主义市场经济相结合，有助于推动全球经济的发展，促进张家口区域经济和文明迈向共同繁荣的宏伟目标。因此，口商精神是促进张家口地域社会发展、实现共同富裕的精神动力。其四，口商精神倡导"开放包容""互利互信"，强调"公平竞争"，倡导进行公平、公正的经济合作与竞争，这与当今国际社会和平与发展的主题十分契合。在这样的背景下，口商精神的"合作共赢"理念也能为张家口走向国际，为国际社会和平与发展做出贡献。因此，口商精神的合作共赢理念是张家口区域可持续发展战略的理论基础。

高校文化育人体系是指导大学生形成正确思想道德行为的重要组成部分，也是社会主义精神文明建设的重要内容。"从中国共产党百年思想政治教育发展历史来看，思想政治教育领域总是不断根据党的中心工作和党的事业发展而不断拓展。"① 口商精神所蕴含的思想价值，为地方院校经管类专业开展思想政治教育提供了丰富的素材。以口商精神中的爱国情怀为起点，厚植爱国主义情怀，增强中华民族的凝聚力和向心力；以口商精神中的法治意识为准则，提升大学生的道德品质，营造尊法学法守法用法的良好氛围；以口商精神中的诚实守信为核心，引导大学生自觉遵守商业道德、自觉维护市场秩序、自觉保护消费者合法权益，树立"人人讲诚信、事事重诚信、处处保诚信"的良好风尚；以口商精神中的创新意识为先导，增强大学生创新创业能力，营造勇于创新、敢于创新、善于创新的良好氛围；以口商精神中的敬业精神为基础，培养大学生对事业执着、对工作热爱的奉献精神，对岗位精益求精、对工作追求卓越的敬业精神；以口商精神中的文化价值为支撑，增强大学生的文化认同感，为大学生未来发展提供强大精神动力。

二、教育功能的一致性

习近平总书记在全国高校思想政治工作会议中提出"高校思想政治工作关系高校培育什么样的人、如何培养人以及为谁培养人这个根本问题"②。因此，顺应新时代发展的要求，发挥高校思想政治教育的育人功能尤为重要。高校思想政治育人的功能是通过思想政治教育对大学生所产生的积极影响。口商精神价值理念与高校思想政治教育功能的一致性，体现在个体性功能和社会性功能两方面。

1. 个体性功能

高校思想政治教育的个体性功能主要是指个人在受教育过程中所受到的积极影响，能够帮助自身构建精神世界并通过自身的社会实践反作用于社会的发展。个体性功能又可以进一步分为生存功能、发展功能和享用功能。

人类的生存与成长不仅依赖于物质条件的供给，也依赖于精神层面的

---

① 佘双好，马桂馨. 新征程思想政治教育理论的发展创新 [J]. 思想政治教育研究，2022，38（5）：1-7.

② 习近平. 在全国高校思想政治工作会议上的讲话 [N]. 人民日报，2016-12-09（1）.

充实和满足。物质需求的满足为人们提供了生存的基础，如食物、住所和健康，而精神需求的满足则关乎个人的内在发展，包括情感、知识、文化和价值观等方面。两者相辅相成，共同构成了人类全面发展的重要支柱。当代大学生在物质生存条件相对丰盈的条件下，更加注重对思想和精神世界的追求，口商精神和高校思想政治教育个体生存功能的一致性，也在这一追求过程中得以体现。例如，口商精神中的"智"，是商业发展重要的伦理思想。首先是"认知"，即对客观事物的认知和悟性，将其运用于高校思想政治教育，能够引导学生学习必要的生存与发展知识，更好地认识世界；其次是"才干与能力"，能够引导学生提升自身的素质，更好地发挥其主观能动性改造世界，促使其获得更好的物质条件和生存环境，汇聚推动经济高质量发展的磅礴动力；最后是"个人修养"，引导学生逐步提升自身的个人修养，丰富其精神世界，为当代大学生补足精神之钙，充分凸显高校思想政治教育的功能。

相对于生存功能，口商精神及高校教育的个体发展功能则更多强调其在塑造个体人格、促进大学生全面发展方面所发挥的作用。例如，口商精神中的创新精神，是"开拓创新，灵活应变"的经营理念。一方面，根据不同时期的市场变化采用与高校教育重视个体需求、塑造个体人格理念相契合的对策的经营理念，将其运用于高校文化教育，培养大学生具体问题具体分析的能力，鼓励其探索适合自身发展的学习方式等方面。另一方面，开拓进取、不断创新的经营理念与高校文化教育促进大学生全面发展的理念相契合。将其运用于高校文化教育，培养大学生在复杂多变的经济环境中的敏锐观察力和快速反应能力，充分凸显高校文化教育体系的功能。

口商精神及高校文化教育的个体享用功能则体现在大学生达到预期目标后的愉悦感与获得感。例如，口商精神中的"家国情怀"，是精神世界的纯净和高尚。口商的家国情怀，使其将自己的事业发展与国家民族的兴亡紧密相连，时刻牢记国家利益高于一切，并勇于承担社会责任，将其运用于高校文化教育，使其在潜移默化中对大学生的思想品德产生积极影响，引导其关心国家民族的未来和发展，将"振兴国家民族"作为自己的理想和目标，以个人自身行为推动社会环境向好发展，提升大学生的愉悦感与获得感，充分凸显高校文化教育育人的功能。

2. 社会性功能

高校文化育人的社会性功能是指其在社会发展过程中所起的积极作用，主要包括政治、经济、文化和生态四个方面的作用。

张家口商人以其特有的商业精神和经营理念，不仅在国内市场上取得了辉煌的成就，而且在国外市场也享有很高的声誉。他们在长期的经商实践中，逐渐形成了诚信为本、商道为先、和气生财、义利兼顾、恪守商德等一系列鲜明的商业伦理观念，在中国商业史上留下了深刻的烙印，对后世的商业发展产生了重要影响。张家口商人的商业伦理观念，为中国商业文化的传承和发展做出了重要贡献。口商精神对当时以及现在张家口经济社会的政治、经济、文化和生态都产生了积极影响。例如，口商精神的家国情怀有助于发挥高校思想政治教育的政治引领功能，提升大学生对国家的归属感和认同感；口商精神的敬业精神有助于发挥高校思想政治教育的经济发展功能，培养大学生吃苦耐劳、开拓进取的优良品质，使其自觉投身于经济建设，为经济发展提供人才保障；口商精神丰富的育人素材，有助于发挥高校育人的文化传播功能，通过电视剧、电影、小说、人物传记等艺术形式使口商精神所蕴含的独特价值元素更具吸引力，发挥高校文化育人的隐性功能，为文化价值传播提供有效载体；口商精神的商业伦理观念有助于发挥高校文化育人的生态建设功能，引导大学生以"义"来约束自己的行为，树立生态意识，培养生态行为习惯，坚持"绿水青山就是金山银山"的理念，推进生态文明建设。

▶第二节　口商精神融入高校育人的意义

口商精神是张家口商人在长期的商业活动中形成的独具特色的价值理念，与社会主义核心价值观高度契合。其所蕴含的诚实守信的道德规范、开拓进取的创新精神、团结协作的商业发展观、尊礼守法的伦理思想、家国情怀的使命担当等丰富的价值内涵，为地方院校经管类专业文化育人建设提供了丰富的教学资源，这对口商精神融入高校文化育人体系具有重要价值。

一、口商精神为高校文化育人体系提供价值内核

口商精神蕴含着丰富的思想价值，是张家口商人留下的宝贵精神财富。育人体系是高校育人教育的重要环节，是发挥育人教育隐性功能的重要手段，口商精神所蕴含的丰富价值内涵和育人元素，为地方院校经管类专业文化育人提供了精神内核。

1. 诚实守信的道德价值

"诚"在儒家思想中占据着核心的道德地位，它不仅是个人品德修养的根本，也是商业活动中应当遵循的伦理标准。"诚信"作为中华民族的传统美德，深深植根于我们的文化和历史之中，同时也是社会主义核心价值观中不可或缺的组成部分，对于构建和谐社会和推动社会发展具有重要意义。"诚信为本"是口商精神的第一要义，在经营活动中，坚持"无信不立"的原则，讲信修睦、讲求信誉。他们认为"诚为商之本，信乃致富之源"。因此，他们在经营中始终秉持诚信为本的原则，从不作虚假宣传，也不以次充好。他们相信，只有真诚待人，才能赢得客户的信任，才能让自己的生意长久发展下去。这种精神不仅体现在他们的经营活动中，也融入他们的日常生活中，成为他们做人做事的准则。张家口商人以诚信为本的精神赢得了人们的尊重和认可，也成为当地商业文化的重要组成部分。

诚信是中华文明的重要组成部分，是社会主义核心价值观的重要内容，是当前市场经济体制对全体参与者的最基本要求，大学生作为市场经济未来的重要参与者，诚信道德品质的培养对其未来的成长成才和整个市场经济的运行都尤为重要。整体来看，目前大学生在诚信方面仍然面临一定程度上的困境，存在大量不守信、不重诺的行为。学业方面，考试作弊、论文造假、剽窃等学术不端行为屡见不鲜；就业方面，履历造假、随意违约、毁约等行为也屡屡发生；经济活动方面，骗取家长生活费、恶意拖欠学费、骗取困难补助等事件层出不穷。除此之外，更有部分大学生以抖音、微博等网络平台为媒介，肆意传播虚假信息，掩盖或歪曲事实真相，造成了极端不良影响。因此，加强对大学生的诚信教育迫在眉睫，诚实守信精神的内化践行需要依靠教育的力量，口商诚实守信的精神就为高校文化育人提供了道德价值，将口商"诚信为本"的精神融入高校育人体系，有利于培养大学生正确的诚信观。

2. 开拓进取的创新价值

张家口商人在经营过程中，充分认识到只有开拓创新才能实现利益最大化。所以，他们把开拓创新作为自己的一种精神追求。他们的经营理念中有一条就是"开拓创新，灵活应变"。他们在经营过程中，总是根据不同时期的市场变化，采取相应的对策，积极创新。他们灵活应变和开拓创新的精神使他们在不同的经营领域中都取得了成功。他们深知市场变化无常，因此始终保持敏锐的观察力和快速的反应能力。这种经营理念和策略使他们在商业竞争中始终处于领先地位，成为当地商业界的佼佼者。他们的成功经验也为其他商人树立了榜样，激励着更多的人去追求开拓创新、适应市场变化，从而实现自身利益最大化。

党的二十大强调了教育、科技和人才"三位一体"协调部署的重要性。这一战略部署突出了教育、科技和人才在推动中国特色现代化进程和实现中华民族伟大复兴中的核心地位和关键作用。高校是教育、科技、人才的交汇点，在校大学生与国家发展同向同行，将成为引领未来行业发展的领军人才和实现第二个百年奋斗目标的关键力量。因此，提升大学生的创新意识、创造能力和创业精神，培育创新型人才，是高校的重要任务，是满足我国创新驱动发展需求的重要手段。整体来看，目前大学生在创新方面仍然面临一定程度上的困境。一方面，受传统的教育教学方式下书本中心、课堂中心、教师中心的影响，大部分大学生仅仅满足于学会弄懂课本上的知识，满足于听懂老师的讲授，其思维的局限性较强，因循守旧，缺乏创造性思维的意识和能力。另一方面，受到当前高等教育大众化大环境的影响，大学生面临着较大的就业压力，考研、考证、考公、考编逐渐成为当代大学生的"理想归宿"。此外，受社会发展大环境的影响，当代大学生成长环境相对较好，物质条件相对丰富，所谓的艰苦奋斗精神对他们来说更多停留在其父辈乃至祖辈的故事当中，自身感受极少。这也导致当代大学生容易安于现状、缺乏创新欲望、缺乏破旧立新的魄力和缺乏开拓进取的精神，因此，迫切需要改革传统的教育观念，强化对大学生的创新能力培养，营造一个有利于培育大学生创新思维和创新能力的良好教育氛围。口商开拓进取的精神就为高校文化育人提供了创新价值，将口商敢于挑战、敢于突破、勇于探索、敢于创新的精神融入高校育人体系，有利于培养大学生追求进步、超越自我、敢为人先的创新精神，激发大学生的创新热情。

3. 团结协作的群体价值

儒家文化中，"和"是一个核心概念。在《孟子》这部经典著作中，孟子提出了"天时不如地利，地利不如人和"的观点，强调了人与人之间和谐相处的重要性，甚至认为它比天时和地利更为关键。同样，《礼记》也强调了"和"的重要性，认为它是实现天下大同的关键途径。自古以来，中国人就崇尚"和气生财"的理念，认为和睦的氛围能够促进财富的增长和社会的繁荣。这种"和"的文化传统悠久，深深影响了中国人的思想和行为方式。开放包容、团结协作是张家口商人群体的一个共同特征，他们都是团结互助的典范。"团结就是力量"，这句话在张家口商人群体中被演绎得淋漓尽致，也正是因为他们有这种团结协作精神，才使他们的商业活动取得了辉煌的成就。从总体上来看，张家口商人群体中都存在着这样一个特点：他们都是有共同目标的人。这些人在一起为了共同的目标而努力，为实现这个目标他们不惜牺牲个人利益。正是由于这样一种价值取向，使张家口商人群体中的人们相互信任、相互帮助、相互支持。这种团结协作精神也是张家口商人群体能够克服种种困难，创造辉煌业绩的重要原因之一。张家口商人群体的团结互助精神也体现在他们的合作关系上。在商业活动中，他们经常会相互合作，共同承担风险，共同分享利润。这种合作关系不仅是利益上的交换，更多的是建立在合作的基础上的信任。他们愿意与他人分享资源和信息，相互支持、共同成长。这种合作关系不仅促进了各自业务的发展，也增强了整个商人群体的凝聚力和影响力。因此，团结协作精神不仅是张家口商人群体成功的关键，也是他们在竞争激烈的商业环境中立于不败之地的重要保障。

党的二十大报告中指出，要深入开展社会主义核心价值观宣传教育，深化集体主义教育，合作意识是集体主义教育的重要内容。当前，经济全球化的发展格局从政治、经济、文化等多方面对不同国家和地区之间的关系提出了新的要求，合作共赢成为各国、各地区的共同目标。党的十八大以来，习近平总书记提出了构建人类命运共同体的宏伟愿景，并深刻阐述了合作共赢理念的重要性。大学生群体是推动中华民族伟大复兴和全面建成社会主义现代化强国的关键力量。因此，培养他们的合作意识不仅是落实立德树人根本任务的内在要求，也是培育能够承担民族复兴使命的新时代青年的必要途径。整体来看，目前大学生具有较强的集体观念，能够将个人的发展与国家发展联系起来，但在合作方面仍然存在一定程度上的问题。首先，部分学生合作意识模糊，机械地完成课程以及学院安排的相关团队合作任务，存在很大程度上的消极合作现象，即便主动合作，其目的也更多是以提升个人能力、发挥个人才能为主。其次，来自学业、就业等方面的压力导致大学生之间存在一定程度上的过度竞争，在竞争过程中过度追求自身利益的最大化，很难主动寻求合作。再次，受社会及家庭环境的影响，大多数大学生成长于独生子女家庭，合作环境和对象的缺失使其更易形成个人主义和自我中心的行为理念和方式，不善于表达和沟通，缺乏合作精神。最后，受功利主义思想的影响，很大一部分学生的价值取向和行为方式呈现出对物质和利益的过度追求，合作动机的功利化趋势非常明显。如在学校生活中以加分为主要目的参加社团及学院集体活动等。因此，充分发挥思想政治教育主渠道作用，增强大学生的团队合作能力，培养大学生的合作意识迫在眉睫。口商团结协作的精神就为高校文化育人提供了合作价值，将口商开放包容、团结协作的精神融入高校育人体系，有利于大学生不断自我完善，对国家和民族的振兴意义重大。

4. 刻苦经营的敬业价值

在儒家哲学中，"敬"占据着基础性的地位。孔子提倡人们应毕生致力于勤奋和刻苦的工作态度，全心全意地投入自己的事业中。张库商道的商贸活动，是一项艰苦而繁重的工作。张家口商人在这条商道上，常常需要长途跋涉，日夜兼程。在这条漫长的道路上，常常要经历零下四五十度的严寒，还要面对荒无人烟、风沙漫天、野兽出没的环境。即便是这样的恶劣环境，张家口商人也没有退缩。他们吃苦、耐劳、忍耐，在艰苦的环境下，他们用自己勤劳的双手创造着财富，为张家口商业发展奠定了基础。他们的毅力和勤劳使得张库商道成为商业繁荣的重要通道。这条商道不仅连接了张家口与其他地区，也促进了文化和物资的交流。张家口商人的奋斗精神激励着更多人投身商贸活动，使得这条古老的商道焕发出新的生机。

敬业精神是中华民族的优良道德传统，它体现了个人层面上对社会主义核心价值观的践行和尊重。大学生作为当代青年的主要组成部分，肩负着国家富强和民族复兴的重要使命，其敬业精神的培养关系着国家的兴旺和民族的未来。整体来看，目前大学生对敬业精神的理解和认可程度较高，但受家庭及社会环境的影响，仍然存在一定程度上的问题。一方面，由于大多数大学生成长环境的物质条件较好，父母的溺爱和劳动教育的缺失使其在一定程度上安于现状、耽于享乐，缺乏努力的原动力。另一方面，抖音、微博等网络平台逐渐成为大学生获取信息的主要手段，其所带来的不良风气也对大学生敬业价值观的形成产生了极端不良的影响。如对待学业漫不经心，迟到、早退、旷课，以及课上以玩手机为主学习知识为辅的"摆烂"现象屡禁不止；对待实习敷衍了事，往往利用家长的关系开一份实习证明蒙混过关；对待工作"佛系"，入职即"躺平"，遇到事业瓶颈时以"世上无难事，只要肯放弃"的错误价值观为原则，迅速做出离职选择等行为普遍存在。因此，充分发挥高校文化育人的教育作用，增强大学生对敬业价值的认同感，塑造敬业价值观迫在眉睫。口商刻苦经营的敬业精神就为高校文化育人提供了职业价值，将口商刻苦经营、忠于职守的精神融入高校育人体系，有利于塑造大学生敬业的价值观。

5. 尊礼守法的法治价值

孔子曾言："不学礼，无以立"，强调了礼仪在个人修养和社会交往中的基础作用。在现代市场经济的背景下，"礼"的概念被赋予了更深层次的含义。它不仅指代社会成员应共同遵循的基本道德准则，也涵盖了维系社会和谐所必需的法律和规章制度。在现代市场营销的实践中，"礼"同样扮演着关键角色，它成为商业活动中必须自觉遵守的行为规范。在激烈的商业竞争环境中，企业必须恪守礼仪和法律，这是实现可持续发展与和谐共生的基础。只有遵循这些规范，企业才能在市场中稳健发展，与其他企业共同繁荣。张家口商人以商为本，以商为业，注重品质和信誉，建立起良好的商业口碑，赢得了广大客户的信赖和支持。他们积极参与公益事业，回馈社会，树立了良好的企业形象。他们的成功不仅带动了当地经济的发展，也为整个商业行业树立了榜样。他们的精神和成就将激励更多的人投身商业，推动我国商业发展迈向新的高度。

随着我国国家治理体系和治理能力现代化的进程不断加快，有法可依的问题已基本解决，更需要关注的是法律如何被普遍遵守的问题。随着信息化建设的不断推进，人在虚拟空间的主体作用不断凸显，然而与之不匹配的是人在网络空间中的道德观念和法律意识相对淡薄，法律如何被普遍遵守的问题更值得关注。在全面依法治国工作会议上，习近平总书记强调了普法工作的重要性，并指出普法工作需要在针对性和实效性方面进行深化。他特别提出，加强青少年的法治教育是提升全社会公民法治意识和法治素养的关键环节。这意味着普法教育不仅要普及法律知识，还要注重培养公民的法治思维和实践能力，特别是要培养青少年的法治观念，确保他们在成长过程中能够理解和遵守法律，为构建法治社会打下坚实的基础。大学生法治教育，是大学生思想政治教育的重要组成部分，肩负着将法治观念融入大学生价值体系的重要使命，对提升大学生法治意识和推进我国法治建设的进程具有重大意义。整体来看，依托专业课、思政课、校园活动等方式的显性大学生法治教育取得了一定的成效，大学生法律知识的普及程度不断提升，法治意识也不断加强。然而随着互联网和信息技术的不断发展，抖音、微博、小红书、B 站等网络平台逐渐成为大学生获取课外知识的主要渠道，传统的理论传播式法治教育途径已经很难满足当前大学生法治教育的需求。例如，法律知识欠缺，面对不法侵害时不懂如何维护自己的合法权益，遭受网络诈骗、校园贷等事件层出不穷；法律意识淡薄，难以分清道德约束和法律约束的区别，侵犯他人隐私、参与网络诈骗乃至外卖投毒等事件时有发生。因此，顺应时代发展的需要，探索法治教育新途径，以文化育人为教育手段，提升高校法治教育实效性迫在眉睫。口商的尊礼守法精神就为高校文化育人提供了法治价值，将其融入高校育人体系，有利于提升大学生对法治的认同感，培养大学生的法治信仰，推动大学生法治意识的形成，保障社会主义法治顺利实施。

6. 爱国爱民的家国情怀

张家口商人之所以能在商业发达的同时保持其精神世界的纯净和高尚，主要原因就在于他们有一颗爱国爱民的赤诚之心，他们把自己的事业发展与国家民族的兴亡紧密相连，时刻牢记国家利益高于一切，并勇于承担社会责任。他们常把"振兴国家民族"作为自己的理想和目标，把自己的事业发展与国家民族的兴亡紧密相连。他们经常把自己所得的利润用于支援国家民族的事业，用来支援国家建设和保卫国家领土完整。他们积极参与各项公益活动，为社会贡献自己的一份力量。他们不仅关注自身利益，更关心国家民族的未来和发展，始终将国家利益置于首位，以实际行动践行着爱国爱民的情怀。张家口商人以其高尚的品德和爱国情怀成为社会的楷模和表率。他们的行为影响和感染着身边的人，激励着更多的人投身到爱国爱民的事业中来。他们用自己的实际行动诠释着爱国爱民的真谛，为国家民族的繁荣昌盛贡献着自己的力量。他们的精神世界纯净高尚，为社会树立了崇高的道德风范，成为社会主义核心价值观的践行者和传播者。张家口商人以实际行动书写着爱国爱民的壮丽诗篇，展现出了中华优秀传统文化的精神风貌。

爱国是中华民族的精神内核，是社会主义核心价值观的重要组成部分，是推动民族复兴和建设社会主义强国的重要力量。党的二十大强调了在全社会范围内积极推广社会主义核心价值观的重要性，并指出需要进一步强化爱国主义教育。爱国主义是中国五千年文明历史中孕育出的民族精神的核心，是激励中国人民不断前进的强大动力。为了培养能够承担起民族复兴使命的新时代人才，我们必须深化爱国主义教育，培育具有责任感、使命感的时代新人，以确保国家的长远发展和繁荣。因此，开展爱国主义教育，帮助大学生涵养爱国主义情怀，增强民族自信，引导大学生树立正确的价值观是高校文化育人的重要内容。整体来看，大学生爱国意识不断增强，爱国实践活动不断丰富，但仍存在一定的问题。一方面，由于我国整体实力的不断提升，以美国为首的西方资本主义国家，打着"自由""民主""人权"等旗号，通过抖音、知乎等互联网平台不断宣扬所谓的西方价值观，以造谣、污蔑、丑化等方式，诋毁我国形象，导致一部分大学生出现了制度、文化等方面的不自信，甚至出现了对以美国为首的西方资本主义国家和资本主义制度等盲目崇拜的现象。另一方面，拥有较为强烈爱国主义情怀的大学生，由于不够理性、客观，也容易受到反华势力刻意的诱导和煽动，陷入非理性状态，引发如非法游行、抗议等不恰当行为。因此，在新的时代背景下，丰富爱国主义教育的内容、创新爱国主义教育的途径迫在眉睫。口商的家国情怀精神为高校爱国主义教育提供了新的内容，将其融入高校育人体系，有利于帮助大学生从地方商业发展史中汲取爱国力量，摆脱不良文化思潮带来的影响，增强爱国情怀。

二、口商精神增强高校文化育人的实效性

习近平总书记指出，高校思想政治教育工作要做到因事而化、因时而进、因势而新，课程思政作为高校思想政治教育的重要手段，其实效性显得尤为重要。口商精神与社会主义核心价值观高度契合，内涵大量丰富的育人元素，这些育人元素既以口商精神的形态呈现，又以电视剧、小说、遗址等物质形态呈现，可以极大地丰富地方院校经管类专业文化育人的内容，丰富育人的载体，从而增强大学生价值教育的实效性。

1. 口商精神丰富高校课程思政的内容

课程思政的内容应突出政治性、目的性和先进性。目前，我国处于社

会主义现代化建设的关键时期，大学生承载着国家富强和民族复兴的历史使命，如何应对经济全球化，顺应市场经济的需求，对高校课程思政提出了新的要求。

口商精神以商道为核心，蕴含着丰富的思想价值，与当今时代的发展需求高度吻合。例如，诚实守信，崇德尚义的诚信精神，体现了市场经济体制对全体参与者的最基本要求；开拓进取、自强不息的创新精神是建设创新型国家的根本；重商敬业，忠于职守的敬业精神是实现中国梦的动力之源，等等。因此，汲取口商精神的养分，将口商精神融入高校课程思政教育，不仅有利于弘扬口商精神和商道文化，践行社会主义核心价值观，更能从一定程度上丰富大学生思想政治教育内容。

2. 口商精神为高校文化育人提供载体

口商精神为地方院校经管类专业文化育人提供新载体，也为其他商道文化、社会主义核心价值观和中华优秀传统文化的传承提供有效的借鉴。

文化育人的载体是指能够承载文化教育元素，在课程的教学过程中发挥教育功能的各种文化素材，有效的文化育人必须科学把握好育人的载体。目前，高校文化育人的载体还存在形式单一、内容枯燥等诸多问题。口商精神是张家口商人自明清时期以来，在张库商道漫长通商过程中所积淀的独特的商业传统和精神，伴随着张家口的商业变迁发展至今，既有长期的历史积累，又饱含时代的发展变化，具有极高的文化价值和现实意义，又与社会主义核心价值观高度契合，内容极其丰富。同时，口商精神的呈现形式也是多种多样的，既有以张家口堡为代表的明清时期建筑群，又有以《塞上风云记》为代表的戏剧影视作品；既有以京张铁路和察哈尔都统署为代表的地理标志，又有以霍枚及霍老五为代表的典型人物；等等。口商精神丰富的内容和多彩的呈现形式给文化育人提供了大量的载体，为实现文化育人体系形式的多样化提供了可能性，使大学生可以通过不同形式认识并了解口商精神发展历程，感受口商精神的魅力，深化对社会主义核心价值观的认同，提升文化育人的有效性。

▷第三节　口商精神融入高校育人过程的问题

口商精神是张家口商人长期以来在张库商道的通商过程中形成的独具特色的价值理念，其内涵十分丰富，将口商精神融入高校育人体系，有利于增强文化育人的实效性，形成独具张家口地方特色的文化育人氛围。

一、口商精神的育人价值困境

张家口商人在长期的经营活动中，积累了丰富的商业经营经验，形成了自己独特的商业传统和精神。在长期的经营活动中，这些商业传统和精神对张家口商人产生了深刻影响。口商精神的育人价值在当前社会环境下也有一定程度的呈现，为口商精神在育人方面的应用奠定了一定的基础。但口商精神的育人价值在挖掘整合和传播应用等方面仍然面临着较大的现实困境。

一方面，与口商精神研究相关的平台搭建缓慢。目前，张家口尚未打造系统的研究口商精神的平台，理论研究成果相对较少，对口商精神所蕴含的育人价值的挖掘几乎空白，较大地影响了口商精神的传播和其育人价值的开发应用。此外，对口商文化资源的挖掘和整合不充分。比如，对张家口堡明代的商行、票号等遗址的开发仅限于建筑本身的对外展览，没能对其所代表的口商精神进行提炼和讲解；对张库商道的官方介绍仅局限于其路线、地理位置、历史沿革等方面，对其背后的口商精神只字不提。同时，口商精神缺乏对互联网、大数据宣传平台的合理运用。目前与张库商道及口商精神相关的资料大多相对零散，且纸质材料居多，缺乏有效整合，致使口商精神呈现碎片化状态，其所蕴含的丰富育人价值难以有效挖掘和传播。

另一方面，受地域因素的影响，口商精神所蕴含的育人价值在对外传播上受到了一定程度的限制。随着时代环境变化，口商在发展过程中逐步衰落，与之相关的口商精神在传播上也受到较大的影响。而作为一种地方特色商道文化，虽然近年来张家口地域逐步开始重视对口商精神的研究，相关书籍、电视剧如《重走张库大道》《塞上风云记》等开始引发一定的热度，社会各界对口商精神的关注和重视程度逐步提升，但其受众范围仍然较为狭窄。口商文化的传播几乎仅局限于张家口地域，呈现出"内热外冷"的现象，其所蕴含的丰富思想政治教育价值难以有效挖掘和应用。

二、口商精神融入育人体系方式不明确

目前高校对口商精神融入育人体系的具体实践仍处于探索阶段，相关体系、制度仍不健全，具体融入方式仍不明确。在育人体系中，更多的是发挥显性教育的作用，通过理论教学阐述口商精神的内涵，而对隐性教育作用的发挥存在不足，这使得口商精神融入育人体系存在一定程度上的表面化、硬融入等现象，使得学生对口商精神的理解停留于精神本身，没能实现内化于心、外化于行的教育目标。

三、专业教师育人素养不足

专业教师的育人素养对文化育人的有效性有着至关重要的影响。将口商精神这种特殊的地方性文化融入文化育人体系，一方面要求教师有较强的传统文化素养、地域文化素养和教书育人能力素养，另一方面还要求教师对口商精神本身有较为深入的研究和对其所蕴含的文化价值有较为深入的挖掘。近年来，随着文化育人建设的不断深入，专业教师的育人能力明显提升，但大部分教师仍然难以满足在口商精神方面的要求，对口商精神的资源储备不足，对口商精神与专业课程的契合点把握不够，对如何发挥口商精神的隐性教育功能研究不足。

▶第四节　口商精神融入高校育人的路径

口商精神与社会主义核心价值观高度契合，具有极高的思想政治育人价值，将其融入高校文化育人体系，能够有效丰富育人教育的内容，提升文化教育的感染力，增强高校教育的实效性。

一、口商精神融入高校育人的原则

口商精神包含着诚信、创新、合作、爱国等具体内容，将其融入地方院校经管类专业文化育人体系，需遵循一定的原则。

1. 科学性原则

高校教育教学过程需要遵循科学性原则。口商精神融入地方院校经管类专业课文化育人体系，涉及教学、管理等各个部门，财管、人力等多个学科，教师、学生等各类人员，是一项复杂程度较高的工作，想要取得良好的教学效果，就必须遵循科学性原则。教学方面，要以学科特点和课程的基本教学规律为指导，深入剖析口商精神育人元素和课程知识的结合点和融入点，做到既讲清知识又实现育人，将口商精神和知识点有机结合，避免出现"硬融""乱融""不融"的现象。学生学习方面，以学生的成长发展规律为指导，深入掌握学生的认知情况和理解能力，实现口商精神育人元素分层次、分阶段地融入课程教学。

2. 系统性原则

教育教学的系统性是指对课程的整体把握、统筹推进。一方面，我们要将口商精神的融入工作纳入学院的总体规划，纳入经管类人才培养方案，纳入课程教学设计方案。另一方面，我们要将文化育人体系的教学目标贯穿于课前、课中和课后的教学全过程。因此，口商精神融入地方院校经管类专业文化育人体系要遵循系统性原则，将口商精神融入课程的"教学设计、课堂讲授、资料分享、课后作业、实践教学的各个环节之中"[①]，在全部教学环节中系统性地将口商精神贯穿始终，避免出现口商精神与课程教学内容脱节的现象。

3. 理论与实践相结合原则

马克思主义的实践观认为"人的思维是否具有客观的真理性，这不是一个理论的问题，而是一个实践的问题。人应该在实践中证明自己思维的真理性，即自己思维的现实性和力量，自己思维的此岸性。"[②]。这一论述强调了理论必须与实践相联系，实践是检验真理的唯一标准。口商精神融

[①] 吴姗，王让新. 论提升"课程思政"建设有效性应遵循的基本原则 [J]. 思想教育研究，2020（9）：102-107.

[②] 中共中央马克思恩格斯列宁斯大林著作编译局. 马克思恩格斯选集：第一卷 [M]. 北京：人民出版社，2012：134.

入地方院校经管类专业文化育人体系，要坚持理论与实践相结合的原则。一方面要以知识宣讲等活动为依托，强化口商精神的理论学习，使大学生了解张库商道和口商的历史，掌握口商精神的内容。另一方面要以话剧展演、营销大赛等活动为依托，注重口商精神的实践，增强大学生的体验感和参与感，真正做到使口商精神内化于心，外化于行。

二、口商精神融入文化育人体系的实践路径

将口商精神融入地方院校经管类专业文化育人体系，是落实立德树人教育宗旨的重要举措。这不仅是对"培养什么样的人、为谁培养人、如何培养人"这一教育根本问题的有力回应，也是构建文化育人体系的有效途径。

（一）构建专业课程教学体系

口商精神涉及国家、职业、个人等多个方面，地方院校经管类专业文化育人体系建设，涉及显性教育和隐性教育，育人课程和专业课程，理论课程和实践课程等各个方面，是一项复杂的系统工程，需要各个部门协同配合，全面规划，打造完整的教学体系。

1. 准确定位文化育人建设目标

文化育人建设目标，影响着育人教学内容的确定，教学方法和手段的选取，教学评价机制的构建，从根本上影响教学效果。准确定位口商精神融入地方院校经管类专业文化育人体系建设的目标，要坚持教育的政治立场。习近平总书记指出："我国高等教育发展方向要同我国发展的现实目标和未来方向紧密联系在一起，为人民服务，为中国共产党治国理政服务，为巩固和发展社会主义制度服务，为改革开放和社会主义现代化建设服务。"这一论述为高校人才培养指明了方向，在开展口商精神融入地方院校经管类专业文化育人建设过程中，要坚持正确的政治方向，引导学生树立正确的马克思主义政治信仰，以口商精神涵养学生的家国情怀，引导学生坚定对社会主义的信念和对中华民族伟大复兴的信心。

准确定位口商精神融入地方院校经管类专业文化育人建设的目标，要拓展育人课程的思想深度，将文化育人建设与课程知识体系相对接。经管类专业课程繁多，课程内容和知识体系各不相同，这就要求教育者结合不同年级、不同专业学生的思想特点，有针对性地探索口商精神价值元素融入专业课程的切入点，达到课程知识链与口商精神价值链相融合的目标，

实现经管类专业知识传授与口商精神价值引领的有效结合。

2. 将口商精神育人价值融入教学内容

将口商精神融入地方院校经管类专业文化育人体系，要深入挖掘口商精神的育人价值，系统开发与经管类专业相关的育人元素，利用课程教学主渠道，将大学生价值观的塑造融入经管类专业知识的学习和专业技能的培养过程，提升学科内容的深度，营造课堂氛围的温度，加强育人教育的力度。

口商精神内容丰富且与社会主义核心价值观高度契合，具有极高的育人价值，蕴含着大量育人元素，但现有研究对其育人价值的开发仍存在一定的不足。这就需要经管类专业所在学院从顶层设计入手，统筹推进口商精神在经管类专业的融入，加强各经管类专业之间的协同配合，避免出现各专业各自为政以及理论课与实践课脱节的现象；需要专业教师立足文化育人思想，以经管类专业学科知识体系为载体，系统性地开发口商精神的育人元素，将口商精神融入经管类专业人才培养目标与规划。我们要以课堂教学为平台，寻找育人元素与经管类专业知识的契合点和融入点，探索重构蕴含口商精神的专业课程的教学目标和教学内容，改革教学方法，将理论课程与实践课程相结合，在传授知识的同时实现口商精神价值引领作用。

例如，课程《会计学原理》面向经管类专业全体学生授课，而近年来会计舞弊事件频频发生，不仅对经济的正常运行造成了影响，也使与之相关的资本市场参与者利益受到了侵害。所谓"好事不出门，坏事传千里"，尽管参与会计舞弊事件的企业主体相对于整个市场的企业主体来讲是极少数的，但这类事件通过互联网快速传播，导致学生对会计工作的理解出现一定程度的偏差，对会计职业道德产生一定程度的质疑。再加上受某些网络平台不良视频的影响，学生会在学习之初有"会计人员的发展尽头就是上海提篮桥监狱""不做假账就会被开除""会计就是帮老板做假账的"等错误认知，如不加以纠正，很容易引发恶劣的影响。因此，教师在授课过程中引入口商精神中诚信这一育人元素，将张家口商人"诚为商之本，信乃致富之源"的经商之道通过人物故事、案例讨论等方式与社会主义核心价值观相结合，与课程内容"会计职业道德"相结合，与现代市场经济体制相结合。让学生理解诚信是一个人最基本的品格，使其在待人处世中坚持"诚实守信"的道德规范；向学生阐释现代市场经济的运作是建立在

"诚信"基础之上的,没有"诚信",市场中的欺诈和违法行为将会更加泛滥,从而严重破坏经济的根本;向学生说明,商业企业要在竞争激烈、充满挑战的环境中实现长期稳定的发展,就必须将自身的利益和行为建立在"诚信"的基础之上。这样的教育对于学生形成正确的价值观和职业道德观至关重要。

3. 多维度创新教学方法

课堂教学是最基本、最重要、最稳定的教育活动,口商精神融入地方院校经管类专业文化育人体系要把握好课堂教学主渠道,探索创新教学方式,提升育人效果。利用与口商精神相关的书籍、电视剧等教学资源,改变传统的以教师为中心的教学方式,提升学生的主体地位,改变学生"沉默的大多数""消极的旁观者"的现状,开展参与式、讨论式课堂教学探索。专业教师可以结合学科知识特点和张家口地域经济发展,开设口商精神相关选修课程,开展口商精神专题讲座等特色活动,使口商精神向课外延伸。

例如,《企业综合模拟实训》课程面向经管类专业全体学生开设,在传统的教学方式下,学生通过教师的讲解,学习企业沙盘的运行规则并开展企业生产经营模拟活动,学习企业采购、生产、销售各个环节的基本运作方式,学习企业利润的形成过程。在课程教学过程中,学生以被动参与为主,机械地按期完成生产和利润的核算。在授课过程中创造性地开展体验式教学和情境式教学,引入口商"开拓创新,灵活应变"经营理念,让学生以小组为单位模拟企业参与市场竞争,加入市场变化因素,从产品生产和销售的角度给予学生高度的自主选择权,使学生在模拟经营过程中,体验口商根据不同时期的市场变化,采取相应的对策,积极创新的商业精神;在文化传播中引入口商"合作共赢,共担风险"的商业理念和"开放包容"的商业发展观;在模拟过程中开放合作途径,当学生在激烈的市场竞争中面临原材料短缺、产成品不足等问题时,引导其与其他小组企业开展合作,共同参与生产、共享经营利润。让学生在模拟经营过程中,体验张家口商人在激烈的市场竞争中,以合作赢得人心、化解矛盾的价值内核,感受张家口商人的商业群体强大的生命力和竞争力。

4. 多角度改革课程考核方式

合理的课程考核方式能够检验学生的学习效果,反向推动教学各个环节的改进。随着文化育人体系建设的不断推进,原有的终结性评价方式已经不能满足对学生在综合能力、价值观念方面的考核需求，不利于教学目标的达成和教学效果的检验和提升。目前，虽然大多数课程已经将形成性考核纳入课程总体评价方式，但普遍存在形式大于内容的现象，难以满足文化育人的考核需求。将口商精神融入地方院校经管类专业文化育人体系，需要从多个角度对现有的课程考核方式进行改革。

例如，《中级财务会计》课程面向经管类专业全体学生开设，在原有的终结性评价体系中，通过期中及期末两次闭卷测试，分段对学生的知识掌握程度进行考核，考核方式单一。在授课过程中引入口商精神育人元素，采用"三合一"多元化考核方式，根据课程教学目标和口商精神育人目标，将课程考核分为平时考核、成果考核和能力测试三部分，既考核专业知识与技能的掌握程度，又考核口商精神的育人效果。教师在日常授课中利用相关线上教学平台，根据在线考勤、线上任务点完成情况、在线作业和单元测试、课堂表现等进行综合评价。例如，在课上通过案例讨论的方式检验学生将所学知识应用于实践的能力，检验口商团结协作精神的育人效果。成果考核重点测评学生学习目标的达成度及学生的逻辑思维能力和综合表达能力是否形成，同时增加不同主题的学习心得评分项目，要求学生针对专业知识和口商精神所蕴含的家国情怀、社会责任、道德规范、法治意识、职业精神等育人元素多方面进行总结。能力测试主要考核学生课程基本知识的储备程度和相关能力的掌握程度，并考核学生对教学过程中融入的口商精神育人元素的领会理解程度。

（二）提高专业教师的口商精神育人素养

专业教师是口商精神融入地方院校经管类专业文化育人的关键主体，在传授专业知识的同时，完成以口商精神为核心的价值引领，需要教师拥有较强的思想意识，掌握口商精神的内涵和育人价值，具备将育人元素融入课程的能力。

1. 深化文化育人理论认知

"教育大计，教师为本"，教师对文化育人的整体认知和认同，是开展文化育人建设的前提和基础。教师应系统地对文化育人的相关理论展开学习，准确把握文化育人的内涵。文化育人是一种育人理念，是将文化育人元素通过间接渗透的方式有机融入专业知识的教学过程，在专业知识传授和专业能力培养的过程中实现价值引领。文化育人不是"课堂文化"育人，单一的课堂场域不足以支撑课程文化育人，文化育人需要课内外乃至校内外多个场域的协同运用。教师应明确自身所承担的教育使命，强化育人责任意识。转变原有的重学科知识教育，轻育人教育的观念，一方面完成科学专业知识的传授和专业能力培养，做好"经师"；另一方面完成对学生人生观、价值观的塑造，做好"人师"。

2. 提升口商精神育人素养

在口商精神融入地方院校经管类专业文化育人体系建设的过程中，需要教师有目的、有计划地将口商精神育人元素融入专业课程教学，这就要求教师对口商精神进行系统、深入的研究，掌握其丰富的内涵，挖掘其所蕴含的育人元素。高校一方面可以通过"口商精神讲师团""讲好口商故事，传承商道文化"等平台，通过培训、宣讲、集体备课等形式提升教师的口商精神育人素养，培养专业教师的口商精神育人能力；另一方面应加大对与口商精神相关科研项目的支持力度，鼓励专业教师申报省级、国家级项目，特别是与文化育人相关的教学改革项目，以科研提升教师的口商精神育人素养，培养专业教师的口商精神育人能力。

（三）构建"一二三四"协同育人体系

在完成第一课堂专业课程教学体系构建的基础上，将口商精神全面融入第二课堂、社会实践、实习实训等各个育人环节，以宣传第二课堂活动为手段营造口商精神育人氛围，打造口商精神育人品牌；以实践活动和劳动教育为手段，开展第三课堂口商精神育人的社会实践；以实践教育为手段，开展第四课堂口商精神实践教学，构建口商精神"一二三四"协同育人体系。

1. 营造口商精神育人的校园文化氛围

文化载体，是指将文化育人教育内容融入各种文化艺术形式和文化建设之中，以提高人们的思想认识和思想政治素质①。校园文化作为大学生文化育人教育的重要载体，具有极强的文化感染力，能够对学生价值观的塑造起到持久的渗透作用，将口商精神融入校园文化建设，对口商精神的传播和文化育人教育实效性的提升起到重要作用。

第一，开展口商精神校园物质文化建设。校园物质文化建设是指校园环境、校园建筑设施等方面的建设，是塑造校园文化的物质基础，也是高校开展文化育人教育的物质基础，具有示范、展示等功能。将口商精神融

---

① 《思想政治教育学原理》编写组. 思想政治教育学原理 [M]. 北京：高等教育出版社，2018：238.

入校园物质文化建设，是打造含有口商文化元素的实物设计，使其成为"会说话的艺术品"，从而实现口商精神对大学生"润物细无声"式的影响。高校可以采用打造口商精神长廊，设计张库商道、口商故事、口商人物海报、雕塑，采用口商精神元素命名学校道路、教学楼等方式，打造口商精神校园文化品牌，在潜移默化中实现对大学生的隐性教育。

第二，开展口商精神校园建设。一方面，要多渠道做好口商精神宣传。我们要以校园网站为依托，弘扬口商精神。校园网站作为高校发布信息的主要平台，受到全体师生的广泛关注。同时，在校园网站发布口商故事、口商典型人物等可读性较高的相关图文消息，展现口商文化；以重大节日、活动，如建党建国周年、消费者权益日等为契机弘扬口商精神；以自媒体平台为依托，弘扬口商精神。相对于传统的纸质媒体，网络新媒体平台传播速度快、范围广、受众群体多，是大学生获取课外信息的主要渠道。通过高校官方微信公众号、微博、抖音，以及学校有影响力的"大V"师生自媒体账号，推送故事性较强、吸引力较高的口商故事、口商典型人物的讲解视频，提升口商精神的感染力，可以充分发挥其价值引领作用。增加高质量文化讲座进校园活动，邀请口商文化研究人员，口商精神代表人物等通过张库商道系列专题宣讲、口商人物进校园等活动，讲解口商历史，阐述口商精神内核，营造口商校园文化氛围。另一方面，开展丰富多彩的口商文化第二课堂活动。第二课堂是第一课堂之外各种校园活动的综合，是第一课堂的补充和配合。以学生社团为依托，推动口商文化传承。学生社团是第二课堂活动开展的主要组织者和参与者，组建以口商精神为主题的相关社团，指导学生参与口商文化的学习和研究，能够有效推动口商精神在社团内部学生之间的传播与研究；举办弘扬口商精神的相关活动，可以推动参与组织活动的社团成员在活动中践行口商精神。以主题活动为依托，感悟口商精神。校园活动是第二课堂的主要形式，吸引力强，参与范围广。学校定期组织开展与口商精神相关的活动，如口商故事话剧大赛、口商精神书法大赛、口商精神演讲比赛、口商精神知识竞赛等主题活动，打造口商精神活动品牌，提升学生参与的积极性和主动性，使学生在活动中感悟口商精神。

2. 开展口商精神育人的社会实践

实践活动是人们形成科学的世界观、人生观、价值观的必由之路，对培养受教育者的思想品德具有极其重要的作用①。社会实践是高校学生的第三课堂，是口商精神融入高校文化育人的重要途径，是将口商精神外化于行的重要渠道。

第一，组织实践学习，体会口商精神。一方面，组织学生参观与口商精神相关的古迹、博物馆，如张库商道博物馆、尚义县四台遗址等，以更为生动的方式深入了解口商精神产生的历史环境、地理因素等，将文字与具体的实物相结合，体会口商精神。另一方面，组织学生走访口商精神的当代代表性人物，如蓝鲸控股集团有限公司董事长张文瑞，倾听当代口商故事，感悟口商精神对当代区域经济社会的影响。

第二，开展劳动教育，践行口商精神。马克思主义劳动教育观指出"教育与生产劳动相结合"是落实个人的全面发展的根本途径，党的二十大报告进一步明确了劳动教育重要作用，将口商精神融入劳动教育，是提升课程质量，落实立德树人根本任务的有效途径。地方院校经管类专业可以从学科专业特色出发，开发践行口商精神的劳动教育实践课程，打造践行口商精神的校企融合劳动教育实训基地，使学生在劳动中感悟和践行口商精神。例如，农林经济管理专业可以从乡村振兴的视角出发，着眼于乡村经济的发展，与乡镇政府和乡镇企业共建劳动教育实践基地，在劳动实践教育中开展农产品营销活动。通过亲身参与农事活动，践行口商自强不息不畏艰险的敬业精神；通过农产品电商直播、农产品私人定制等营销方式的创新，践行口商开拓进取的创新精神；在帮扶农户、助力乡村振兴的过程中，践行口商爱国爱民的家国情怀。

3. 开展口商精神实践教学

实践教学是高校在人才培养中不可或缺的一部分，它将理论知识与实际操作紧密结合，为学生提供了一个重要的学习平台。通过实践教学，学生能够掌握实践知识和技能，并将他们所学的专业知识与现实生产环境相结合。这一综合性的教学过程和阶段对于学生的全面发展至关重要，有助于他们更好地理解理论，并将其应用于解决实际问题。开展实践教学，能够引入企业教育资源，打破第一、二课程的校园空间限制，拓展文化育人的场域，是践行口商精神、检验口商精神育人成果的重要途径。

广泛开展校企合作，打造企业课程，共建实践基地。我们要将口商精

---

① 陈万柏，张耀灿. 思想政治教育学原理 [M]. 北京：高等教育出版社，2007：224.

神融入校企双方共建的企业课程、项目案例课程，进一步深化经管类专业学生对口商精神内涵和外延的认知。同时，以企业真实的商业环境为依托，以真实的工作任务及其工作过程为载体，校企双方共建满足实践教学需要的校外实践基地，使学生在真实的商业环境中践行口商精神。例如，财务管理专业与会计师事务所共建企业课程和校外实践基地。将口商诚信为本的商业道德与会计职业道德相结合，依托财务造假案例开发项目案例课程，深化学生对口商精神中诚信价值的认知。组织学生参与会计师事务所审计工作，在日常审计工作中践行和感悟口商勤劳刻苦、精益求精的敬业精神；在审核企业真实财务数据合法合规性的过程中，践行和感悟口商依法经营、照章纳税，以维护社会的稳定和发展的精神。

（四）完善文化育人机制

"机制既是指事物各个组成要素的相互联系又指能发挥作用的过程和作用原理"①。文化育人机制，是育人建设主体、建设对象等组成要素的相互联系和作用原理。育人机制建设为口商精神融入地方院校经管类专业建设工作有序开展提供了重要保障。

1. 构建上下联动的组织机制

发挥学校党委的政治核心作用，建立文化育人指挥中心。习近平总书记指出，要加强党对教育工作的全面领导，地方经管类专业所在院校应成立由党组织书记担任组长，分管教学工作的领导任副组长的文化育人工作领导小组，加强对口商精神融入育人的顶层设计，明确建设的目标和方向，细化工作部署，落实保障机制。

明确责任分工，形成各部门齐抓共管的工作格局。口商精神融入地方经管类专业文化育人是一项长期性的系统工程，需要教务、学生管理、人事等多部门协同推进。例如，人事部门要定期开展相关教师素养的培训，制定与文化育人相关的激励机制和约束机制等；教务部门要根据学校的顶层设计，审定基于口商精神的专业人才培养目标与规划，构建文化育人考核评价体系，督导文化育人的实施效果等。

2. 创建教学资源库

教学资源库是承载口商精神教育素材的重要平台，不仅能够为教师提供丰富的教学资源，还能够对文化育人建设起到示范作用，从而提升口商

---

① 王家芳，等. 马克思主义中国化实现机制研究 [M]. 北京：人民出版社，2008：165.

精神融入地方经管类专业育人效果。应根据不同课程类型，分别打造理论教学和实践教学资源库，实时更新教学资源，做到共建共享。例如，依托互联网技术手段，以口商精神为核心，建设具有经管类专业特色的文化育人网站和微信公众平台，开设张库商道、口商精神解读、口商人物传记、口商精神在身边等专题板块，阐述口商精神的价值内核；设置口商精神案例库、微视频库、精品课程等模块，为教师教育教学提供各类素材。

3. 构建文化育人体系评价体系

文化育人评价通过对学校、专业、教师等不同层级工作效果的测评，能够发现文化育人建设中存在的问题并进行反馈，是检验文化育人建设效果的有效手段，对激发教师参与文化育人的主动性和提升课程建设质量起到重要作用。因此，构建科学合理的文化育人评价体系，是文化育人体系建设的关键之一。

（1）构建原则

文化育人评价体系的构建，需遵循定性评价为主、定量评价为辅的原则。定性评价是指通过观察、记录等方式收集相关信息，分析文化育人的实施效果。如在课程结束后，通过对学生发放问卷的方式，收集学生对口商精神融入教学目标的认同程度，口商精神与课程教学内容的融入程度，学生对教学方式方法的接受程度等信息，从而对育人目标达成度进行质的评价。定性评价方式注重评价对象的感受，但主观性较强，一定程度上影响评价结果的可信度。定量评价是通过将相关要素数据量化的手段，分析文化育人的实施效果。如通过各专业在口商精神相关方面教师培训的支出费用，衡量教师将口商精神融入文化育人的素养；通过口商精神相关方面各级课题的立项数量和论文发表数量，衡量教师对口商精神的研究程度等。定量评价方式注重量化标准的形成，客观性较强，但口商精神融入地方经管类专业文化育人所涉及的评价更多以价值为主，大部分难以量化。因此，以定性评价为主、定量评价为辅的口商精神融入地方经管类专业文化育人评价体系更为科学合理。

文化育人评价体系的构建，需遵多元主体原则。明确文化育人的评价主体，对文化育人评价体系科学性、评价结果的可信度意义重大。直接参与教学活动的教师和学生，参与文化育人建设的管理部门，以及作为文化育人最终成果的检验者的用人单位都应作为口商精神融入地方经管类专业文化育人评价体系的评价主体。我们要改变长期以来以教师为单一评价主体的做法，保障评价体系的全面性和完整性。

（2）评价内容

传统的教学质量评价体系通常从学校、教师和学生三个角度对课程知识传授和能力培养的情况进行评价，几乎不涉及价值层面。口商精神融入地方经管类专业文化育人评价体系应采用自评、互评、他评的方式，运用形成性评价和终结性评价相结合的手段，从学校、课程、学生三个纬度进行。

学校维度，应重点考核领导责任的履职情况、工作机制及保障机制的落实情况等，如口商精神融入文化育人领导小组的成立情况，口商精神融入文化育人建设成效纳入评优评奖、职称评聘标准的情况，组织开展口商精神相关培训活动等情况。课程维度，应重点考核教学目标、教学内容、教学方法、考核方式等方面，如基于口商精神的课程目标的制定情况、口商精神教学资源库创建情况、口商精神相关项目的研究等情况。学生维度，应重点考查学生的学习过程、学习成果等方面，关注文化育人实施前后的变化，如学生对口商精神的理解程度、学生对口商精神融入课程教学环节的参与情况、用人单位对学生的评价情况等方面。

参考文献

[1] 佘双好，马桂馨. 新征程思想政治教育理论的发展创新 [J]. 思想政治教育研究，2022，38（5）：1-7.

[2] 习近平. 在全国高校思想政治工作会议上的讲话 [N]. 人民日报，2016-12-09（01）.

[3] 王淑红. 思想政治教育个体性功能及其实现路径探析 [J]. 佳木斯职业学院学报，2018（7）：210.

[4] 王萍，孙建莉. 高校思想政治教育的个体性功能与机制 [J]. 知与行，2018（1）：93-97.

[5] 雷思鋆. 主旋律电影思想政治教育社会性功能探析 [N]. 山西科技报，2023-03-14（A06）.

[6] 彭舸珺，张鲜鲜. 共享发展蕴含的思想政治教育社会性功能探究 [J]. 实事求是，2018（3）：54-58.

[7] 张函毓. 新时代思想政治教育育人功能发挥研究 [D]. 重庆：西南大学，2024.

［8］吴建平.融媒体时代大学生诚信教育路径创新研究［D］.桂林：广西师范大学，2024.

［9］高举中国特色社会主义伟大旗帜 为全面建设社会主义现代化国家而团结奋斗［N］.人民日报，2022-10-17（01）.

［10］王永明，易洋，李旭娟.对新时代大学生集体归属感的调查及其培养研究［J］.北京城市学院学报，2023（6）：92-98.

［11］王伟强，孙明雨，孙晓辉.社会化视域下的大学生集体意识弱化现状及对策［J］.广西教育学院学报，2018（2）：110-113.

［12］姜媛媛，王立仁.当代大学生合作意识培育研究［J］.学校党建与思想教育，2021（19）：56-58，62.

［13］齐文娟，刘蕾.浅析当代大学生合作意识及其培养方式［J］.教育教学论坛，2013（28）：1-2.

［14］李鹏.大学生敬业价值观教育研究［J］.黑龙江高教研究，2016（8）：125-127.

［15］荆梦霖.新时代大学生敬业价值观培育的价值审视、现实困境及路径探索［J］.黑龙江教师发展学院学报，2023，42（8）：125-129.

［16］朱红艳.大学生敬业价值观培育的内化机制研究［J］.学校党建与思想教育，2017（2）：22-24.

［17］殷乐，刘利，张涛.大学生法制教育问题现状及其对策研究［J］.法制与社会，2020（26）：165-166.

［18］柴若冰，张楠楠，任艳青.高校法制教育实效性对策研究［J］.河北大学成人教育学院学报，2021，23（2）：115-120.

［19］戚兴伟.网络环境下大学生法制安全教育对策探究［J］.法制博览，2021（32）：39-41.

［20］刘倍雄，肖巧玲，程金烈，等.基于大学生思想政治与法制教育实效性的分析［J］.科学咨询（科技·管理），2022（8）：225-227.

［21］郑艳菊.大学生隐性法治教育研究［D］.保定：河北大学，2022.

［22］靳楠，刁丽莎.新时代大学生爱国主义教育创新路径研究［J］.国家通用语言文字教学与研究，2023（2）：18-20.

［23］赵娜，李兴.新时期下高校大学生爱国教育现状及路径［J］.湖北开放职业学院学报，2023，36（3）：39-41.

[24] 海日罕，思勤途. 新时代大学生爱国主义教育创新实践研究 [J]. 中国军转民，2022（24）：58-59.

[25] 刘征兵."三全育人"视角下大学生爱国主义教育创新模式研究 [J]. 公关世界，2022（19）：104-105.

[26] 滕思宇. 新时代大学生爱国主义教育研究 [D]. 沈阳：沈阳工业大学，2023.

[27] 刘赫. 地域文化在思想政治教育中的作用研究 [D]. 太原：山西财经大学，2012.

[28] 田现旺. 社会主义核心价值观融入高校"课程思政"研究 [D]. 济南：山东建筑大学，2024.

[29] 许月涵. 大庆精神融入石油工程类课程思政研究 [D]. 大庆：东北石油大学，2023.

[30] 刘晓川. 新时代高校课程思政建设进路探析 [J]. 当代教育论坛，2023（4）：47-54.

[31] 房洁. 应用型高校课程思政：价值意蕴、逻辑起点与实现路径 [J]. 职业技术教育，2023，44（2）：52-57.

[32] 石岩，王学俭. 新时代课程思政建设的核心问题及实现路径 [J]. 教学与研究，2021（9）：91-99.

[33] 陈怡琴. 加强财经类高校课程思政建设路径探析 [J]. 国家教育行政学院学报，2021（11）：89-95.

[34] 于腾云."学生评价"与"评价学生"：课程思政改革的效果评价和优化对策研究 [J]. 教育现代化，2020，7（25）：42-45.

[35] 游荷花，任云青，车昌燕. 混合式教学背景下以 CBL 为基础的"课程思政"教学改革探索 [J]. 中国免疫学杂志，2024，40（2）：395-399，404.

[36] 程晓丹，齐鹏. 高校课程思政质量评价的现状思考与体系重构 [J]. 江苏高教，2023（7）：91-95.

[37] 王慧，张芸香，郭晋平. 形成性考核在"课程思政"教学效果评价中的应用研究：以高校《城市生态学》课程为例 [J]. 高教学刊，2020（29）：178-180.

[38] 邵为爽，李晓红，杨闯，等. 课程思政背景下混合教学模式的形成性评价体系 [J]. 高师理科学刊，2023，43（7）：70-73.

［39］王岳喜. 论高校课程思政评价体系的构建［J］. 思想理论教育导刊, 2020（10）：125-130.

［40］杜伟泉. 协同理论视角下高校课程思政建设的优化路径探析［J］. 黑龙江教育（高教研究与评估）, 2024（4）：72-75.

［41］黄顺君. 新时代高校劳动教育融入课程思政教育的协同育人路径研究［J］. 重庆行政, 2024, 25（1）：89-92.

第七章　口商精神在河北北方学院人才培养体系中的应用

▷第一节　河北北方学院经济管理类专业文化育人元素挖掘与体系建设历程

一、经济管理类专业文化育人元素挖掘原则

1. 实事求是原则

实事求是是马克思主义理论的思想精髓，是中国共产党认识世界、改造世界的根本要求，也是习近平新时代中国特色社会主义思想的核心要义。实事求是强调主客体之间的相对独立性格，强调事物的本质，避免主观倾向。经管类专业应将实事求是作为文化育人建设的首要原则，立足张库商道的起源与发展研究口商精神，立足口商精神的历史背景和时代意义挖掘其所蕴含的文化育人元素，立足经管类学科专业知识体系和课程设置探寻文化育人的融入点，而不是基于自身的随意想象的"硬挖掘""硬融入"。例如，先从张家口独特的地理位置出发，发现张库商道是中原王朝与西北和蒙古地区游牧民族进行经济文化交流的重要通道和商贸走廊，进而研究张家口商人与蒙古之间的商业交流，从中发现口商顺应时代的发展

需求，将西方的毛皮制品、食品、牲畜等带入了张家口。在与这些商品打交道的过程中，张家口商人不断开拓创新，他们不仅学会了英语、俄语等外国语言，还掌握了其他国家的一些商业知识，为口商以后更好地参与国际贸易打下了坚实的基础。再从相关研究中挖掘口商的创新精神，结合经管类专业创新意识的培养需求，将口商精神融入经管类专业人才培养全过程。

实事求是原则在经济管理类专业课文化育人元素挖掘中的有效应用，是遵循教育教学客观规律和经管类专业的本质属性的必然要求，有利于经管类学生专业知识的汲取和专业品德的塑造，进一步强化专业育人效果。

2. 时代性原则

时代性原则强调将基于旧时代背景的文化元素结合新时代特征加以再创造。在经管类专业文化育人元素的挖掘过程中，一方面要注意保留和传承优秀的传统文化，另一方面更要发掘优秀传统文化的时代价值，将优秀传统文化与当代经济社会的发展相联系，将优秀传统文化与新技术、新变革相联系，使基于优秀传统文化的育人元素符合社会主义市场经济发展的需求，符合中国式现代化建设的需求，符合实现中华民族伟大复兴的需求。例如，在口商精神元素的挖掘过程中，一方面基于口商发展历史背景、商业传统、封建经济体制等提炼口商文化的价值取向，另一方面基于口商精神在我国市场经济建设方面的作用，以及口商精神与社会主义核心价值观的契合点，对口商精神的价值取向在当代的影响展开研究，赋予提炼出的价值取向新的时代内涵和价值。

3. 以生为本原则

以生为本原则强调学生在教育教学过程中的主体作用，关注学生的认知特点，尊重学生的发展规律，注重激发学生的积极性和主动性。在经管类专业文化育人元素的挖掘过程中，应突出学生的主体地位，全面分析学生的认知水平和学习能力，关注学生的兴趣点和学生对育人元素的接受度，选择易于学生接受和理解的文化元素育人载体，提升文化元素的育人效果。例如，在经管学院财务管理专业开设资本市场课程，我们讲解第一章知识点金融系统的作用时融入口商精神育人元素，首先要选择具有吸引力的电影《张库大道》中镖局押送银钱的场景向学生讲解金融系统不存在的支付方式，以及古代口商从事贸易活动的艰辛历史和敬业精神；其次选择电视剧《塞上风云记》中票号的片段向学生讲解金融体系的雏形和口商开拓进取的创新精神；最后选择学生熟知的支付宝、微信等支付平台向学生讲解现代金融体系的功能，以及我国金融体系的高速发展态势，从而增强学生对社会主义市场经济体制优越性的认识，激发学生的民族自信。

二、经济管理专业文化育人元素挖掘基础

经管类专业以经济学和管理学为主要学科门类，学院开设了经济与金融、市场营销、财务管理、人力资源管理、农林经济管理五大专业。因此，学院文化育人体系建设要以张家口历史文化、口商文化、"三张文化名片"为基础，深度挖掘符合经济管理专业学科知识结构与专业特点的育人元素，将其有针对性地融入课程当中，构建专业与文化协同育人的教学模式。

1. 在历史文化中挖掘思政元素

张家口是一座拥有千年历史的文化名城，距今 200 万年前古人类就开始在此繁衍生息。五千年前，黄帝、炎帝和蚩尤在张家口涿鹿展开了一场决定性的战斗，黄帝顺利统一了多个部落，创造了多个部落融合的"龙"图腾文化，也开创了中华五千年的文明史，实现了多民族的融合发展。这一历史性的伟大融合，既造就了"兼容并包"的价值理念，也形成了地域文化认同感，在随后数千年的发展中，这种文化认同逐渐扩大并加深，慢慢演变成了对国家文化的认同感和爱国主义情怀。

历史上，张家口是著名的张库古商道（从张家口到库伦，即今天的蒙古国乌兰巴托）的起点，这条商道是万里茶道在河北地区的一段。这条历史悠久的商道起源于明朝，到了清朝时期，它发展成为连接中国、蒙古和俄罗斯三国的重要贸易路线，终点是俄罗斯的恰克图。在 19 世纪上半叶，随着中俄之间茶叶贸易的蓬勃发展，张库商道成为万里茶道中极为关键的一段。在超过两个世纪的历史演变中，这条商道不仅丰富了中蒙俄三国人民的生活，促进了相互之间的了解，还有助于维护地区的和平与稳定。它继丝绸之路之后，成为以茶叶贸易为主导的另一条具有重大意义的国际文化和商贸通道。

从民族融合到张库商道，以文化育人为切入点，分析张库古商道文化育人元素与经济管理专业的内在联系，通过对"商""道"的思考了解张家口优秀传统文化中商道文化的核心要义，并使其与社会主义核心价值观相融合，使教师在经管类专业课程的教授过程中能够结合张家口商贸发展

的历史文化背景和社会的变迁来挖掘内在隐含的文化元素。

2. 在口商精神中挖掘育人元素

口商精神是指那些在张库商道上经商的商人及其先人们共同拥有的思想方式、共同遵守的道德观念、共同表现的高尚品质。这种精神体现在他们对商业诚信的坚守、对社会责任的担当以及对国家和民族利益的忠诚。口商精神的核心包括了开放包容、崇尚道德、诚实守信，以及深厚的家国情怀和民族大义，是口商几代人乃至几十代人共同认可的价值观念和行为方式的概括和总结。口商精神是指一种长期在张家口地域经商的商人所形成的具有地域独特性的商业人格和行为规范。所谓口商精神，是指作为商人要具有张库商道般坚韧的精神、大好河山般雄壮的气度、炎黄文化般优秀的道德规范，并以其为道德理想和行为准则去从商、经商，在商业行为中渗透口商精神所倡导和躬行的价值观念。以口商精神为基础，挖掘其所蕴含的育人元素，对地方院校经管类专业文化育人体系的建设有重要意义。

3. "三张文化名片"中挖掘育人元素

传承红色察哈尔文化、白求恩精神、冬奥文化是我校育人的"三张文化名片"。在传承红色察哈尔文化中，挖掘育人元素。红色察哈尔精神的实质内涵就是"信念坚定、不怕牺牲、艰苦奋斗、一心为民"十六个字。察哈尔地区的红色文化是中国共产党在领导人民进行革命斗争过程中孕育出的一种特有的文化现象。这种文化深植着坚定不移的信仰、顽强不屈的斗争精神、无私的奉献态度以及勇于开拓进取的创新意识。这些精神特质，正是我们今天所需要的。我们通过学习和传承察哈尔的红色文化，可以更好地弘扬革命精神，激发爱国热情，为实现中华民族伟大复兴的中国梦贡献自己的力量。以红色察哈尔文化为基础，研究其独特的思维观念和价值追求，挖掘其所蕴含的育人元素，对地方院校经管类专业文化育人体系的建设有重要意义。

在弘扬白求恩精神中，挖掘育人元素。毛泽东同志曾经高度评价白求恩同志的精神，认为它体现了国际主义精神和共产主义精神。这种精神的核心是毫不利己、专门利人的共产主义精神。白求恩同志在工作中表现出极端的责任心，对同志和人民表现出极端的热情，对医疗技术追求精益求精，这些都是他精神的重要组成部分。以白求恩精神为基础，研究其坚定的理想信念和崇高的价值追求，挖掘其所蕴含的育人元素，对地方院校经管类专业文化育人体系的建设有重要意义。

在宣传冬奥文化中，挖掘育人元素。北京冬奥会和冬残奥会是在新冠疫情的严峻背景下，在"开放办奥"理念的指引下成功举办的世界性体育盛会，是我国兑现国际承诺，向世界展示国家形象，展现大国情怀和担当的重要举措。冬奥文化体现了我国集中力量办大事的社会主义制度优越性，"一起向未来"构建人类命运共同体的大国情怀，"更高、更快、更强、更团结"的奥运精神，"绿色、共享、开放、廉洁"的办奥理念，全力以赴、永不言弃的运动员精神，"奉献、友爱、互助、进步"的志愿者精神，等等，蕴含着丰富的育人价值。以冬奥文化为基础，挖掘其所蕴含的育人元素，对地方院校经管类专业文化育人体系的建设有重要意义。

三、经管类专业文化育人体系的建设历程

1. 提升专业教师文化育人的能力

第一，经济管理专业教师有较强的育人意识，也确立了明确的"立德树人"教学理念，但在日常教学，尤其是文化育人建设方面缺乏恰当的切入点，降低了课堂传统文化教育的教学效果，也使学生难以在专业课教学中感受到特色文化教学理念，达到思想观念的提升。在现有基础上，进一步加强专业课教师在地域文化特色教学理论、教学内容、教学方法等方面的更新与重建，并将其与口商精神、社会主义核心价值观相结合，以此为切入，在专业课堂中加强学生对口商精神及其所蕴含的社会主义核心价值观念的理解力，从而提升经济管理专业教师在文化育人体系中的整体水平。

第二，把握好"文化育人"教学定位。经济管理专业教师以专业课程教学为主要内容，文化育人就是要将地域特色文化元素中的育人元素融入专业课程知识或课程价值中，使其蕴含于整个专业课程体系中，成为专业课程教学的一部分。将经济管理专业课程与"商道"文化精神相结合，使"商道"文化精神融入教学的全过程之中，这样就可以使学生在接受知识的同时，将"商道"文化精神内化于心，提升育人效果。同时，专业课教师应该因课而异、因时而异，对于不同的专业课程，因其专业知识体系、课程价值不尽相同，对于同一价值观念的传递也要采取不同的理解方式和诠释方法。因此，专业课教师既应熟练掌握专业课程的相关知识，也要理清其内在的价值逻辑，以最佳的方式将口商精神融入其中。

2. 组织文化育人教学能力提升活动

目前，经济管理专业文化育人与口商精神的实践融合仍在研究和探索阶段，我们需要进一步完善和改进专业课程的设计与实施。

第一，学院定期开展专任教师文化素养培训。专业课程的教师肩负着传授知识和培养学生的双重使命。他们需要深入探讨和研究如何在专业课程的教学过程中，有效地将文化教育的要素融入经济管理专业学生的日常学习和实践教学中，以此来提升教育的质量和效果。通过专业培训，加快专业课教师在自我思想素养提升能力、文化元素提炼能力、课程融合能力等方面的提升，只有教师自身文化素养的提升，才能做好文化育人，获得育人育才的显著成效。

第二，学院积极组织丰富多彩的育人文化研讨会、相关教学比赛等来激发专业教师对文化育人教育研究的主动性、积极性和创造性。我们要在探讨中查找不足，在比赛中提升能力，专业教师通过这些方法可以完成对自身在专业知识和相关文化知识、个人能力上的查漏补缺，并以最快的速度、最优的方式提升自己。

第三，完善文化育人和专业育人一体化建设，加强专业课教师同地域文化学者的交流，共同探讨与实践文化育人教学，从而提高自身在育人教学中的能力与水平。这就要求专业课教师在做好学科专业研究的同时，要加强对地域文化教育教学的研究，以学科交叉融合的理念，从知识内容、结构体系等方面进行精细研究，从而达到专业课程知识与文化育人的完美融合。以市场营销专业为例，在进行专业教学时把营销理念与口商精神中的"爱国情怀""崇信尚义"等价值理念结合起来，使其成为市场营销课程价值理念的一部分，以名满张库古商道的历史名人为例进行讲授，从而达到学生在思想上产生同化效应，在学习过程中自动自觉地将"诚信待人"等理念融入自身，形成良好的文化育人教学效果。

第四，学院积极推进专业教师文化育人校际交流。好的学习交流是进步的阶梯，学院有效地组织专业课教师参加校外各级各类讲座、交流会、研讨会，教师与不同类型、不同级别、不同地域的教师进行交流，可以拓宽视野、延展思维，不断更新经济管理专业课程文化育人内容，创新经济管理专业文化育人教学模式、教学方法，逐渐构建经济管理专业文化育人教学体系，提升经济管理专业教师整体的教学能力与教学水平。

第五，申请文化育人教学项目。文化育人项目的申请以落实立德树人根本任务为出发点，以加强大学生传统文化教育为目的，以专业知识和价值观为内容。在研究过程中，以问题为导向，着重发现经济管理专业课程中文化育人教育融入的各种理论和实践问题。通过文化育人教学项目这一载体，分析研究项目内容中蕴含的正确价值观念，并用系统的研究促进教师对文化育人教育理念、教育内容、教学方式的正确理解，同时帮助学生将正确的价值理念内化于心，外化于行，在实践中加以运用，形成理论与实践相结合的文化育人教学模式。例如，学院以"经管天下"的家国情怀、"经邦济世"的社会责任、"诚信至上"的价值取向来引导学生在专业学习和职业发展过程中，培养坚定的理想信念，塑造科学的世界观、人生观和价值观，鼓励他们勇敢地承担起时代赋予的责任，努力成为能够胜任社会主义建设的杰出人才和可靠的下一代接班人[①]。

3. 建设文化育人教学研究中心

学院文化育人教学研究中心的建设以习近平新时代中国特色社会主义思想为指导，以教育部"三全育人"建设标准和《高等学校课程思政建设指导纲要》的具体内容来要求自己，是学院落实立德树人根本任务的重要方式。学院结合学校学院发展定位和人才培养目标，以全面提升育人质量为目的，在现有课程中积极推进文化育人教学改革与实践，促进文化育人学术交流，孵化文化育人研究成果。目前，学院以口商精神融入大学生专业课程为主要研究和建设基础，为经济管理专业文化育人教学创新改革提供思路和方向。同时，加快构建制度完善、成果多元、特色鲜明、协同联动的经济管理专业文化育人体系，力争建成在全省有较强影响力、特色鲜明和具有引领作用的一流文化育人教学研究示范中心。

在建设过程中，学院以培养具有"经管天下"的家国情怀、"经邦济世"的社会责任、"诚信至上"的价值取向的高素质人才为目标，以体制机制创新为动力，聚焦"全面提高人才培养能力"这个核心点，遵循"思想引领、统筹规划、协同联动、典型示范、搭建平台"的思路，全方位推进文化育人教学改革，促进各类专业课程与思政课程同向同行、协同共建，实现学院教书育人、科学研究、社会服务相得益彰的发展态势，推动构建文化育人的大格局。

---

① 肖贵清，佳日一史. 新时代青年要做什么样的人 [J]. 红旗文稿，2018.

4. 成立文化育人示范学院

为了进一步提升文化育人的质量和效果，学院在文化育人教学示范中心和经济管理专业示范课的基础上，成立了课程思政示范学院。课程思政示范学院坚持"重育人、建团队、树品牌"的工作思路，紧紧围绕立德树人根本任务和服务地方经济和社会发展需求，以"协同育人、价值引领、知识传授、能力培养"为原则，通过整合教学资源、创新教学方法，深层次探索经济管理专业文化育人内在的规律，促进经济管理专业文化育人的理论研究和实践探索。

目前，经济管理专业文化育人体系建设依托口商精神创建经管类文化育人品牌，将专业教育与中华优秀传统文化相结合，与张库商道中的"口商"精神文化相结合，树立"商道经管"育人品牌。同时，以社会主义核心价值观为引领，将口商精神与社会主义核心价值观相结合，将价值观教育贯穿教育教学全过程，实现全过程、全方位育人。同时，课程思政示范学院还依托红色察哈尔文化、白求恩精神、冬奥文化三张"文化名片"与经济管理专业课程相结合，挖掘其中所蕴含的文化育人元素，打造经管类"三张文化名片+"文化育人模式。

▷第二节　基于口商精神的经济管理类人才培养目标与规划

一、经济管理类人才培养目标

经济管理类人才培养以立德树人为根本任务，以经济学和管理学知识学习为主要内容。学院以培养既具有"经管天下"的家国情怀、"经邦济世"的社会责任、"诚信至上"的价值取向，又具备经济学、管理学基础理论和相关学科的基本知识，可以在熟练掌握现代经济管理理论基础和实践方法的情况下，良好地从事经济分析、预测、规划、决策、咨询、管理等工作的高素质、复合型人才为目标。

在京津冀协同发展的背景下，学院围绕立德树人的根本任务，在口商精神的引领下，强化多方位、多层次协同育人机制，全面深化人才培养专业课程和地域文化教学改革，提升大学生专业水平和道德品质，致力于培养理想信念坚定、道德品质高尚、人文底蕴深厚、专业素质过硬、创新能力卓越、身心体魄强健的专业精英和社会栋梁。

二、经济管理类人才培养规划

1. 树立先进教学理念，坚守教书育人初心

学院始终坚持育人为本、立德为先的人才培养方向，树立以学生为中心的教育理念，加强对学生专业知识、学习能力、创新能力、思想认识、道德品质等方面的培养。与此同时，我们还应把口商精神的育人元素充实进经管专业课程的教学内容和过程之中，以此来培养具有强烈的家国情怀、坚定的理想信念、广阔的国际视野、高尚的人文精神、强烈的社会责任感，以及勇于探索和创新的职业精神的新经管人才。

2. 加快课程改革步伐，推动文化育人改革

根据口商精神文化的育人精神对经管专业的教学进行改革。口商精神对商业人才培养有了进一步的要求，它需要新经管人才是志存高远、学以致用、服务社会的高素质、复合型人才。在现今专业分工不断细化的背景下，需要具备人文精神和公民情怀的新时代经管人才，将口商精神和社会主义核心价值观契合下的"商道经管"育人元素融入"四个课堂"，正是帮助经济管理专业大学生提升人文精神和公民情怀的有效途径，从而达到为党育人、为国育才的教育目的。

3. 彰显地方教育特色，突出时代教育理念

在秉承商贸精神的基础上，经济管理人才的培养应当注重综合性、时代性和国际视野，并应反映出地方特色与发展方向。例如，《西方经济学》和《管理学》以西方的知识体系和教学体系为授课基础，学院应深入思考如何将西方经济和管理学科的基础知识体系与本地实践相结合。以张家口的地方经济为立足点，重新设计和整合教学内容，将本地商业文化的精神融入其中，构建一个既继承传统，又具有民族特色、原创性、时代性、系统性和专业性的哲学社会科学体系。这不仅是学科建设的需要，也是文化育人的重要方面。因此，在充分研究口商精神的基础上，经济管理专业的文化育人和人才培养应当着重培养服务地方需求的意识。这要求全院师生

深入了解地方经济政策、产业结构和科技发展的最新动态。教师教学目标应与地方的重大战略和关键领域紧密结合，通过校政合作、校企合作以及产教研融合等多种方式，发挥经管学科研究对地方区域和行业发展的支持作用。以此来培养品德优秀、专业基础扎实的应用型、创新型、高质量、复合型经管人才。

4. 推进实践育人工作，提升服务地方能力

实践育人是文化育人理念的核心组成部分，而课程的实践操作与实训环节，在新教育思想指导下的人才培养过程中，扮演着至关重要的角色。想要培养具有口商精神的应用型、复合型商科人才，学院需重新修订课程实训实践内容，将口商精神融入经管类学生创新实践能力和综合能力的培养过程，使学生将人生理想付诸实践，自觉将个体发展与实现中华民族伟大复兴相结合，立志成为中华民族的栋梁之材。

为此，我们应采取以下措施：其一，构建政产学研协同育人机制。学院以培养经济管理专业学生"经邦济世"的责任感和使命感为育人目标。我们要以区域发展问题、社会现实问题和行业需求为核心，将教学、科研和学生的实践活动紧密结合。经管类专业范围广泛，涵盖金融保险、国际贸易、电子商务、统计和大数据分析等多个行业，包含大中小型企业。我们要以满足张家口地区的发展方向和需求为重点，将这些行业的实际问题整合到课程教学、科研和学生实践活动中，并通过邀请行业和企业的专业人士来校授课，参与人才培养计划和课程设置的制定。其二，加强学生在校期间的实习实践内容。学院积极鼓励学生参与各类实践活动，包括但不限于岗位实习、假期社会调研、参与"三下乡"活动，以及志愿服务等。通过这些活动，学生能够深入社会，亲身体验生产和管理的实际操作，从而拓宽他们的视野，深入了解国家和社会的实际情况。这不仅有助于学生实现个人价值与社会价值的有机结合，还能使他们的专业技能与社会经验相辅相成。最终目的是提高大学生服务地方经济社会发展的能力。其三，组织学生参加创新创业类实践课程。学院鼓励并组织学生积极参与多样化的学术竞赛，例如"挑战杯"和"互联网+"竞赛等，通过竞赛加强学生的创业经验，并使他们的经验能够与地方发展策略相融合。同时，通过培养学生的创新意识和专业技能，帮助学生自我发现、提升能力，让其能够追求自己的梦想。通过多种方式，我们将达成教学目标，塑造具有地域特色和行业需求的经济与管理人才，让他们能够更有效地为社会做出贡献。

▷第三节　地方高校经管类专业文化育人课程建设实践案例

案例一：口商文化精神融入财务会计课程的教学设计

一、教学改革背景

课堂教学是文化育人的主要途径，充分利用这一途径，将口商文化精神融入财务会计课程的教学过程，进一步落实"立德树人"的教育目标。在这样的背景下，财务会计课程作为财会类专业的基础课程，在文化育人方面面临一些挑战。第一，目前高校对口商精神融入育人体系的具体实践仍处于探索阶段，相关体系、制度仍不健全，具体融入方式仍不明确。在育人体系中，更多的是发挥显性教育的作用，通过理论教学阐述口商精神的内涵，而对隐性教育作用的发挥存在不足，这使得口商精神融入育人体系存在一定程度上的表面化、硬融入等现象，使得学生对口商精神的理解停留于精神本身，没能实现内化于心、外化于行的教育目标。第二，作为财务管理专业的主干课程，财务会计课程具有很强的专业性和实务操作性。教师在教学中往往侧重于学生技能的培养，以满足社会对实用性的需求，帮助学生通过各种会计职称考试，但在此过程中可能忽视了对学生人生观和价值观的培养。第三，目前的课程教材在文化育人方面的渗透较为有限，通常只在绪论部分涉及财务会计的目标、社会环境、规范和法律等方面，而在后续的章节中，会计核算知识占据了主导，文化元素的融入相对较少，导致文化育人效果不尽如人意。此外，随着《中华人民共和国会计法》的修订，会计从业资格考试被取消，初级会计职称考试成为会计专业技术资格的基础考试。然而，该考试不再单独设置"会计职业道德"科目，而是将其作为"经济法"科目中的一小部分，考核内容较少，分值都较低，这也使得相关课程对会计职业道德的考核偏少。

这些问题导致财务会计课程教育在一定程度上忽视了人文精神的培养，不利于人才的全面发展和价值观的塑造，难以满足经济社会发展的需求。因此，为了实现高等教育的育人目标，培养具有政治自觉和政治站位的社会主义建设者和接班人，教学团队的财务会计课程开展基于社会主义核心价值观的教学改革实践，将口商文化精神融入财务会计课程的教学过程。

二、教学改革思路

强化社会主义核心价值观的导向作用，在传授专业知识的同时，注重社会主义核心价值观的引领作用。在教学过程中，从国家、社会和个人三个层面的价值目标出发，深入挖掘课程内容中的口商文化精神育人元素。结合财会工作的特点，利用经济社会中的真实案例，引导学生进行思考和讨论，将口商文化精神元素自然融入专业知识教学中，并具体转化为财会人员的社会责任、职业道德和公民义务。建立协同的口商文化精神育人教学模式，了解并整合口商文化精神育人的内容，使专业课程与口商文化精神相互促进，构建一个专业课与文化育人课程"同向同行"的教学模式。通过这种模式，实现专业课程在文化育人方面的导向和功能，形成协同效应，促进学生全面发展。

三、教学手段

1. 案例研究

在财务会计课程教学中，引入案例教学，如历史案例选择历史上著名的商业案例，如安然丑闻，分析其财务报表中的不当行为，探讨商业伦理的重要性；现代案例选取现代企业，如阿里巴巴、华为等，分析其财务报告，讨论如何在遵守口商文化精神的同时实现企业价值最大化；道德困境选择会计决策中的道德困境案例，如是否为了业绩美化财务报表，引导学生分析并提出解决方案。授课过程中引入口商文化精神中的育人元素并与社会主义核心价值观相结合，与课程内容"会计职业道德"相结合，与现代市场经济体制相结合。

2. 商业游戏

开发模拟商业游戏，让学生在模拟的商业环境中做出财务决策，体验口商文化精神对企业成功的影响。探讨企业社会责任在财务报告中的体现，如环境成本、员工福利等。设计情景模拟，让学生扮演会计、审计、投资者等不同角色，处理涉及商业伦理的财务决策问题。围绕财务会计中的伦理困境如会计估计的主观性、收入确认的时点等，进行小组讨论。

3. 讲座及实地考察

邀请具有丰富商业经验的专业人士，如口商代表人物阳原国际裘皮城有限公司董事长王铉斐，河北泥河湾农业发展股份有限公司董事肖志祥，蓝鲸控股集团有限公司董事长张文瑞等，分享他们在职业生涯中如何实践口商文化精神。安排学生参观张家口本土企业，了解企业如何将口商文化精神融入财务管理，融入企业文化。

通过这些教学手段，学生不仅能够学习财务会计的专业知识，培养对口商文化精神的深刻理解，还可以提升学生对商业伦理和会计职业道德的认识，为将来的职业生涯打下坚实的基础。

四、考核方式

合理的课程考核方式能够检验学生的学习效果，反向推动教学各个环节的改进。随着文化育人体系建设的不断推进，原有的终结性评价方式已经不能满足对学生在综合能力、价值观念方面的考核需求，不利于教学目标的达成和教学效果的检验和提升。目前，虽然大多数课程已经将形成性考核纳入课程总体评价方式，但普遍存在形式大于内容的现象，难以满足文化育人的考核需求。将口商精神融入地方院校经管类专业文化育人体系，需要从多个角度对现有的课程考核方式进行改革。

财务会计课程面向经管类专业全体学生开设，在原有的终结性评价体系中，通过期中及期末两次闭卷测试，分段对学生的知识掌握程度进行考核，考核方式单一。在授课过程中引入口商精神育人元素，采用"三合一"多元化考核方式，根据课程教学目标和口商精神育人目标，将课程考核分为平时考核、成果考核和能力测试三部分，既考核专业知识与技能的掌握程度，又考核口商精神的育人效果。教师在日常授课中利用相关线上教学平台，根据在线考勤、线上任务点完成情况、在线作业和单元测试、课堂表现等进行综合评价。例如，在课上通过案例讨论的方式检验学生将所学知识应用于实践的能力，检验口商团结协作精神的育人效果。成果考核重点测评学生学习目标的达成度及学生的逻辑思维能力和综合表达能力是否形成，同时增加不同主题的学习心得评分项目，要求学生针对专业知识和口商精神所蕴含的家国情怀、社会责任、道德规范、法治意识、职业精神等育人元素多方面进行总结。能力测试主要考核学生课程基本知识的储备程度和相关能力的掌握程度，并考核学生对教学过程中融入的口商精神育人元素的领会理解程度。

案例二："张库商道精神"融入国际金融课程设计

一、国际金融课程中文化育人特点

国际金融作为金融学专业基础课，同时具备了国际化、受众广泛与张库商道精神结合紧密与理论性强的特征。与其他课程不同，国际金融课程文化育人建设的可融入角度非常广泛，这使得教师进行育人案例建设时，往往处于分散化、无序化、浅层化。因此，如何在本课程的教学过程中培育学生的世界观与国际化视野的同时，更加生动具体、精准深入、系统地融入"口商精神"，将课程的知识目标与情感目标进行有效的结合是本门课程需要克服的问题之一。

1. 国际金融课程思政建设目标

国际金融课程的目标是通过积极推动文化育人的建设，将国家未来经济金融建设者所需的文化素养和政治素质融入课程内容中，以实现传统文化教育与专业知识教育的有机结合。在课程开发过程中，我们将国际金融领域的正面价值因素与张库商道的建设文化巧妙地整合到教学中，通过潜移默化的方式向学生传递正确的价值观。同时，我们精心设计教学流程，确保课堂教学既有趣又富有教育意义，成为传授专业知识和道德思想的重要平台，从而最大化文化育人的效果。"张库商道"作为河北省的文化标识，不仅能够展示张家口深厚的历史文化底蕴，还能为当地带来显著的经济效益。在国际金融课程中，涉及张家口地域的部分将充分体现这一地域特色。在教授国际金融课程的过程中，我们还对学生进行爱国主义教育和诚信教育，以增强他们的社会责任感和使命感。

2. 国际金融课程思政建设地方化的现实意义

根据历史资料，张家口堡始建于明朝宣德四年（公元 1429 年），至今已有近 600 年的悠久历史。它曾是长城防御体系中的关键军事要塞，享有

"武城"的盛名,是北方边疆的军事重镇。随着"北方丝绸之路"——张库商道的兴起与繁荣,张家口堡的角色逐渐从军事防御转变为商业贸易中心。在它的鼎盛时期,堡内聚集了1 600多家票号和商号,年贸易额最高达到了1.5亿两白银,成为当时中国北方的商业贸易枢纽。这些历史积淀,特别是在古代商业上的传奇故事,结合海上丝绸之路与"一带一路"的古今商道智慧一起,为本课程的文化育人建设提供了源源不断的、鲜活的育人元素。课程将从这些历史与现代鲜活案例中提取文化元素进行国际金融学的深入剖析,挖掘其背后的本质,对于培养学生的爱国情怀、民族自豪感与使命感更有说服力与持久力。

3. 国际金融课程中张库商道精神文化元素融入思路

知识点:国际收支平衡表。

课程导入:张库商道历史博物馆珍藏着一部清朝旅蒙商人的手写版贸易手册,该手册详尽地记录了张家口与恰克图之间的贸易活动,是研究张库商道历史的重要文献资源。

这本清朝手写的线装册子原本没有标题,但根据当时的命名习惯,将其命名为《东口杂货便览》。《东口杂货便览》分为六个主要部分,涵盖了张家口商人在恰克图从采购皮货开始的整个贸易流程。它包括了俄罗斯商人对不同商品的报价、货物运至张家口所需缴纳的税费、不同地区的保镖费用、运输成本、各地银两在张家口的兑换标准,以及在恰克图向官员申报通关的程序等内容,全面涉及了张库商道贸易的各个环节。

育人元素:诚实守信、互利互信。

张库文化知识点1:汇率。

《东口杂货便览》的第四部分题为"各路平子大小",涉及的是各地银两在张家口兑换时的统一标准。在清朝,银和铜钱(钱)是并行的货币体系,两者在使用过程中需要进行换算。由于各地银两的重量和纯度存在差异,因此在实际交易中就需要进行折算。为了解决这一问题,每个地区或票号都会制作一个标准的重量砝码,以此作为基准,对其他地方的银两进行重量和纯度的比较和折算。这样,就可以在本地区形成一个统一的、可互认的换算标准,即所谓的"平银"或"平码"。《东口杂货便览》中的这一部分详细列出了各地银两在张家口的平码标准。

从手册中所列的银两来源地可以看出,当时在张家口进行交易的银两来源多样,包括北京、郑州、阜城、保定、西口、兴化、通州、汉口、朱仙镇、天津、清江、广平和汾阳等地，以及官府的库平银。此外，除了银两之间的兑换，茶叶在当时也承担了一定的货币职能，可以与银两进行兑换。手册中的杂记部分记录了"粗茶平付东口小平，每五十两短八小"的情况，显示了茶叶在交易中的作用。

张库文化知识点 2：国际金融市场。

《东口杂货便览》的第五部分和第六部分分别涉及"各路起镖脚价"和"报单稿子"，这两个概念与现代的运输费用和海关报关单相对应。

在 18 世纪张库商道的运输体系中，我们可以看到，来自北京、济南、郑州、关桥、阜城、兴化、热河、东昌府等地的货商频繁往来于张家口，甚至远至汉口的商人也参与其中。当时的运费计算主要根据货物是银两还是商品以及运输的重量单位来决定。例如，手册中提到，从北京到张家口上堡的运费为每两银子支付脚夫大小两文，从北京到下堡的运费则是每担货物四两银子。

至于"报单稿子"，指的是旅蒙商在库伦或恰克图接收来自张家口的货物，或者在库伦和恰克图购买俄罗斯货物后，必须向当地官员呈报的货物清单。一旦货物清单得到官方的批复，除了官府存档之外，其中一份副本会交给货商，以便他们在返回张家口后接受官府查验以及路途中的边卡检查。清朝政府对恰克图的贸易实行了严格的管理，以加强对俄罗斯和蒙古地区商品的控制。因此，如果内地商人未经官府批准而私自运输货物，一经发现，轻则货物被没收并受到体罚，重则可能危及生命。因此，"报单稿子"的内容要求非常详尽，不仅需要列出货物的类型和数量，还要包括商人的详细信息。

4. 课程中张库精神文化的融入与文化元素的挖掘

"张库商道"这条横贯中国北方的交通动脉，不仅是一条普通的铁路线路，还象征着一个宏大的战略构想。这是一条起始于河北省张北县，终达内蒙古自治区库伦旗的铁路线，全长 511 千米。它的建设与开通对于促进我国北方地区的经济社会发展具有极其重要的意义。这条大道不仅是连接我国和欧洲之间的便捷通道，更是沟通沿线地区交通网络的重要纽带。作为中蒙俄经济走廊中不可或缺的一环，"张库商道"无疑是中俄蒙三国经济发展合作的有力见证。同时，作为共建"一带一路"倡议的具体实施项目之一，其在全球范围内展示了中国开放包容、互利共赢的对外政策。

教师在国际金融课程教学中要对文化育人元素进行挖掘和融入，将张库精神文化元素融入课堂教学中，实现文化元素与专业知识的有机融合，增强文化元素教学的感染力和吸引力。结合国际金融课程的专业特点，张库精神文化元素，以时事热点事件、地方特色文化为引领，在课程中融入爱国情怀、社会责任意识、诚信道德、法治精神、艰苦奋斗精神、社会公德、职业道德等文化元素，提高大学生的政治素养。"张库商道"作为河北的一张名片，不仅可以展示张家口悠久的历史文化，还能为张家口带来巨大的经济效益。国际金融课程中涉及张家口这一地区的讲解，充分体现了地域特色。在讲授国际金融课程内容时，要对学生进行爱国主义教育、诚信教育，加强社会责任感和使命感。

案例三："张库商道精神文化"融入管理学课程设计

张库商道，中国历史上的一条商业古道，是中国与蒙古、俄罗斯的重要商贸通道。张库商道，即古代丝绸之路的重要组成部分，又被称为"北方丝绸之路"。"张库商道精神文化"是以"诚信、创新、群体、敬业、自律"为核心内容的商业文化，是中华优秀传统文化在近代的新发展。这一文化体系融入管理学课程教学，有利于培养学生的团队合作精神、提高学生的价值体系，能帮助学生形成良好的职业素养，提升学生的专业知识技能和专业素质。本课程在对"张库商道精神文化"进行解读的基础上，以"张库商道精神文化"融入管理学课程教学为例，从教学设计、教学实施、考核评价三个方面对"张库商道精神"融入管理学课程进行了详细阐述。

一、教学目标

"张库商道精神文化"的内涵是"诚信、创新、群体、敬业、自律"，这一精神体系与管理学课程教学目标相吻合。在这一主线的基础上，通过多种手段将其融入课程的教学设计中。例如，教学目标中有"诚信"一条，可以通过案例教学等方式来实现；教学目标中有"群体、自律"一条，可以通过小组讨论等方式来实现；教学目标中有"敬业"一条，可以通过课堂讨论等方式来实现；教学目标中有"创新"一条，可以通过案例讨论等方式来实现。学生通过对案例的学习，掌握"张库商道精神文化"的主要内涵，将"张库商道精神文化"融入管理学课程教学后，有利于学生形成良好的职业素养、提升专业知识技能和专业素质。

二、教学方法与手段

"张库商道精神文化"融入管理学课程，就是要把张库商道的经营理念、管理方法和管理实践，系统地、全方位地融入管理学知识体系中，让学生了解张库商道的经营理念和管理实践，帮助学生深刻理解管理学理论知识。

为了更好地学习和掌握"张库商道精神文化"，在课程教学过程中，要根据学生的学习基础和专业特点，充分运用多种教学方法与手段，见表7-1。通过课堂讲授、案例分析、小组讨论、角色扮演、角色测评等多种教学方法和手段，使学生能够了解企业文化的内涵和"张库商道精神文化"的主要内容。同时，根据课程特点和教学目标，注重将理论知识与实际问题相结合，引导学生对管理学理论知识进行分析研究、观察比较和总结归纳，使学生能够通过实践教学和案例分析来掌握管理学的理论知识。此外，还要注重对学生管理思维能力、沟通表达能力、团队合作能力等综合素质的培养。

表 7-1　张库商道精神文化融入管理学课程

张库商道精神文化元素		融入方式	预期效果
绪论	社会主义核心价值观与张库商道精神文化相融合：敬业、诚信、友善	要求学生分组，将自我管理贯穿整个教学过程，作为团队要对每位学生如何发挥自己的作用以及团队合作精神，包括学习态度、作业完成情况、到课率、课堂笔记、诚信考试等方面对学生进行严格要求	从高中进入大学的迷惘和懈怠，提高学生学习兴趣和自律意识
第一章管理导论	社会主义核心价值观与张库商道精神文化融入：爱国、敬业	当引导学生总结管理概念时提出：现代管理大到国家治理，小到班级管理、企业管理，其理论基础是相通的。引入习近平总书记的治国理政理论，就是体现中国的文化自信，务实、求真、战略担当、共享、为民、大国意识。从企业管理层面讲就是要紧密联系当下形势，如在人工智能、物联网、大数据、科技发展、互联网的环境下，吸收中国传统文化管理思想精华，在国家政策指引下不断进行探索	了解国家政策和中国发展现状，融入"青年责任担当"的元素，提升学生的责任意识和爱国情怀

表7-1(续)

张库商道精神 文化元素		融入方式	预期效果
第二章 管理 思想和 管理 理论	社会主义核心价值观与张库商道精神文化融入：爱国、法治	讲授张库商道精神文化核心精髓：以人为本、人以德为本、德以孝为本。通过知识点讲解，使学生了解张库商道的历史、文化与张库商人智慧，引导学生从国学中学习东方管理智慧，提高文化自觉、树立文化自信，结合新时代社会主义思想展开讲解，"提升道德修养"	培养学生价值取向，增强文化自信等，提高学生道德修养
第三章 决策 与决策 方法	张库商道精神文化融入培养学生树立正确的人生观和价值观	当讲解决策时，强调时间是一种稀缺资源，在有限的工作或生活的时间里，你处理好了工作或生活中的轻重缓急，你的工作或生活就会井然有序，不至于经常处于手忙脚乱的境地。学生通过课堂讨论，结合大学生活，分享其在生活、学习上是如何配量时间的（包括假期安排）。比较时间效率，通过讨论，使学生懂得珍惜时间等稀缺资源，培养学生树立正确的人生观、价值观	学生进入大学后，突然不知道该做些什么。课程着力帮助学生了解高中和大学的差异，强调目标的重要性，帮助学生更好地适应大学生活
第四章 环境 分析	张库商道精神文化融入进课堂；培养学生树立正确的人生观和价值观	带着学生了解和掌握我国经济发展现状：当分析企业发展机遇时，需要更多地去了解"互联网"及"一带一路"等内容	了解国家政策和中国发展现状，实现自我认知，避免随波逐流和生活盲目性
第五章 计划	张库商道精神文化融入进课堂	当介绍"目标"这个知识点时，结合张库商道精神文化的特点，分析计划的特征和本质；也可结合国家重大计划案例，如经济计划、国家规划，使学生了解国情，提高社会责任感	了解张库文化和中国发展现状
第六章 组织 设计	张库商道精神文化融入组织管理经验	当讲解组织的纵向设计——权责设计时，引入张库商道精神文化的组织管理经验，强调组织设计的重要性；课堂讨论：绘制学校组织结构图并提出改进建议	引导学生了解党史，培养学生探索与创新意识

表7-1(续)

张库商道精神 文化元素		融入方式	预期效果
第七章 人员 配备	张库商道精神文化融入组织管理经验；社会主义核心价值观融入：敬业、友善	当人员配备讲解时，以张库商道商人任用"大掌柜"的艺术为例，如慧眼识才、知人善用。强调人员配备的重要性，在招聘、面试等环节，围绕"责任担当"精神，分层设计与讨论，多种教学方法合理使用，启发学生	引导学生了解商业史，思考如何将艺术融入"青年责任担当"和提高个人道德品质等，使学生提高个人道德修养
第八章 组织 文化	张库商道精神文化与社会主义核心价值观融入：诚信	在文化讲解中，列举假冒伪劣、以次充好等事件导致产品声誉的丧失、国家和人民的财产受到损失这些惨痛教训；列举个人职业操守不良导致人际关系受损、职业生涯受损等种种后果，以中国商人和浙江企业经营实例，弘扬企业"诚信"、企业"为人民服务"创造价值而存在的价值观，要求学生从独立完成作业等小事入手，考试前加强宣传，杜绝考试作弊，教育学生诚实守信	帮助学生反省学生自身不道德行为，塑造积极向上的校园文化
第九章 领导 职能	社会主义核心价值观融入	讲述人性假设与领导方式时，正面引入社会主义核心价值观，在人性的假设中有经济人、社会人、自我实现人和复杂人等多种假设，提出马克思对人性的研究："人的本质……是一切社会关系的总和"	提高学生综合素质
第十章 激励	张库商道精神文化融入	结合张库商道精神文化，讨论当代大学生自我实现需求是什么？如何提高学生学习积极性？如何制定班级激励计划？如果你是老师你怎么管理好学生？ 可结合激励理论，要求学生小组讨论	帮助学生调整努力方向，更好地实现为人类服务的伟大目标和理想
第十一章 沟通	张库商道精神文化与社会主义核心价值观融入：诚信、友善	在有效沟通讲解中，引入案例分析，帮助学生提高沟通技巧，如张库商人的诚信故事等，教育学生懂得诚信、友善、沉默是金、多听少说等为人处世道理	使学生沟通技巧提升

表7-1(续)

张库商道精神 文化元素		融入方式	预期效果
第十二章 控制	张库商道精神文化社会主义核心价值观融入：敬业	通过讲述现实生活中某些企业因管理控制和质量控制中的失误造成巨大损失的案例，体现控制职能的重要性，提炼出隐含其中的敬业精神、工匠精神，另外，从某些企业因质量控制不严格，甚至恶意制造假冒伪劣产品的案例中，可以提炼出诚信、道德、责任与担当的精神，对学生进行教育，培养学生的社会责任感	引导学生建立严谨细致的职业素养

三、考核评价方式

在管理学课程考核评价过程中，要实现学生由被动学习到主动学习的转变。因此，在考核方式上，不仅要注重对学生知识技能的考查，也要注重对学生进行综合素质能力的考察。在考核内容上，除了要关注学生对管理学知识的掌握程度外，还应该将学生的社会实践能力、团队协作能力以及综合分析能力纳入考核内容。在考核方式上，除了采取平时成绩与期末成绩相结合的方式外，还可以采用课堂讨论、小组竞赛、模拟企业等方式进行综合评价。通过综合评价体系的建立，可以帮助学生发现自己存在的问题、形成努力方向和改进方法。通过综合评价体系的建立，可以帮助学生了解自身学习情况，对自己进行客观定位，从而促进自己积极学习。

四、实施效果

本课程团队自2020年11月开展管理学课程教学改革以来，以"张库商道精神"融入管理学课程为核心内容，以课堂教学、实践教学、考核评价为载体，注重学生综合能力和职业素养的培养，取得了良好的效果。

在本课程教学改革的实践中，团队在教材建设、课堂教学、考核评价等方面进行了积极探索和尝试，取得了一定的经验。

一是围绕"张库商道精神文化"与管理学课程的融合进行了教材建设，编写了《管理学》材料；二是精心设计了课堂教学内容，突出了"张库商道精神文化"和管理技能训练；三是进行了课程考核评价改革，完善了考核方式，通过期中、期末考试进行综合评价；四是注重培育学生职业素养、提高学生综合素质。

管理学是一门融合了丰富理论基础与实际操作的专业课程。在教学实施中，我们不仅要重视理论知识的讲解和传授，确保学生对管理学的基本概念、原则和理论有深刻的理解，同时也要注重对学生实践技能和创新思维的培养。通过案例分析、模拟演练、项目实践等教学方法，激发学生的实际操作能力和创新解决问题的能力，以实现理论与实践的有效结合。我们将通过"张库商道精神文化"融入管理学课程教学，使学生能深刻理解管理学的理论知识，提高自身综合素质。本课程设计只是一个初步探索，管理学课程中融入"张库商道精神文化"的研究还有待于进一步深入。我们相信，通过教学实践和经验总结，一定能让地域特色的"张库商道精神文化"在管理学课程教学中生根发芽、开花结果。同时，我们也要不断总结和归纳，更好地发挥"张库商道精神文化"在管理学课程教学中的作用。

参考文献

［1］祁占勇，辛晓荣，梁莹. 高校专业课教师挖掘思政元素的有效机制及其行动路径［J］. 黑龙江高教研究，2022，40（5）：131-136

［2］熊大红，韩慧芳. 开放教育课程思政元素挖掘与融入方法探析［J］. 湖北开放职业学院学报，2023，36（20）：83-85.

［3］夏洋，唐召琪，金铭达. 外语课程思政元素挖掘及知识网络构建方法探索［J］. 外语与外语教学，2023（6）：28-39，146.

［4］谢凡，夏永军，王光强，等."牛奶的科学"课程思政元素挖掘、设计与实践［J］. 食品工业，2024，45（4）：242-245.

［5］饶宝美. 新媒体时代红色文化融入思政课教学探究［J］. 今传媒，2023，31（10）：138-141.

［6］欧军，潘小平. 察哈尔文化核心理念及其基本精神［J］. 集宁师范学院学报，2014，36（1）：43-51.

［7］赵丽丽. 旅游角度下察哈尔文化的提取与辨析［J］. 赤峰学院学报（汉文哲学社会科学版），2022，43（10）：29-34.

［8］安宁. 察哈尔及察哈尔文化对张家口的影响［J］. 法制与社会，2015（22）：235-236.

［9］马俊玲. 浅谈"白求恩的故事"在外科护理课程思政中的应用

［J］. 卫生职业教育，2021，39（1）：27-29.

　　［10］王经纬，姬云飞，周笛. 红医精神融入医学人文课程思政路径探析［J］. 临床荟萃，2022，37（10）：938-941.

　　［11］黄河，刘晔，吴羽青. 白求恩精神融入新时代医学生德育的价值与路径［J］. 卫生职业教育，2024，42（3）：48-51.

　　［12］石晶. 北京冬奥精神融入高校课程思政的价值与实践路径［J］. 产业与科技论坛，2023，22（24）：101-103.

　　［13］张慧. 北京冬奥精神赋能大学生思想政治教育的价值研判及实践进路［J］. 当代体育科技，2023，13（30）：137-140.

　　［14］邓喆，张丽君. 北京冬奥精神的科学内涵、时代价值与弘扬路径［J］. 思想教育研究，2023（8）：132-137.

　　［15］冯晓雪.《茶识茶韵茶悟》茶文化课程思政建设研究［D］. 长沙：湖南农业大学，2022.

　　［16］李慧.《大学生心理健康教育》课程思政途径研究［D］. 桂林：广西师范大学，2024.

　　［17］杨婷婷. 高校青年思政课教师育人能力建设：意义、困境及破解之道［J］. 高教学刊，2024（S1）：155-160.